# 新闻传播理论与实务

主　编　袁　媛
副主编　何　淼

北京理工大学出版社
BEIJING INSTITUTE OF TECHNOLOGY PRESS

## 内容简介

本教材将新闻传播学理论与应用内容深度融合，将传统理论与前沿知识深度融合。首先，以使用与满足理论、议程设置理论和隐私管理理论为核心，在详述新闻传播理论沿革的基础上进行分析、应用和反思；其次，聚焦媒介融合问题的理论研究与实践发展；最后，从深度报道的撰写、新闻事实核查和数据新闻三个方面提供实践指导。

本教材内容丰富，脉络清晰，表述流畅，理论深度适中，案例搭配适当，是作者多年在新闻传播专业理论研究成果与教学成果的总结，可供应用型本科院校传播学、广告学等相关专业本科生、研究生使用，也可作为新闻传播领域从业人员的培训与自学用书。

### 图书在版编目（CIP）数据

新闻传播理论与实务 / 袁媛主编. --北京：北京理工大学出版社，2025.1.
ISBN 978-7-5763-4711-1

Ⅰ. G210

中国国家版本馆 CIP 数据核字第 2025P7A464 号

责任编辑：申玉琴　　　文案编辑：申玉琴
责任校对：刘亚男　　　责任印制：李志强

出版发行 / 北京理工大学出版社有限责任公司
社　　址 / 北京市丰台区四合庄路 6 号
邮　　编 / 100070
电　　话 / (010) 68914026（教材售后服务热线）
　　　　　 (010) 63726648（课件资源服务热线）
网　　址 / http://www.bitpress.com.cn

版 印 次 / 2025 年 1 月第 1 版第 1 次印刷
印　　刷 / 涿州市新华印刷有限公司
开　　本 / 787 mm×1092 mm　1/16
印　　张 / 10.75
字　　数 / 253 千字
定　　价 / 69.00 元

图书出现印装质量问题，请拨打售后服务热线，负责调换

# 前　言

随着新媒体技术的飞速发展，传统的新闻传播研究范式受到很大的挑战。传统的新闻传播理论是否还适用于当下的新闻实践？媒介融合最终能否改写传统媒体日渐衰落的命运？新媒体时代深度报道应当何去何从？如何进行新闻事实核查？如何撰写数据新闻？本教材将在致力于回答这些问题的基础上，明确新闻传播在新媒体时代的发展和对社会的影响。

《新闻传播理论与实务》打破了传统教材中理论与实务完全分开的写作思路，也不力求穷尽新闻传播领域的全部理论。在结构安排上，结合新闻传播学理论与当下的业界实践，从具有代表性的新闻传播学理论、媒介融合、深度报道、新闻事实核查和数据新闻等角度出发，对新闻传播领域的主要理论和应用进行介绍与分析。其中，第一章从"使用与满足"理论开始，阐述理论缘起、发展历程和主要应用，然后聚焦议程设置理论研究的历史以及网络议程设置的特点、作用机制与影响因素，最后在梳理传播隐私管理理论演变的基础上，重点解析智能媒体时代的用户隐私侵权问题与救济路径、机器人新闻写作中的用户隐私保护两大前沿课题。第二章聚焦媒介融合问题研究，尤其是县级融媒体中心建设和智能新闻的发展，详细介绍智能新闻的采集、加工、分发和消费，并对智能新闻进行反思。第三章重点介绍深度报道中的特稿、解释性报道和调查性报道。第四章致力于解析新闻事实核查的原则与方法。第五章聚焦数据新闻，重点解析数据新闻的采集、解读与呈现。本书是辽宁工业大学的立项教材，并由辽宁工业大学资助出版。

《新闻传播理论与实务》共包含五章，每章内容均由以下六部分组成。

● 本章要点：帮助学生掌握学习要点。

● 理论知识：系统论述相关知识。

● 相关案例：大量相关案例，帮助学生吃透理论知识点。

● "议"犹未尽：帮助学生复习巩固章节重点知识，提高学生的分析力和思考力等综合能力。

● 学海无涯：为学生提供拓展阅读的相关文献。

● 春风化雨，润物无声：将新闻传播知识点与思政要素紧密结合，实现教学素养目标。

新闻传播研究中的理论来自多个领域，随着媒体技术的不断进步，越来越多的研究内容与其他学科相互交叉，因此，本书的研究框架难免存在局限。同时，由于作者自身的学术水平及研究视野等限制，书中内容难免存在疏漏之处甚至谬误，在此恳请各位读者批评指正。

编　者
2024 年 7 月

# 目　录

# 第一章 理论与关于理论的思考

传播学自 1978 年被引入中国后，便在新闻系兴起，成为新闻学的引介学科。时至今日，新闻传播学理论日渐丰富，可供选择的新闻传播学理论浩如烟海，即使用整本书来介绍也难以穷尽，更何况只是书中的一个章节。本章仅选择了三个理论，即使用与满足理论、议程设置理论和隐私管理理论。其中，使用与满足理论是传播学中引用次数多、使用范围广的流行理论，以其为篇名的著作和论文数以千计。议程设置理论从 1968 年的"教堂山镇研究"至今已有近 60 年的发展历程；梳理其从传统议程设置，到属性议程设置，再到网络议程设置的理论演进脉络，才能明确该理论当前的理论价值和未来的发展前景。隐私管理理论的出现时间虽然不久，但在新媒体时代却极具实用价值，该理论主要用来解释技术进步对人造成的隐私侵犯。过去 10 年，关于这一理论的研究越来越多，其应用潜力也在不断增长。本章的写作目的是让学生（读者）真正理解理论与应用之间的相互作用，并在这一过程中学会系统、批判地思考问题。

## 📝 本章要点

1. 使用与满足理论溯源
2. 议程设置理论的特点、作用机制
3. 传播隐私管理理论的概念和基本原理
4. 智能媒体时代信息隐私权保护存在的问题与解决策略
5. 机器人新闻写作中的用户隐私侵权风险与治理路径

## 第一节 使用与满足理论溯源

### 一、使用与满足理论提出的背景

#### （一）大众社会理论

大众社会理论(Mass Society Theory)认为，19 世纪末 20 世纪初人类进入大众社会，工业革命、资产阶级革命及大众传播的发展破坏了传统社会中的等级秩序和密切的社会联系，使社会成员失去了统一的价值观和行为参考系，成为孤立、分散、原子化的"大众"。社会精英通过大众传媒对大众进行控制和操作；大众在有组织的传播活动面前是被动的、无抵抗力的。该理论认为，媒体及其讯息的力量是不可抗拒的。但是，通过简单的观察也能发现，并不是所有人都会受到媒体及其讯息的直接影响，即便是对已受到影响的大众来说，他们受到影响的方式也是不同的。因此，大众社会理论最终被人们抛弃，取而代之的是有限效果论。

### （二）有限效果论

有限效果论产生于20世纪40年代末。该理论认为，大众媒介的传播效果是有限的。对于"有限"的推论建立在两种理论依据之上：一是社会分类模式。社会分类模式关注群体身份对传播效果的影响，即传播不是单方面的行为，受众也非被动、孤立的个体，每个人都与社会网络中的其他人发生联系并相互影响。二是个体差异论。个体差异论关注受众个体对传播效果的影响，即受众个体间存在着诸如性别、地域、民族、受教育程度、宗教信仰、收入等差异，他们会根据自己的需要、态度和价值观对媒介内容进行选择和解释。有限效果论并没有摆脱传统的受众观，仍然认为人们无法拥有对自己所消费的信息进行解释的权力，同时无法改变媒体对自己的影响。

### （三）使用与满足理论

与大众社会理论和有限效果论中的受众观不同，使用与满足理论对大众传播过程中受众的角色作出了系统而全面的阐述。该理论把受众看作是有特定"需求"的个人，把他们的媒介接触活动看作是基于特定的需求行动来"使用"媒介，并使这些需求得到"满足"的过程。该理论同时指出，受众完全基于个人的需求和愿望使用媒介，并通过对媒介的积极使用，制约媒介传播过程。该理论虽然没有突破有限效果论的研究边界，但是突破了以往单一地从传播者或传媒的角度出发进行研究的局限性，从受众角度出发，通过分析受众的媒介接触动机及其需求的满足来考察大众传播是如何影响人们的心理和行为的，将大众传播能否满足受众需求作为衡量传播效果的基本标准，开创了从受众角度考察大众传播效果的先河，在传播效果研究史上占据着重要地位。

## 二、使用与满足理论研究的主要阶段

作为被引用次数最多、最为流行的传播学理论，使用与满足理论的概念和研究起源在学术界一直存在争议，其中，传播学者伊莱休·卡茨（Elihu Katz）被大多数学者认为是第一个提出该理论的学者，他将"使用与满足"过程的研究从"媒介对人们做了什么"（What do media do to people）转向了"人们用媒介做了什么"（What do people do with media）。其实，早在使用与满足理论形成系统的阐述之前，就已经有学者对大众传播中受众的角色进行了探索，但那时使用与满足理论的名称尚未被提出。

### （一）"使用与满足"研究的第一阶段

第一，赫尔塔·赫佐格（Herta Herzog）的广播受众研究。

1941年，赫尔塔·赫佐格对日间广播肥皂剧听众进行了深度访谈，这成就了她最具影响力的研究。赫佐格选取了来自纽约的100名女性广播剧固定听众作为研究对象。研究对象主要是具有不同的年龄和收入水平的家庭主妇，此外还有部分高中生和女佣。通过对访谈资料的分析，赫佐格发现多数听众最喜爱的广播剧模式为"先受困，后解脱"，这个程式化的故事主题成为给听众提供"愉悦"的主要来源。同时，广播剧能够为受众提供三种不同的满足：一是听到他人遇到困难时能够释放或发泄情感；二是对单调生活的愿望性重建，也就是说听众在听到别人的经历时能够获得一种感同身受式的满足；三是为调整生活提供方法。部分听众认为能够从节目中学到知识，因为"如果你听到的节目中的事情将来发生在你身上，你就会知道如何应对"。赫佐格将本次研究成果撰写成了一篇小型定性研究论文《论借来的体验》。后来，在这次研究的基础上，赫佐格又展开了更大规模的关于日间剧听众的调查，并将调查数据与广播研究所在其他调查研究中获得的数据相结合，撰写了报告《我们对于日间广播剧听众究竟了解些什么》。这项报告从社会参与、个人性格、兴趣、对公共事务的关心程度及对广播节目的收听偏好等方面对广播剧的听众与非听众的差异进行了比较。赫佐格的研究成果从受众角度出发，改变了传统的魔弹论思维，成为"使用与满足"研究的起点。

第二，威尔伯·施拉姆（Wilbur Schramm）的选择或然率公式。

20世纪50年代，威尔伯·施拉姆提出了选择或然率公式。该公式认为，受众根据传播媒介及传播的讯息等因素来选择不同的传播途径。在条件完全相同的情况下，受众会选择最方便而且能够迅速满足其需要的途径，受众在选择信息和使用媒介途径时皆是如此。公式具体内容为

媒介（信息）选择的或然率＝回报期待/费力程度

式中，"回报期待"指传播内容和途径能够满足受众需要的程度；"费力程度"指获得传播内容和使用传播途径的难易程度。传播内容和途径满足受众需要的程度越高，获得传播内容和使用传播途径的费力程度越低，或然率就越大，受众就越容易选择这种媒介或信息；反之亦然。

施拉姆提出受众对媒介或讯息的满足程度的判断受获得的费力程度的影响，这一结论后来成为使用与满足理论的重要组成部分。

## （二）"使用与满足"研究的第二阶段

第一，伊莱休·卡茨、杰伊·布鲁姆勒（Jay Blumler）和迈克尔·格里维奇（Michael Gurevitch）在1974年编辑出版的《大众传播的使用：满足研究的当前视角》。

1969年，杰伊·布鲁姆勒和丹尼斯·麦奎尔（Denis McQuail）通过对观众收看电视政治节目的原因分析，发现受众观看电视政治节目的多重动机，包括获得知识或信息、娱乐放松、获得某种地位和增进关系。这一研究为后来的"使用与满足"研究打下了坚实的基础。1972年，他们再次明确提出，人们对媒介的使用需求可以归结为四种类型：一是逃避或转移，即人们通过使用媒介获得消遣和娱乐，逃避日常工作和生活中的压力与困扰，放松心情，实现心绪转换。二是人际关系。人际关系的需求既包括与他人联系的需求，也包括与他人疏远的需求。通过媒介，人们能够和主持人等建立一种类似"熟人""朋友"的社交关系，还能够融洽家庭关系，密切社会关系。三是自我确认，即媒介中呈现的人物、事件、问题的解决方法等能够为人们提供自我评价的参考标准和依据，人们能够进行自我确认并协调自己的观念和行为。四是环境监测，即人们通过使用媒介获得与自己生活或工作相关的知识或信息等，并进行环境监测。

1974 年，伊莱休·卡茨等人出版《大众传播的使用：满足研究的当前视角》。在这本著作中，伊莱休·卡茨等人将媒介接触行为概括为一个"社会因素+心理因素→媒介期待→媒介接触→需求满足"的因果连锁过程，这成为使用与满足理论的模型，如图 1-1 所示。同时，他们还提出了使用与满足理论的五个基本假设：一是受众的媒介使用行为具有目的性，他们通过使用媒介来满足其心理或社会需求。二是受众使用大众传播媒介具有主动性。在传播过程中，受众是媒介的主动使用者，他们主动把媒介的使用及自身需求的满足联系起来。三是大众传播媒介在满足用户需求的过程中，必须与其他来源，如人际传播或其他传统的需求满足方式相竞争。四是研究资料源于受众的自我报告，即假设这些受众是理性的，能深刻了解自己的媒体使用习惯、兴趣和动机，并且能够向研究者清楚地描述自己的情况。五是研究者不能对大众传播媒介的传播内容做任何价值判断，只有受众才能判断媒体的内容是否具有价值。

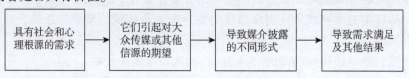

图 1-1　伊莱休·卡茨等人的模型

依据以上假设，伊莱休·卡茨等总结出了影响媒介选择的主要因素：①具有社会和心理根源的人们的需求；②需求产生的期望；③期望指向的大众传播媒介或其他来源；④这些来源引向对不同形式媒介的接触（或参与其他活动）；⑤由接触造成需要的满足；⑥与满足同时产生的其他后果，也许大多是无意获得的结果。

1977 年，日本学者竹内郁郎对伊莱休·卡茨等提出的使用与满足理论模型进行了补充，提出如图 1-2 所示的模型。其内容主要包括：一是人们接触传媒的目的是满足他们的特定需求，这些需求具有一定的社会和心理起源。二是人们实际接触行为的发生需要两个条件——媒介接触的可能性和对媒介的印象。三是人们根据对媒介的印象选择特定的媒介或内容，开始具体的接触行为。四是人们的媒介接触行为可能有需求得到满足、需求没有得到满足两种结果。五是无论人们在实施媒介接触行为后是否能够获得满足，这次媒介接触行为的结果都会影响到以后的媒介接触行为，人们会根据满足的结果来修正原本的媒介印象，并且在不同程度上改变对媒介的期待。

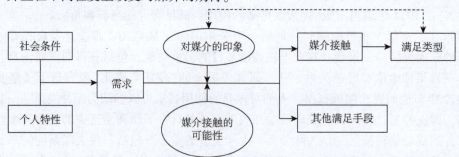

图 1-2　日本学者竹内郁郎的使用与满足理论模型

第二，1979 年《传播研究》(*Communication Research*)杂志出版的关于"使用与满足"路径研究的专刊。

在这本专刊中，唐纳德·莱尔·斯旺森(Donald Lyle Swanson )、杰伊·布鲁姆勒、洛伊丝·布鲁姆·贝克尔（Lois Bloom Becker）和伊莱休·卡茨等知名学者针对"使用与满足"问题及其背后的假设等进行了深入的探讨和研究。斯旺森和布鲁姆勒就"使用与满足"能否成为传播学的基本理论展开了辩论。斯旺森持肯定观点，认为关于"使用与满足"的研究理论假设和前提都很清晰，因此它能够成为一套系统的理论。布鲁姆勒则持否定的观点，认为关于"使用与满足"的研究不过是一组研究取向、研究范式甚至是研究角度的综合，无法成为系统性理论。两位学者争论的这个问题直到现在仍没有定论。持批判观点的学者如南京大学的胡翼青，他在《功能主义传播观批判：再论使用满足理论》中用海德格尔的技术哲学观来分析使用与满足理论，发现了该理论存在的三个致命性问题：一是人具有使用媒介的主动性从根本上来讲是一个伪命题，即使用与满足理论过高估计了受众的主动性，因此遮蔽了媒介控制受众思想，创造和引导受众需求的社会现实，掩盖了大众传播社会的控制意图。二是用"使用与满足"来描述人与媒介的关系过于简单。这种功能的和因果关系的视角严重影响了传播研究的理论深度，将传播过程简化为简单的"刺激—反应"模式，无法揭示大众文化与受众的丰富内涵，也无法反映具体使用情境中传媒传播过程的差异。三是使用与满足理论应当是社会心理学的研究对象而非传播学。

### （三）"使用与满足"研究的第三阶段

这一阶段主要致力于探寻人们的媒介使用动机与需要、媒介使用目标、媒介使用收益、媒介使用结果和个人因素等要素之间的关系，期望使用与满足理论更加具备解释能力和预测能力。艾伦·鲁宾（Alan M. Rubin）在其著作《传播学研究方法——策略与资料来源》中介绍了他与玛丽·斯特普（Marie Stopes）进行的关于收听广播政治脱口秀节目的动机与人际吸引、准社会互动（即受众与节目中人物的互动）之间关系的研究。研究认为，听众获得刺激性信息和娱乐的动机以及和节目中的人物（如主持人）之间的准社会互动，并且两者存在相互作用的关系。听众会因为在广播脱口秀节目中获得某种满足而更加信任节目的主持人。

### 三、社交媒体中的数字阅读行为研究——基于使用与满足理论

伊莱休·卡茨把"使用与满足"过程的研究从"媒介对人们做了什么"（What do media do to people）转向了"人们用媒介做了什么"（What do people do with media），并将受众的媒介使用行为归结为在社会因素与心理因素综合作用下，用户从产生媒介期待到实现媒介接触直至需求得到满足的过程。使用与满足理论强调了受众使用媒介的"主动性"，帮助人们更好地理解媒体选择与消费者使用之间的关系。在互联网时代，媒体技术的飞速发展使受众地位不断上升，已经转变为"用户"的受众在选择与使用媒介的过程中变得更加主动。因此，对用户需求的洞察与满足应当成为媒介发展的重要任务。《2023年度中国数字阅读报告》显示，2023年中国数字阅读市场总体营收规模为567.02亿元，同比增长22.33%，用户规模达5.7亿，同比增长7.53%，数字阅读发展取得了长足进步。2022年，党的二十大报告中明确提出要"深化全民阅读活动"。与此同时，"全民阅读"多次被写入政府工作报告，这不仅充分体现了我国对"全民阅读活动"的高度重视，也为数字阅读的深入推广提供了政策支持。随着移动互联网的成熟与普及，社交媒体成为广大用户接收信息的主要渠道，深入分析社交媒体环境中用户的数字阅读行为，对"全民阅读活动"的顺利开展具有重要意义。因此，本书基于使用与满足理论，从社会因素和心理因素两个角度对社交媒体用

户的数字阅读行为进行分析，通过对社交媒体用户数字阅读行为的问卷调查和深度访谈，探究其数字阅读行为的主要特征。

### 1. 研究方法与样本基本情况

（1）问卷调查法

本书通过问卷调查法对社交媒体环境中用户的数字阅读行为进行了充分的调查与分析。调查问卷通过"问卷星"平台发布，调查时间为 2022 年 3 月 2 日—7 月 5 日，为期 4 个月，共收回 202 份问卷，其中有效问卷为 182 份，样本有效率为 90%。有效样本中，调查对象的年龄以 18~42 岁为主，共占 77%，其中，18~22 岁的用户占 20%，23~32 岁的用户占 39%，33~42 岁的用户占 18%；调查对象性别比例基本均衡，男性共 88 名，占样本总量的 48%，女性 94 名，占 52%；样本学历以高中及以下、本科、硕士为主，其中高中及以下样本占 15%，本科占 60%，硕士占 14%；在调查对象的职业分布上，政府和事业单位工作人员占 20%，企业工作人员占 27%，学生占 31%，其他职业共占 22%；在调查对象的收入（学生指生活费）分布上，收入在 1 000 元/月及以下的样本占 9%，1 001~2 000 元/月的样本占 15%，2 001~3 000 元/月的样本占 11%，3 001~4 000 元/月的样本占 20%，4 001~5 000 元/月的样本占 17%，5 000 元/月以上的样本占 28%。

（2）深度访谈法

本书采用深度访谈法作为对问卷调查法的补充，通过典型样本发掘代表性线索，深度分析社交媒体环境下用户数字阅读行为的主要特征。访谈对象分为七个年龄层，每个年龄层的受访者有 2~3 人，受访对象共计 16 名。访谈内容主要包括调查对象在社交媒体环境中阅读的选择、需求、效果，以及阅读的目的、原因等。每位受访对象的深度访谈时间不少于 1 小时。

### 2. 社交媒体环境中数字阅读行为的主要特征

（1）社会因素

第一，"80 后""90 后"是社交媒体环境下数字阅读的核心用户。

"00 后""10 后"出生于阅读技术、资源和环境等发展较为成熟的数字时代，手机、iPad 从他们出生时就已经存在并成为其日常生活与学习的"标配"。"学校的课程和参加的课外辅导大部分都是线上完成的。"（女，13 岁）因此，数字阅读形式是"00 后""10 后"进行阅读的主要方式。但是，"云生活"的"互联网一代"由于缺乏阅读动力和阅读习惯，对数字阅读的积极性不足，其数字阅读参与度并不高。相比之下，"80 后""90 后"对社交媒体环境下数字阅读的参与度更高。他们经历了从纸质阅读到数字阅读再到社交化阅读的变迁过程，对社交媒体中数字阅读的接受度最高，参与意愿最强烈。"再也不用带着厚厚的一摞书了，全都装在我的 iPad 中，想看什么随时随地都可以实现。"（女，39 岁）"60 后""70 后"对社交媒体中的数字阅读最为抵触，这与他们所经历的生长环境和媒介环境相关。目前，多数"60 后""70 后"用户基于工作等刚性需求才会选择社交媒体中的数字阅读形式。"我还是更喜欢纸质书阅读，电子产品看久了眼睛受不了，而且好多功能也不会用。"（女，68 岁）[①]

第二，女性更偏爱社交媒体环境下的数字阅读。

在传统认知中，男性更趋于理性思考，因此男性群体被认为是更加积极的阅读群体。

---

① "80 后""90 后""00 后""10 后"为网络用语，分别用来指代出生于 1980—1989 年、1990—1999 年、2000—2009 年、2010—2019 年的人。其他的"60 后""70 后"也是类似的含义。

但性别与社交媒体数字阅读行为相关性的研究结果表明，女性更偏爱社交媒体环境下的数字阅读。导致这一现象的原因主要包括两个方面：一是女性社交关系的相对匮乏促进了其阅读意愿的提升。传统的社会结构及城市居住环境的变化等因素造成城市女性社交关系相对匮乏。随着互联网的发展，女性的社交范围不断扩展，社交方式更加多元化，社交媒体平台成为女性用户群体的主要社会交往渠道。因此，与男性相比，女性更加渴望和依赖在数字阅读过程中遇到结交机会。二是家庭教育角色促使女性阅读水平的提升。对大多数家庭而言，女性仍然是承担子女家庭教育的主要责任人，具备阅读习惯的女性能够在子女的家庭教育中发挥更加重要的作用。另外，女性的数字阅读也在促进家庭和社会和谐等方面发挥着不可替代的作用。

第三，"社交关系"是驱动用户选择数字阅读行为的关键动力。

调查结果表明，"社交关系"是驱动用户选择数字阅读行为的关键动力。这主要体现在三个方面：一是社交媒体数字阅读使用习惯的建立。"原来也不会用，是我儿子教我怎么操作的，现在不看都不习惯，每天必须点开看一会儿。"（女，60岁）调查结果显示，70%有数字阅读习惯的人表示他们享受与家人、朋友及同事讨论在社交媒体中阅读的内容。二是社交媒体数字阅读习惯的保持。点赞、分享是用户普遍的社交媒体数字阅读行为，也是促使用户继续进行数字阅读的主要动力。"周围大部分人都看，不看有时候聊的话题都赶不上潮流。"（女，42岁）三是社交媒体数字阅读习惯的深化。以社交媒体为依托的数字阅读不仅能够提升阅读效率，还能让线下社交关系更加密切。"在课题组，大家通过微信读书分享课题相关阅读内容，可以随时获取成员间的阅读书籍及笔记，不用再复述，开组会的时候能直接讨论，十分节省时间。"（男，26岁）

第四，下班和睡前是社交媒体数字阅读活动的高峰期。

移动互联网和智能终端的普及促成了数字阅读用户时间性结构的变化，社交媒体中用户的数字阅读行为集中发生在碎片化时间中。调查结果显示，超过半数的受访者在18点~22点使用社交媒体进行阅读，这与他们的休息时间完全一致。早上和下午的社交媒体数字阅读活动明显少于晚上，下班和睡前更是社交媒体数字阅读活动的高峰期。有受访者表示："通常，我都会在上下班的路上阅读，这些资料都存储在我的智能手机里，当我需要阅读的时候只需要打开手机即可，这是纸质书不能带给我的便捷的地方。"（男，64岁）数字阅读的场景优势不仅能够激发用户记录和分享阅读体验的热情，还能够促进用户阅读时长与阅读频率的增长。"我可以在社交软件上随时随地读小说，不受时间空间的限制，我觉得这点非常方便。"（男，33岁）

第五，数字阅读用户的付费意愿与内容质量和稀缺性成正比。

调查结果显示，68%的调查对象对社交媒体环境下的数字阅读内容有付费意愿。"看内容吧，确实有些收费的内容质量会高一些，会根据实际情况决定是否付费。"（女，30岁）在具有数字阅读内容付费意愿的样本中，对电子书有付费意愿的占53%，对网络文学有付费意愿的占52%，对有声读物有付费意愿的占20%，对新闻资讯有付费意愿的占3%。与电子书和网络文学相比，消费者对有声读物和新闻资讯的付费意愿相对较低。这与有声读物的质量及新闻资讯产品的稀缺性有较大关联。就用户付费意愿最低的新闻资讯内容来说，即使是已经采用软付费墙的传统媒体，也仍然通过社交媒体平台发布免费内容吸引用户，社交媒体平台中的绝大部分新闻资源不具有稀缺性，很难吸引用户付费。"现在是信息化社会，免费资源那么多，随处都能找到免费的新闻，我不会为阅读新闻花钱。"（男，31岁）另外，数字阅读产品的价格和用户使用数字阅读产品的时间频率等也与用户的付费

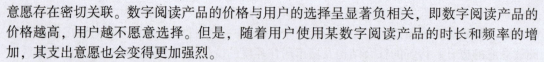

意愿存在密切关联。数字阅读产品的价格与用户的选择呈显著负相关，即数字阅读产品的价格越高，用户越不愿意选择。但是，随着用户使用某数字阅读产品的时长和频率的增加，其支出意愿也会变得更加强烈。

（2）心理因素

第一，社交媒体中的数字阅读形式能更好地满足用户的自我展示需求。

美国学者欧文·戈夫曼（Erving Goffman）认为，人际互动中的主体会通过选择适当的言辞、表情或动作等来塑造自身在他人心目中的形象，这种行为被称为"印象管理"或"印象整饰"。社交媒体环境下数字阅读形式的发展，不但能够让用户从浩繁的信息中迅速找到自己需要的阅读内容，还支持用户自己编辑内容并发布，通过点赞、评论和转发等形式分享内容、表达观点。在社交媒体数字阅读过程中，用户能够更加自由地通过多元化的互动来实现自我形象的构建与管理。调查数据显示，在社交媒体数字阅读过程中，经常发表评论的样本占样本总量的83%，经常发表摘录的样本占43%，经常发表阅读笔记的样本占22%，经常定标签的样本占18%，经常转发推荐的样本占15%，经常做批注的样本占9%。用户在社交媒体数字阅读过程中的交流对象主要包括作者、好友和其他读者（陌生人）。对于好友间的互动来说，社交媒体中的数字阅读行为一方面使好友间的沟通交流更加完整、深入，另一方面使现实生活中的好友形象更加丰富、生动和多元。"经常把自己觉得有意义的书（通过微信读书）分享给朋友，私下里也会一起讨论。"（女，52岁）就用户与其他读者（陌生人）之间的互动来说，碎片化、局部性的信息分享与共同的阅读经历及体验同样能让双方对彼此有初步了解，并在后续的互动中不断为自身及对方"画像"。"每次给他人发表评论，都会期待回评，特别是遇到志同道合的，总会多聊几句。"（男，45岁）

第二，社交媒体环境下的数字阅读用户更愿意与陌生人交流。

调查结果显示，社交媒体环境下数字阅读用户交流最多的对象是其他读者（陌生人），其次是自己的好友和作者。大多数调查对象在社交媒体中进行数字阅读时的交流对象，80%以上是陌生人。为什么社交媒体中的数字阅读用户更愿意同陌生人交流呢？一是情感性动机驱使下的宣泄与解放。有受访者表示："与其他读者进行交流时，我可以畅所欲言，毫无保留地说出我的观点。如果是朋友，在说话时可能会考虑哪里说得不恰当，还是有心理负担。"（男，20岁）在数字阅读过程中，与陌生人交流让用户更能展现出真实的自我，摆脱外在种种枷锁的束缚，随心所欲地发表观点、宣泄情感，并因此获得关注和理解。二是关系性动机驱使下的表达与认同。与朋友、亲人等强关系相比，社交媒体中普遍存在与陌生人之间的弱关系，弱关系中不同节点间的联系相对生疏，活跃性差，交流内容的异质性往往更强，信息的价值密度更大，因此，弱关系能够帮助人们获得在强关系的小社交圈子中难以获得的信息、知识和经验。"经常会被评论区的某条评论所吸引，觉得这个人的观点我非常赞同，有点相见恨晚的感觉。"（男，54岁）"我更喜欢与陌生人交流，在交流中能碰撞出不一样的火花。"（女，39岁）

### 3. 社交媒体平台中数字阅读推广的主要路径

（1）坚持"内容为王"，注重情感交流

社交媒体平台中的数字阅读推广同样要坚持"内容为王"的根本原则。优质内容是获得用户认可、吸引用户付费的关键。另外，在打造优质内容的基础上，我们还要充分认识到社交媒体平台的传播属性。与传统媒体不同，人际传播是社交媒体平台的核心属性，交流互动是社交媒体平台中数字阅读行为的本质特征。因此，情感化的阅读推广方式更能满足社交媒体平台中数字阅读的需求，也更加适配前文提及的下班和睡前两个重要的数字阅读场景。情感化的阅读推广可以从以下两方面着手：一是在创作上，提升阅读内容本身的温度，获得用户的正向反馈，与用户建立初级情感连接；二是在营销上，提升阅读内容传播的维度，与用户形成情感共鸣，建立长久的情感联系。2023年世界读书日，由抖音发起的"春天开阅季"主题活动邀请莫言、俞敏洪等百位名人通过直播的方式与用户分享阅读经历中的趣事和"秘密"，在引发用户互动浪潮的同时营造了良好的阅读氛围。

（2）依托智能技术，拓展社交网络

当前，大数据、云计算、区块链、VR/AR等技术为数字阅读推广提供了新的契机和动力。技术创新不但能够变革数字阅读内容创作与呈现的方式，给用户带来更加沉浸式、多元化的阅读感受，还能够助力数字阅读用户实现跨时空的虚拟社交，建立并激活以数字阅读为连接点的社交网络。以中国移动咪咕为例，2023年，其提出的元宇宙赋能全民阅读模式，打破了物理时空的界限，极大延伸了阅读场景，提升了用户体验。其将比特书房与农家书屋深度结合，构建了个性化的乡村阅读模式，让数字阅读成为农民群众社交网络中新的连接点，助力"全民阅读"在乡村的深入推广。

## "议"犹未尽

1. 如何看待"使用与满足"研究第二阶段中唐纳德·莱尔·斯旺森和杰伊·布鲁姆勒关于"使用与满足"能否成为传播学的基本理论的争辩？

2. 网络传播条件下，使用与满足理论是否仍然适用？

3. 算法时代，使用与满足理论有哪些变化？

4. 试采用使用与满足理论分析一个媒介应用或者媒介现象。

## 学海无涯

[1]黄雅兰.被遗忘的奠基人：赫佐格的学术贡献及其在传播学史上的"失踪"[J].国际新闻界，2014，36(6)：92-104.

[2]常江，徐帅.伊莱休·卡茨：新媒体加速了政治的日常化——媒介使用、政治参与和传播研究的进路[J].新闻界，2018(9)：4-9.

[3]王颖吉.作为研究"领域"和制度化"学科"的传播学——威尔伯·施拉姆对传播学学术性质的理解[J].当代传播，2010(2)：47-49.

## ▶▶▶▶▶春风化雨　润物无声

### 繁荣发展文化事业和文化产业（新论）——增强文化自信 建设文化强国

党的二十大报告明确提出"繁荣发展文化事业和文化产业"，并从人才队伍、公共文化服务、文化产业等多个方面进行部署。锚定新坐标、扛起新使命，不断铸就社会主义文化新辉煌，才能为全面建设社会主义现代化国家提供文化支撑。

以高质量精品创作激发引领力。衡量文化事业发展状况，最重要的标尺是文艺作品的整体质量。坚持以人民为中心的创作导向，最终要体现并落实到用优秀作品满足人民精神文化需求上来。要赢得人民认可，文艺创作必须量质并进，在"高原"之上再攀"高峰"。"高峰"之"高"，在于它经得起时间检验，在于它在文艺史上的标杆价值，在于它代表一个时代文化艺术的高水平成就。文艺工作者只有立足伟大实践，既精益求精、勇于创新，又朝乾夕惕、久久为功，深刻把握时代之变、中国之进、人民之呼，才能创作出有生活温度、社会广度、历史厚度和思想深度的经典之作。

以高标准公共服务提升凝聚力。以文化人、艺术养心，文化事业是培根铸魂的全民工程。坚持政府主导、社会参与、重心下移、共建共享，不断完善公共文化服务体系，有助于最高程度提升社会凝聚力、民族向心力。具体而言，应常态化开展覆盖全民的大众阅读、艺术普及、百姓舞台等文化惠民活动；完善公共文化服务平台，精准对接不同群体的文化需求；建好用好国家文化公园，探索非遗活化利用新路径，更好推动传统文化传承发展。总之，让广大人民群众成为文化建设的参与者、展示者、欣赏者、分享者，才能为建设文化强国注入不竭动力。

以高站位谋篇布局锻造竞争力。要统筹兼顾社会效益和经济效益，将文化建设融入国家重大战略，强化文化赋能，促进经济社会高质量发展。例如，与创意产业协同支撑"中国制造"走向"中国创造"，与旅游产业融合扩大休闲文化消费。同时，推动文化领域"数智化"转型，以人工智能、区块链、大数据等技术的深度应用，重塑现代文化产业。要顺应文化产品和服务生产、传播、消费的数字化、网络化、智能化、场景化趋势，推动智慧场馆、虚拟展演等文娱新业态健康发展。

以高素质人才队伍激发创造力。队伍是基础，人才是关键，文化大繁荣大发展需要加强文艺队伍建设。从文艺组织角度看，既要重视文艺院团人才梯队建设，也要关注新文艺群体的成长。网络作家、独立制片人、独立演员歌手、自由美术工作者等新文艺群体，已成为文艺发展的生力军，应积极引导其创作优秀作品，传播社会主义先进文化。此外，还要发掘和鼓励优秀民间文艺人才，通过规划、组织、指导全国性民间文艺等方式，开展对民俗文化的考察与研究、保护与传承。

文化兴则民族兴，文化强则国家强。以文载道、以文化人、以文弘业、以文惠民，在更高起点、更高层次、更高目标上推进文化发展，激发全民族文化创新创造活力，必将铸就社会主义文化新辉煌，不断提升国家文化软实力和中华文化影响力。

资料来源：顾亚奇.繁荣发展文化事业和文化产业（新论）［N］.人民日报，2023-02-14（5）.

## 第二节　议程设置理论

### 一、议程设置理论研究的历史

#### （一）前理论的概念化

议程设置理论提出之前，来自不同领域的学者就对媒体、受众和政府等之间的关系进

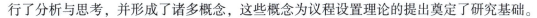

行了分析与思考，并形成了诸多概念，这些概念为议程设置理论的提出奠定了研究基础。

### 1. 罗伯特·E. 帕克

罗伯特·E. 帕克（Robert E. Park）是美国社会学家，芝加哥学派的代表人物，他虽然不是传播学"四大先驱"之一，却被评价为"大众传播的第一个理论家""研究大众传播的第一人"等。在其 1922 年出版的《移民报刊及其控制》（*The Immigrant Press and its Control*）一书中，帕克指出，编辑是媒体的把关人，因为他们有权利"选择"来自记者、通讯员等提交的新闻，从而将"公共问题"与"未进入公众视野的问题"区分开。1940 年，在《作为一种知识形式的新闻》一文中，帕克提出，新闻在告知公众周遭所发生之事的同时，会促使公众开启交谈与讨论，进而引发意见和情感的交锋，"而这种交锋常常止于某种共识或集体意见，即我们所谓的舆论（Public Opinion）"。

### 2. 沃尔特·李普曼

沃尔特·李普曼（Walter Lippmann）是美国新闻评论家和作家，也是在传播学史上具有重要影响的学者之一，在宣传分析和舆论研究方面享有很高的声誉。他在 1922 年出版的著作《公众舆论》中，开创了议程设置的早期思想。该书第一章的名称为"外部世界和我们脑海中的图景"，他认为大众媒体是连接"外部世界"和"我们脑海中的图景"两者的桥梁。媒体告知大众世界上发生的各类事件，并通过不同的报道方式来影响该事件在人们脑海中的构造。尽管李普曼并没有在这本书中明确使用"议程设置"这一专业术语，但其观点对议程设置理论的发展影响巨大，这本传播学经典著作也被认为是传播学领域的奠基之作。

### 3. 哈罗德·D. 拉斯韦尔

哈罗德·D. 拉斯韦尔（Harold D. Lasswell）是美国著名政治学家和传播学家。他在莱曼·布赖森（Lyman Bryson）主编的《观念的传播》（*The Communication of Ideas*）一书中贡献了非常重要的一个章节，即"社会传播的结构与功能"（*The Structure and Function of Communication in Society*），并对议程设置理论的发展产生了深远的影响。在该文中，拉斯韦尔提出了大众传媒的两个重要功能，即监测和协调。其中，监测是指新闻工作者扫描环境中的信息并确定哪些新闻事件值得在媒体上发布。拉斯韦尔对媒体"监测"功能的分析与帕克提出的"把关人"概念相呼应，他们都认为在决定大众能够得到哪些信息及信息以何种面貌呈现上，大众媒体具有强大的效果。协调功能是指媒体通过向公众和政策制定者传播某些问题来指引公众和政策制定者的关注方向。媒体的协调功能使不同的社会群体在同一时间段内关注同一新闻事件，即媒体能够指挥公众的注意力。

### （二）议程设置理论的提出和演变

在议程设置理论的提出阶段，早期多位研究者的观点被综合到一起，马克斯韦尔·麦库姆斯（Maxwell McCombs）和唐纳德·肖（Donald Shaw）验证了帕克、李普曼和拉斯韦尔等人的假说，即大众媒体通过选择新闻内容来设置议程，大众媒体设置的议程能够影响公众对新闻事件重要性的认识程度。

第一阶段：议程设置理论的提出——教堂山镇研究。

1967 年，还只是助教的马克斯韦尔·麦库姆斯来到北卡罗来纳大学，与同样对议程设置研究很感兴趣的唐纳德·肖一拍即合。为了验证议程设置假说，两人于 1968 年 11 月，也就是距离当年总统大选还有三周时间的时候，对尼克松与休伯特·汉弗莱的总统竞选进行了调查研究。研究地点在北卡罗来纳州的教堂山，这次研究被称为"教堂山镇研究"。在总统竞选过程中，两人共进行了三次调查，调查的范围包括报纸、杂志、电视等选民能够接触到的所有媒介，调查选择三个时段获取固定样本数据。从三批数据中，他们发现，媒介议程与选民议程的相关性非常高，达到0.9。但他们当时没有意识到的问题是：他们调查的样本都是已经做出投票决定的选民，并不包含没有参与投票的普通市民，这是调查数据中媒介议程与选民议程相关性非常高的主要原因。调查结束后，二人在《舆论季刊》中发表了《大众传播的议程设置功能》，提出大众媒介议题的显著性程度对公众议程具有重要的影响。从此，议程设置的概念和理论框架正式确立。议程设置理论的成立要基于以下三个前提假设。

第一，媒体建立议程，即媒体通过选择新闻事件并采用特定的方式呈现给受众来建立议程。

第二，媒体对新闻事件的关注能够引起受众和政策制定者对同一新闻事件的关注。

第三，受众和政策制定者也能影响媒体的议程。

以上三条假设体现了议程设置理论中受众、媒体和政策制定者之间的相互关系和相互作用。但是，这一阶段的研究成果只确定了议程设置理论的第一层，即组成议程的新闻事件是由媒体决定的。接下来，议程设置理论的第二个层次出现了，它被称为属性议程设置。

第二阶段：属性议程理论。

议程设置理论在正式确立后，激发了相关研究者的极大热情。1972年，马克斯韦尔·麦库姆斯和唐纳德·肖对议程设置理论再次展开了深入研究，同时发表了著作《美国政治议题的出现：新闻的议程设置功能》，开始关注议程设置对公众价值判断的影响。其他学者如山托·艾英戈（Shanto Iyengar）和唐纳德·R. 金德（Donald R. Kinder）对电视的议程设置效果展开了研究。他们发现，在电视报道中，针对同一议题采用不同的框架会对受众就该议题的价值倾向产生不同的影响。这一阶段的研究实现了议程设置从议题研究到议程属性研究的转变。通俗地说，就是大众媒介不仅能决定受众"想什么"，还能决定受众"怎么想"。

第三阶段：网络议程理论——议程融合理论。

20世纪90年代，互联网的飞速发展给传统的议程设置理论带来了极大挑战。传统媒体的影响力日益下降，网络媒体尤其是社交媒体的影响力不断提升。互联网信息生产主体的多元化、信息传播渠道的多样化、受众信息消费的碎片化等特点使信息的传播从传统的线性模式转变为网状模式。传统议程设置研究语境中媒体与受众的关系发生了变化，受众不再一味被动地接收信息，而是开始主动选择信息，因此传统议程设置理论的信度与效度都受到了冲击，该理论中大众媒介的"强大影响力"开始受到质疑。1999年，马克斯韦尔·麦库姆斯、唐纳德·肖和大卫·韦弗（David Weaver）共同发表了论文《个体、团体和议程融合：社会分歧论》，首次提出了议程融合理论。该理论认为，受众面对大众媒介所设置的议程并不是完全被动的，而是根据自己对社群归属感的需要来进行积极的选择，这一理论强调了受众加入议程的主动性。另外，该理论还认为，受众对某一议题的重视程度及价值判断是传统媒体、网络媒体和自身价值观等多重因素综合作用的结果。郭蕾和马克斯韦尔·麦库姆斯等学者还提出了网络议程设置理论。该理论认为，受众对现实社会的认知和判断受到一系列议题的影响，而不是受单个议题或者属性的影响；大众媒介能够决定

受众如何将不同的信息碎片联合起来。

## 二、网络议程设置

### （一）网络议程设置的特点

#### 1. 网络议程设置主体多元化

在传统媒体时代，报纸、杂志、广播、电视等传统媒体是议程设置的主体。而在网络媒体时代，除了传统媒体外，商业媒体、政府及相关部门、各企事业单位等组织机构以及网民都能够成为议程设置的主体，很多议题是由网民自下而上主动发起的。

 **相关案例**

短视频博主张某某

抖音博主张某某利用抖音平台传播其拍摄的家庭生活，用颇具喜感的东北口音和妙趣横生的打油诗呈现出一个跨国家庭的欢乐日常，其中有中国儿媳妇和加拿大婆婆的"斗智斗勇"，有在双语环境中长大的两个孩子的巨大差异，还有沉迷中国文化的外国老公对各种"梗"的奇妙解读……张某某的视频最高播放量一度突破 5 000 万，一个个别开生面的小故事让这个跨国家庭给无数受众留下了生动且鲜活的印象，深受大家喜爱。

由于网络议程设置主体的多元化，单一议程的设置往往是在多元主体的互动中逐渐形成的。传统媒体等作为议程设置的主体，地位不断下降，而网民作为议程设置的主体，所发挥的作用越来越大。

资料来源：作者根据网络资料整理，有删改

新媒体尤其是社交媒体为受众提供了多样化的相互连接渠道，个性化的网民通过这些渠道连接起来，形成更加紧密的关系网络，为公共议程的形成提供了传播基础，再加上网络传播具有及时性和广泛性等特点，网民提供的议题能够在社交媒体环境中迅速广泛地传播开来，舆论的扩散期被大大缩短，甚至消失了。

#### 2. 网络议程设置议题的多元化

网络议程设置主体的多元化带来了网络议程设置议题的多元化。网络议程设置的主题既有关乎国家命运的宏大主题，也有探讨家长里短的民生话题；既有能够整合社会中大多数人的公共议程，也有只被小部分受众关心的小众议程。网络中的公共议程能够将广泛的受众连接起来，发挥大众化媒体的作用，帮助受众认识和了解社会环境。多元化的小众议程往往只适合特定的人群，此时网络作为小众媒体能够帮助受众获得群体归属感。网络的去中心化逐渐消解了传统媒体在议程设置领域的特权，议程设置的主题更加开放、更加多元化。

 **相关案例**

2023 年 7 月 24 日的微博热搜榜，如图 1-3 所示，位居榜单前三名的话题大多是重大事件、突发事件等多数人关注的宏大主题，位于榜单后三位的则是明星新闻等小众主题。

| | | |
|---|---|---|
| 置顶 我国载人登月火箭最新进展 | | |
| 1 齐齐哈尔34中体育馆坍塌11人死亡 | | 2752528 |
| 2 陈哲远正式确诊为邪剑仙 | | 2238448 |
| 3 成都大运会青春含量拉满 | | 1851576 |
| 48 长相思今日开播 | | 189638 |
| 49 王一博宋祖儿对视海报 | | 189447 |
| 50 因为倒车入库不进请了个代驾 | | 184605 |

**图1-3 2023年7月24日微博热搜榜截图**

资料来源：作者根据网络资料整理，有删改

由于网络传播主体的多元性和网络传播环境的虚拟性，网络中还存在一些特殊的议程，这些议程看似与大多数人的利益并不相关，缺少公共性，却也能在网络中被炒得火热，如贾君鹏事件。贾君鹏并不是一个真实的人物，而是一个网络虚拟人物，这个虚拟人物的出现和走红就是网民自主议程设置的结果。

 **相关案例**

### 贾君鹏事件

2009年7月16日，有网友在百度贴吧中的"魔兽世界吧"发表了一篇主题为《贾君鹏你妈妈喊你回家吃饭》的帖子，帖子中并无其他内容，却迅速引起了贴吧中网友的注意，帖子发布仅仅五六个小时后，该帖的浏览量就达到了390 617次，回复量超过1.7万条。其后，该帖的影响迅速扩散到其他网络平台，百度知道、新浪爱问等平台上出现大量关于"贾君鹏"的悬赏提问。"贾君鹏你妈妈喊你回家吃饭"迅速成为网络流行语，有网友将"贾君鹏事件"戏称为"一句吃饭引发的血案"。该事件热度持续时间很长，最早的主题为《贾君鹏你妈妈喊你回家吃饭》的帖子一直有网友回复，截至2019年，该帖子的回复数量已经有24 000余页，回复量达1 357 800条，可以说是一起无厘头事件的"网络奇迹"。由于事件本身具有无厘头的性质，并未在现实中造成多大实质影响，传统媒体对这一事件的报道寥寥无几，但是这一事件在互联网中影响甚广，成为一次互联网行为艺术，一次贴吧文化的狂欢。

资料来源：https://baike.baidu.com/item/%E8%B4%BE%E5%90%9B%E9%B9%8F/8299497编者有删改

### 3. 网络议程设置效果的复杂性

1986年，美国学者卢西格·H. 丹尼利恩（Lucig H. Danielian）和斯蒂芬·D. 瑞斯（Stephen D. Reese）提出了媒介间议程设置理论。该理论认为，信息是在不同类别、不同层次、不同层级的媒介间流动的，尤其在传统媒体、新媒体、自媒体中间流动。这使传统的议程设置由一元、静态的过程转变为多元、动态的过程。议程设置主体之间相互作用、相互影响，导致议程设置的效果更加复杂和难以控制。议程设置主体之间相互作用、相互影响的结果可能放大议程设置效果，也可能缩小议程设置效果，甚至导致原本议程的变形。

在媒体间议程设置的互动过程中，能够引起受众关注的议程和与大多数受众切身利益相关的议程往往会被放大。此时，微信、微博等社会化媒体经常扮演放大器的角色。反之，无法引起受众关注和与受众切身利益关系不大的议程更容易遭受冷遇，难以达到良好的传播效果。腾格里沙漠污染报道为我们提供了极佳的媒体间议程设置互动的案例。

 **相关案例**

2014年夏天，《新京报》记者陈杰通过系列报道揭露了内蒙古腾格里沙漠腹地触目惊心的企业污染。同年12月，习近平总书记对此作出重要批示，中国国务院专门成立督察组，敦促腾格里工业园区进行大规模整改。关于该污染事件的报道持续了3年之久，在议程互设过程中，叙述主体包括媒体、地方政府、企业、当地居民和环保组织等，各主体在各类媒体平台上展开了激烈的争论。王积龙等在《微博与报纸议程互设关系的实证研究——以腾格里沙漠污染事件为例》一文中对新旧媒体间的议程设置进行了实证研究，并得出如下结论：第一，在环境污染事件传播中，报纸的属性议程设置影响着社交媒体的属性议程设置。报纸面临着社交媒体的严峻挑战。但在环境传播中，特别是在专业话语里，报纸还是具有一些优势的，相对于非专业化（不是专门从事环境新闻生产）的社交媒体，报纸还是在一定程度上具有属性议程设置的功能。《新京报》记者陈杰是报道腾格里沙漠污染事件的主要调查记者，有着专业化环境新闻的生产经验。陈杰除了前期的知识积累，还有相识的专家群体，包括权威的环境科学家、法律政策方面的专家、政府管理者、社会活动家等，在需要的时候能够找到他们。这些成本和社会关系一般很难被社交平台的写手所超越，并在最后形成对新媒体的"属性议程"的设置。第二，在环境污染的传播中，社交媒体对报纸具有议题设置的功能。社群是媒介的一个重要议程源，核心作用体现在以使用者身份为标识的媒介议程中。陈杰认为社交媒体提供着非常重要的新闻线索，公众反映较强烈且有代表性、有政策切入点的议题，是记者选择议程的重要依据。就腾格里沙漠污染事件的报道来说，由于西部大开发，大量东部污染企业西迁，腾格里沙漠污染事件就具有了典型性。社交媒体对报纸的议程设置作用，在一定程度上为舆论归责做了准备。

资料来源：王积龙，张妲萍，李本乾. 微博与报纸议程互设关系的实证研究——以腾格里沙漠污染事件为例[J]. 新闻与传播研究，2022，29（10）：80-93+127-128.

虽然媒体间的议程互动能够将部分议题变为热点，但是这并不意味着就能够取得良好的传播效果。因为媒体虽然能够影响受众想什么，却不能决定受众怎么想，受众的观点与价值判断可能与媒体设置的议程完全相反，在这种情况下，媒介的议程设置就可能被重新构建。

### 4. 网络议程设置的全球化趋势

网络传播跨时空跨地域的特点使很多原本属于某个国家的议程能够跨越国界，在全球范围内传播并产生影响。随着互联网技术的不断成熟，网络议程设置的全球化趋势越来越明显，如美国大选往往成为全球性话题。

### （二）网络议程设置的作用机制

#### 1. 议题——网络议程设置的起点

议题是议程设置主体主观愿望的反映，议程设置主体希望通过其设置的议题来影响公众的议题，从而达到议程设置的效果。因此，议题和议程并不是一回事儿，不论传播主体是大众媒介还是普通网民，从传播主体设置的议题到公众的议题都需要一个转化的过程。可以说，议题是议程设置的起点。在网络媒体议程设置过程中，议题的出现往往是大众媒体和网民共同作用的结果，其中网民的作用和影响越来越大：一是因为网民设置的议题贴近性更强，与百姓生活息息相关，加入此类议题能够给网民带来更强的社会归属感；二是因为微博、微信等社交媒体平台为网民设置议题提供了便利的传播渠道，网民不需要依赖大众媒体就能够促进公共议题的形成。与此同时，大众媒体仍旧主动设置议题，但议题能够转变为议程并不是由大众媒体决定的，而是取决于该议题能否影响以及在多大程度上影响公众议题。

#### 2. 信息与意见的大量传播——网络议程设置的推动力

网络议程设置的形成，需要大量与议程相关的信息与意见的推动。

第一，在信息传播方面，专业媒体往往主动地有意识地发起议程，依靠其不同的传播渠道对某一议题的相关信息或新闻进行高强度、高频率报道。对于某些重大议题，专业媒体会共同发起议程，使同一议题相关信息或新闻产生叠加效应，将不同领域的报道力量聚合到一起，共同推动议程设置的形成。相比之下，网民主动地有意识地发起议程的情况较少，大多数情况下，由网民发起的议程都源于其无意中发布的内容。因此，网民在信息发布的过程中居于次要地位。但是，在信息扩散的过程中，网民能够起到极其重要的作用，尤其是社交媒体环境下，网民通过大量的点赞、转发和评论使与议题相关的新闻或信息迅速广泛地传播开来，使议程设置的效果不断增强。需要注意的是，并不是所有媒体设置的议题都会得到网民的广泛传播。只有那些网民感兴趣的、和网民切身利益相关的议题才能进入网民的视野。反之，对于那些不感兴趣、与切身利益关系不大的议题，网民会视而不见或保持沉默，大大削弱媒体议程设置的效果。

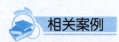 相关案例

#### 齐齐哈尔体育馆坍塌事故

2023 年 7 月 23 日，黑龙江齐齐哈尔市第三十四中学体育馆发生坍塌。经核实，事故发生时，馆内共有 19 人，其中 4 人自行脱险，15 人被困。截至 24 日 10 时许，15 名被困人员均被找到，现场搜救工作结束，此次事故共造成 11 人死亡。7 月 23 日 18 时起，新华社、中新网、央视新闻等主流媒体官方微博先后发布事故信息，新华网刊文《黑龙江省齐齐哈尔市一中学体育馆楼顶坍塌 10 余人被困》，《新京报》官方微博刊文《"齐齐哈尔体育馆坍塌事故"，施工监管何在？》，央广网刊文《齐齐哈尔市一中学校体育馆坍塌事故共造成 11 人死亡》等，实时更新救援最新进展。

事故发生以后，被困人员的救援进展是网民最关心的问题之一。梳理微博热搜话题可看到，关于救援最新进展的话题持续动态登顶微博热搜榜首，尤其是因为事故发生地点在中学的体育馆，更加引起了公众对于师生的伤亡情况及遇难人员家属的关注，多位网民表

示："还好是暑假，否则后果不堪设想。""对家长来说太残忍了。""好可怜，这么多个家庭就这样毁了。"

事故发生的原因同样引发了网民的大量质疑。随着事故现场鸟瞰图被公布，以及媒体公布"经现场初步调查，与体育馆毗邻的教学综合楼施工过程中，施工单位违规将珍珠岩堆置体育馆屋顶。受降雨影响，珍珠岩浸水增重，导致屋顶荷载增大引发坍塌"的初步结论，越来越多的声音聚焦于对"豆腐渣工程"、施工违规操作的讨伐。

叠加此前"荣某高铁被举报偷工减料，存在重大安全隐患"的负面情绪，舆论场中对于建筑质量、施工资质的声讨居高不下，引爆了舆论场中对于公共工程安全的舆论风暴。无论是事关公众出行安全的高速铁路，还是本次事件中关系到青少年学生健康成长的中学体育馆，民众要求追查事故发生的具体原因，并对事故相关责任方依法进行严肃处理。相似事件成为舆情发酵"催化剂"。

资料来源：https://baike.baidu.com/item/%E9%BD%90%E9%BD%90%E5%93%88%E5%B0%94%E5%B8%82%E7%AC%AC%E4%B8%89%E5%8D%81%E5%9B%9B%E4%B8%AD%E5%AD%A6%E6%A0%A1%E4%BD%93%E8%82%B2%E9%A6%86/63254847？fromModule=search-result_lemma. 作者有删改

第二，在意见传播方面，社交媒体等为网民意见的直接表达提供了便利的传播渠道。在传统媒体时代，网民无法通过专业媒体直接表达意见，专业媒体获得的受众意见反馈往往比较滞后，这使专业媒体很难对议程设置的效果进行快速评估并及时调整后续报道。在网络传播环境下，受众能够通过社交媒体等渠道将意见迅速地表达出来，专业媒体能够及时获得反馈，并根据传播效果调整和优化下一阶段的报道内容和报道方式等。同时，网民对议题的意见传播能够推动议程设置效果的不断提升。网民对议题的充分讨论能够使网络中形成关于这一议题的意见气候，意见气候形成后会吸引更多网民的关注和加入，参与讨论的网民数量不断增多，议程设置的效果也不断增强。

 相关案例

### 华南虎事件

2007年10月12日，陕西省林业厅公布了一组野生华南虎照片，拍摄人为陕西农民周正龙。如果这组照片是真的，就成为1964年以来陕西对野生华南虎生存迹象的首次记录，也有力地证明在中国境内野生华南虎仍然存在，没有灭绝。

但是，该照片发布后不久，其真实性就引起了专家和广大网友的广泛质疑。针对虎照的真伪，广大网友和相关专家展开了激烈的讨论并划分了不同的阵营，两个阵营观点针锋相对，不断提供关于虎照真伪的各项佐证。最终，随着反对派的关键证据年画虎的出现，该事件真相逐渐浮出水面，华南虎照片最终被认定为伪造照片。

资料来源：https://baike.baidu.com/item/%E5%8D%8E%E5%8D%97%E8%99%8E%E4%BA%8B%E4%BB%B6/9276604. 作者有删改

### 3. 议程融合——网络议程设置的核心

议程设置能发挥作用的根本原因是该议题具有"融合"受众的特质，因此，议程融合才

是议程设置的核心。媒体从业者必须意识到，在议程设置过程中受众具有高度选择性，只有那些能够充分满足受众对社会归属感需要的议题才能获得受众的关注，并进一步影响受众对该议题的价值判断和态度方向。否则，即使媒体投入巨大的力量进行宣传，也只能在短时间内影响受众的关注点，无法影响受众的价值判断。

### (三)影响网络议程设置的因素

麦库姆斯和肖对于议程设置理论最早的研究成果以媒体的强效果模式为基础，在后期的研究中，这一观点慢慢得到缓和与矫正，如议程设置理论渐渐与使用与满足理论相融合，开始重视受众在其中的重要作用等。随着研究者们不断发现影响议程设置效果的诸多因素，议程设置理论逐渐成为有限效果模式。影响议程设置效果的主要因素如下。

#### 1. 媒体公信力

网络议程设置的效果和媒体公信力的高低呈正相关，即媒体公信力越高，网络议程设置的效果越好；反之，媒体公信力越低，网络议程设置的效果越差。

#### 2. 证据冲突性

网络议程设置的效果和受众接触到的冲突性证据的数量呈负相关，即受众接触到的冲突性证据越少，网络议程设置的效果越好；反之，受众接触到的冲突性证据越多，网络议程设置的效果越差。

#### 3. 受众与媒体价值观的相似程度

网络议程设置的效果和受众与媒体价值观的相似程度呈正相关，即受众与媒体价值观越相似，网络议程设置的效果越好；反之，受众与媒体价值观差异越大，网络议程设置的效果越差。

#### 4. 受众的导向需求

每一个受众都天然地具有了解外部世界的愿望，但面对庞大而广阔的外部世界，海量而复杂的各类信息，他们往往无所适从。媒体需要帮助受众判断哪些信息值得关注，哪些信息需要重视。麦库姆斯曾说："人对周围的世界具有天然的好奇心，而新闻媒介为众多的话题提供了这种导向作用。"受众的导向需求是网络议程设置功能得以发挥的社会心理前提，其强弱与网络议程设置的效果呈正相关，即受众的导向需求越强，网络议程设置的效果越好；反之，受众的导向需求越弱，网络议程设置的效果越差。

#### 5. 相关性

相关性是指受众感知到的议题重要性与受众产生通过媒体寻求指导的动机之间的关联程度。相关性与网络议程设置的效果呈正相关，即相关性越高，网络议程设置的效果越好；反之，相关性越低，网络议程设置的效果就越差。例如，对一位不吸烟的人来说，"如何戒烟"这一议题和他的相关性较低，一般情况下，他不会去媒体中寻找关于"如何戒烟"这一议题的报道。

#### 6. 不确定性

不确定性是指受众认为自己掌握了多少关于某个议题的信息。不确定性与网络议程设置的效果呈正相关，即不确定性越高，网络议程设置的效果越好；反之，不确定性越低，网络议程设置的效果就越差。在很多突发公共事件中，由于事件发生时间较短，受众掌握的信息较少，不确定性较高，议程设置的效果往往较好。

## "议"犹未尽

1. 请围绕议程设置理论的发展历程，谈谈媒介间的影响，即新闻组织彼此之间的议程设置。
2. 请谈谈了解议程设置理论发展历程的意义。
3. 选择一个最近发生的新闻事件，讨论在报道期间议程设置是如何发挥作用的。
4. 选择一个能够体现议程设置理论主体关系的新闻事件进行讨论。该新闻事件的发展应符合以下脉络：在媒体议程中出现—在公众议程中出现—在政策制定者议程中出现—政策制定者制定出与该新闻事件相关的实际政策。

## 学海无涯

[1]刘海龙. 社会变迁与议程设置理论——专访议程设置奠基人之一唐纳德·肖[J]. 国际新闻界，2004（4）：18-24.

[2]蔡雯，戴佳. 议程设置研究的历史、现状与未来——与麦库姆斯教授的对话[J]. 国际新闻界，2006（2）：14-19.

[3]麦克斯韦尔·麦考姆斯①，郭镇之，邓理峰. 议程设置理论概览：过去，现在与未来[J]. 新闻大学，2007（3）：55-67.

[4]袁潇. 数字时代中议程设置理论的嬗变与革新——专访议程设置奠基人之一唐纳德·肖教授[J]. 国际新闻界，2016，38（4）：67-78.

[5]史安斌，王沛楠. 议程设置理论与研究50年：溯源·演进·前景[J]. 新闻与传播研究，2017，24（10）：13-28+127.

[6]赵蕾. 议程设置50年：新媒体环境下议程设置理论的发展与转向——议程设置奠基人马克斯韦尔·麦库姆斯、唐纳德·肖与大卫·韦弗教授访谈[J]. 国际新闻界，2019，41（1）：66-80.

## >>>>> 春风化雨　润物无声

### 发挥好社会组织作用　提高我国参与全球治理的能力（新知新觉）

习近平总书记强调："要提高我国参与全球治理的能力，着力增强规则制定能力、议程设置能力、舆论宣传能力、统筹协调能力。"党的十八大以来，以习近平同志为核心的党中央全面推进中国特色大国外交，推动构建人类命运共同体，我国在全球治理中发挥更大作用、做出更大贡献。当前，随着全球治理体系和国际秩序变革加速推进，社会组织在全

---

① 麦克斯韦尔·麦考姆斯为此前马克斯韦尔·麦库姆斯的另一个译名。

球治理中的作用越来越突出，深度参与人权、公共卫生、气候变化等领域的规则制定、议程设置等事务。贯彻落实党的二十大报告作出的"积极参与全球治理体系改革和建设"的战略部署，进一步提高我国参与全球治理的能力，需要发挥好我国社会组织的作用，推动社会组织有序参与全球治理，让世界听到更多中国声音，助力提升我国国际影响力、感召力、塑造力。

提高参与水平。社会组织是我国社会主义现代化建设的重要力量。改革开放以来，特别是党的十八大以来，我国社会组织不断发展，在促进经济发展、繁荣社会事业、创新社会治理、扩大对外交往等方面发挥了积极作用。国际上，一些社会组织经常发表专业意见，参与规则制定，是全球治理的重要参与者。我国一些社会组织在人权、发展等全球治理议题上的作用日益凸显，拓展了我国参与全球治理的广度和深度。比如，中国人权研究会等社会组织，在联合国经济及社会理事会享有特别咨商地位，为全球人权治理贡献了中国智慧和中国力量。适应全球治理新形势，应进一步提高我国社会组织参与全球治理的水平，加强与国际组织、各国社会组织的交流对话合作，更好传播中国声音，贡献中国方案，推动践行共商共建共享的全球治理观，弘扬全人类共同价值，促进不同文明交流互鉴。

丰富活动形式。当前，随着国际力量对比变化和全球性挑战增多，加强全球治理、推动全球治理体系变革已是人心所向、大势所趋。社会组织对全球治理的参与更加直接、广泛、频繁，并产生深刻影响，成为加强全球治理的重要力量。推动全球治理朝着更加公正合理的方向发展，需要鼓励我国社会组织发挥自身优势，不断提高有序参与全球治理的主动性。例如，参加国际交流活动，在相关国际论坛、国际会议上积极主动发声；加强与国外有关社会组织的交流合作，搭建民间外交平台，打造伙伴关系网络；依照有关双边、多边协议和法律规定，在境外开展公益民生、人道援助等项目和活动，造福世界各国人民，等等。通过不断丰富我国社会组织参与全球治理的方式，有效扩大我国社会组织的国际影响力，为破解全球和平赤字、发展赤字、安全赤字、治理赤字做出贡献。

加强自身建设。当今世界正在经历深刻而宏阔的时代之变，但和平与发展的时代主题没有变，各国人民对美好生活的追求没有变，国际社会同舟共济、合作共赢的历史使命也没有变。顺应时代潮流，回应人民呼声，展现责任担当，社会组织可以成为各国人民增进了解、深化友谊、加强合作、促进协调的重要平台。要支持社会组织健康发展，引导社会组织加强自身建设、提升工作能力，推动社会组织在促进民心相通、建设性参与全球治理上发挥积极作用。社会组织应加强对国际化人才的吸引和培养，为参与各层次、各领域国际交流交往提供坚强人才支撑；拓宽募资渠道，提高运行资金筹措能力，夯实长期可持续发展的物质基础；加强与国内高校、科研机构合作，实现学术研究和工作实践双向互动，提升知识素养和专业水准，更好服务推动构建人类命运共同体。

资料来源：刘铁娃. 发挥好社会组织作用　提高我国参与全球治理的能力[N]. 人民日报，2023-04-27(9).

## 第三节 传播隐私管理理论

### 一、传播隐私管理理论的演变

#### (一)传播隐私管理理论的出现

##### 1. 传播隐私管理理论的概念

传播隐私管理理论研究的是人们如何处理私人信息的表露和保密之间的关系。该理论出现至今时间较短,具有很强的时新性和理论活力。相比于来自社会学的象征性互动理论、来自心理学的认知不协调理论等,传播隐私管理理论是专门针对传播现象提出的理论,对传播学的成熟和发展具有重要意义。

##### 2. 传播隐私管理理论的提出

传播隐私管理理论的提出者是传播学者桑德拉·佩特罗尼奥(Sandra Petronio)。他和同事在早期进行的研究中发现,男性和女性在判断什么时候开放隐私、什么时候保持沉默这一问题上所持的标准不同。从此,性别差异的观念和信息表露受到规则支配的思想成为传播隐私管理理论的一部分。

1991 年,佩特罗尼奥第一次发表论文对传播隐私管理理论进行了总结,这个理论被他称为微观理论。因为这一理论的应用范围局限在夫妻之间的隐私管理上,研究范围很狭窄。后期的理论研究突破了这一限制,能够解释婚姻之外的各种情境下的信息表露和保密,因此,后期理论也被佩特罗尼奥称为宏观理论。宏观理论应用范围涉及各种不同的人际关系,甚至包括群体和组织中的人际关系。2002 年,佩特罗尼奥将这一理论正式命名为"传播隐私管理理论",这一名称意味着该理论研究的重点在于"隐私表露的过程"。

#### (二)传播隐私管理理论的前提假设

##### 1. 第一个假设:人是决策者

人是决策者是指传播隐私管理理论能够帮助人们更好地理解他们所做的决策,并弄清这些决策如何影响决策者与他人之间的关系。例如,你现在的经济状况不好,银行的信用评价等级很低,你是否会将你的这一状况告诉你的同学就是你做决策的过程,披露信息的决策很可能会影响你和同学之间的关系,但是你享有是否进行信息披露的控制权,即决策权。

##### 2. 第二个假设:人既是规则的制定者,也是规则的遵守者

隐私管理的规则受多重因素的影响,包括社会、文化、环境及决策者的性别等,这些规则能够极大影响决策者与他人之间的关系。决策者可使用这些规则来捍卫自身的隐私权。

##### 3. 第三个假设:人的选择和规则既取决于自己,也取决于他人

人既有对独立性的需求,也有对社交性的需求,两者相互交织,缺一不可,共同对隐私决策产生影响。人们日常生活中对隐私信息的管理方式非常复杂。

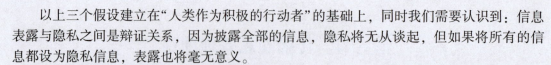

以上三个假设建立在"人类作为积极的行动者"的基础上，同时我们需要认识到：信息表露与隐私之间是辩证关系，因为披露全部的信息，隐私将无从谈起，但如果将所有的信息都设为隐私信息，表露也将毫无意义。

### （三）传播隐私管理理论的基本原理

#### 1. 隐私信息所有权

隐私信息所有权是指人们相信其拥有关于自己的隐私信息的所有权，并能够根据自己的意愿进行管理。这一观念也许和大多数人的感知一致，但可能并不是事实，尤其是在互联网时代。

#### 2. 隐私信息控制

隐私信息控制是指人们建立隐私边界来控制个人信息，隐私边界是指能够把私人信息和公共信息区分开的界限。在公共空间，人们不会表露自身的隐私信息。在私人空间，人们会有选择地在与他人的交往过程中表露部分隐私信息，因为适当地表露部分个人信息可能对关系的改善和维护有益。隐私边界的控制权属于表露者，表露者能够决定其个人信息的边界和隐私控制范围。影响隐私边界的因素有很多，且并不是所有的因素都受表露者控制。以年龄为例，年龄较小的幼儿或者儿童的隐私边界范围比较小，随着年龄的增长，青年或成年人的隐私边界范围不断增大，但步入老年之后，隐私边界的范围又会重新缩小。除了年龄，性别、国别等因素也会影响隐私边界。

#### 3. 隐私信息规则

隐私信息规则是传播隐私管理理论的基础，表露者根据规则来决定如何管理自己的隐私信息。隐私信息规则的建立与隐私信息规则的属性，是影响隐私信息规则的两个关键因素，其中，隐私信息规则的建立主要描述隐私规则被确立的过程，主要是指表露者决定表露或者隐藏个人信息时所采用的标准。在隐私信息规则的建立过程中，主要有两个标准，一是核心标准，二是促变标准。核心标准是指影响人们可能使用的隐私规则类型的标准，能够直接指导隐私管理，核心标准会受到年龄、性别、文化等因素的影响。促变标准是指是否允许他人获取信息的标准，能够解释隐私规则的变更或者需要作出改变的原因。影响隐私信息规则的另一个关键因素是隐私信息规则的属性，它主要是指人们如何学习规则以及确定规则的属性。例如，当你步入职场时，需要与新同事建立关系并积极了解公司文化，这就是学习规则的过程。当然，公司也会通过各种方式让员工与公司、员工与员工之间建立良好关系，甚至将良好关系的建立与维护作为企业文化的一部分。

#### 4. 隐私信息共同所有与保护

要理解隐私信息共同所有与保护原理，先要厘清个人边界与集体边界的概念。个人边界是指围绕在某个人的隐私信息外围的边界，当这个人的隐私信息被个人保护而没有表露给他人时，隐私信息外围的就是个人边界。集体边界是指围绕在多个人的隐私信息外围的边界，当个人的隐私信息被分享给他人时，这些隐私就不仅仅属于某个人，而是属于关系中的所有成员，这时，隐私信息外围的就是集体边界。例如，你暗恋班里的某位男同学，如果你没有将这个秘密告诉任何人，围绕在这份暗恋周围的就是个人边界；如果你将这个秘密倾诉给你的好朋友，围绕在你和好朋友周围的就是集体边界。

隐私信息共同所有与保护原理中最重要的元素是边界协调。所谓的边界协调是指某个人如何管理与他人共有的信息。例如，你和你的好朋友心照不宣地决定不会将你的秘密透露给你的暗恋对象。因此，边界协调的过程也是隐私信息决策的过程，还是你和你的好朋友成为隐私信息共同拥有者的过程。当某个人与他人成为隐私信息共同拥有者，也就具备了边界共同所有权，而边界共同所有权要受到边界连接、边界所有权和边界渗透性的制约。

边界连接是指人们以边界联盟的形式所产生的联系。例如，当你向你的好朋友吐露暗恋的秘密时，你们的隐私边界就连在了一起。隐私边界的连接对于关系的建立与维护至关重要，如医生应当与患者建立连接，获得患者信任，从而取得最佳的治疗效果。需要强调的是，边界连接有强弱之分，例如，当你和你的好朋友分享暗恋秘密时，这个隐私信息被其他人无意中听到了，从技术的角度讲，他（她）已经与你们建立了边界连接，但是这个边界连接是比较弱的，因为这个无意中听到的人并不是信息的合法接收者。

边界所有权是指人们因为共同拥有隐私信息而产生的权利（包括特权）。边界所有权的落实需要有精确的规则和清晰的边界。但在实际中，边界的规则未必精确，而且可能是动态的。例如，当你明确地告诉你的好朋友不能将你暗恋的秘密告知他人时，隐私的边界就非常清晰。但如果你只是告诉了他（她）这个秘密，却没有专门强调不能把这个秘密告诉别人，隐私的边界就不清晰，这时的隐私边界就要靠你的好朋友来把握。另外，随着时间的推移，也许你向你的暗恋对象表白成功，当你和你的暗恋对象关系发生变化时，隐私的边界也会发生变化。

边界渗透性是指有多少信息能够穿透边界。只有少量信息能够通过甚至不允许任何信息通过的是厚边界，即关闭的边界。允许所有信息通过的是薄边界，即开放的边界。

### 5. 隐私信息边界纠纷

隐私信息边界纠纷是指隐私信息共有者在边界期待和管理问题上产生的冲突和纠纷。隐私信息边界纠纷产生的原因可能有很多，如边界协调的规则不清楚，隐私信息共有者之间隐私管理的期待不一致等。例如，你的好朋友将你告诉他（她）并让他（她）保密的暗恋秘密告诉了其他人，就可能会产生隐私信息边界纠纷。

## 二、智能媒体时代的用户隐私侵权问题与救济路径

### （一）信息隐私权的产生与发展

#### 1. 信息隐私权的产生

最早提出信息隐私权的是美国波士顿的两位律师：塞缪尔·沃伦（Samuel Warren）和路易斯·布兰代斯（Louis Brandeis）。他们于1890年在《哈佛法律评论》中发表了《隐私的权利》一文，该文撰写的起因是当地的报纸对沃伦举办的晚宴有一些不友善的报道。在该文中，沃伦认为，隐私的侵犯，就是未经个人同意而使用个人信息。

#### 2. 信息隐私权的发展

目前，各国对于信息隐私权的法律规定不尽相同。在美国，1974年的联邦隐私法只对联邦政府使用个人信息作了相关的规定，而对除联邦政府外的其他主体在使用个人隐私信息方面无权约束。欧洲各国尤其是德国对个人信息隐私权的规定并不局限于中央政府，还包括所有各级政府及民间的信息业者。在我国，《中华人民共和国民法典》中的第四编第六

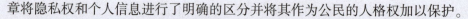

章将隐私权和个人信息进行了明确的区分并将其作为公民的人格权加以保护。

### (二)智能媒体时代的隐私问题

#### 1. 智能媒体时代的信息来源

智能媒体时代的核心特点是万物皆媒,即所有的智能终端、智能机器在某种意义上都会被媒体化。从已经普及的智能手机、行车记录仪、安防及交通监控摄像头到正在发展的VR/AR眼镜、智能手表等智能可穿戴设备,随着传感器种类和数量的不断增多,用户被迫分享的身体、情感、行为、环境等相关数据日益增多。在智能媒体时代,智能机器人全面参与新闻信息的采集、整理、写作等生产环节。目前,国外的路透社、美联社及国内的腾讯等媒体已经开始使用新闻机器人撰写稿件。智能机器人新闻写作不仅能够进一步增强用户的新闻体验,还能够根据用户的喜好及其在特定场景下的需求,推荐精准的信息与服务。当然,这种精准化的信息服务要建立在用户信息被全面数据化和可跟踪化的基础之上,这也就意味着在智能媒体时代,用户的隐私随时随地都可能遭到泄露和侵犯。

#### 2. 智能媒体时代的信息特征

数字化技术的不断发展,信息存储成本的不断降低,数字资料检索的功能日益强大,以及全球化网络的不断演进,都对智能媒体时代的用户隐私权保护提出了挑战。

首先,智能媒体时代的信息具有易得性。用户随时可以通过互联网存储及提取信息。从某种程度上说,一旦信息在互联网中被分享,基本上就已经脱离原有用户的掌控。用户个人对自身信息的掌控能力变弱,这可能带来的后果就是用户信息的滥用及对用户隐私的侵害。

其次,智能媒体时代的信息具有耐久性。数字媒体海量的存储能力,超链接技术与搜索引擎技术等所带来的信息智能检索技术的不断成熟,使信息的耐久性极大增强。一条信息被报道后并不会随着时间的流逝而消失,而会被永久地保存在互联网的某个或某几个节点上,在需要的时候随时都可能被调取出来,如"扶老被讹案""女大学生被害案"等事件出现后,几年甚至是十几年前的相似事件再次引起热议。智能媒体时代信息的耐久性使过去发生的事像阴影一样跟着你我,无法摆脱。

最后,智能媒体时代的信息具有全面性。智能媒体时代的信息易存取,又能永久保存,随着时间的不断累积,互联网上的用户个人信息将不断增多,而对这些信息的整合分析将会对用户的隐私权造成极大的威胁。现在,部分信息供应商通过结合不同资料库中同一个用户的个人资料,就能为用户建立内容详细的档案,包括他们的活动、朋友、爱好等,甚至通过对用户的信息浏览或检索、购物行为等进行倒推,能够得到非常准确的用户画像。

### (三)智能媒体时代解决用户个人信息隐私权问题的对策

#### 1. 培养用户的信息安全意识,提高用户媒介素养

尽管过去几年,媒体对个人信息遭到泄露并产生严重后果的事件进行了多次报道,但用户的个人信息安全意识仍旧淡薄。导致这一现象的主要原因有:一是用户对个人信息安全不够重视,很多人在无意中泄露了个人信息;二是我国缺乏对智能媒体时代用户个人信息的安全教育和培训,这意味着即使用户意识到了保护个人信息的重要性,也缺乏相关知识和技巧。

因此，从用户角度来说，最主要的是要接受正规的信息安全教育与培训。一方面让用户了解个人信息遭到滥用可能会出现的后果，提高用户的个人信息安全意识；另一方面通过有针对性和连续性的信息安全教育，引导广大互联网用户避免个人信息遭到滥用，尤其是学校，更应当充分发挥教育职能，将智能媒体时代的个人信息安全保护知识贯穿到课堂教学过程中。

但是，完全依靠用户自身防范个人信息隐私泄露存在一定难度。例如，目前大多数App提供的服务是以用户提供个人信息，如电话号码、GPS定位等为前提的，用户要拒绝提供个人信息就必须放弃这项服务，显然对于大多数用户来说，为了保护个人信息而放弃App提供的服务并不现实。另外，对智能媒体时代成长起来的年轻人而言，分享俨然已经成为他们的一种生活方式，除非分享的信息已经对他们的现实生活造成了实际且严重的伤害，否则想让他们完全转变态度也很难做到。

### 2. 充分利用计算机技术，建立新的信息生态

信息生态是指规定哪些人能够搜集储存哪些信息，能储存多久，在信息使用完成后删除或定期删除的信息环境。如在美国部分州，证人或嫌疑人的指纹在案件结束后，不需要用来寻找或起诉特定犯罪行为，就会从 DNA 资料库中删除。欧洲的人权法院也规定，不得永久保留无辜者的 DNA 信息。在适宜的信息生态环境中，信息应该在原本名称、位置等标签的基础上，增加到期日标签，即让用户通过简单的界面操作就能够实现对信息有效时间的设置，从而在某种程度上保护个人信息的隐私权。目前，许多信息提供商开始注意到这一问题，并通过设置信息到期日来博取用户信任。2007 年春，谷歌宣布对搜索的信息设置到期日，承诺在最多 24 个月后删除搜索引擎中的个人识别信息。同年夏天，微软和搜索网站 Ask.com 同时宣布最多 18 个月后，将个人信息匿名化。2008 年，搜索引擎 Cuil 直接宣布不会在搜索引擎中储存任何人的个人信息。

除设置信息到期日之外，还要充分利用其他可行的技术技巧，如浏览器中的 cookie。大多数浏览器在安装过程中会提示我们是否接受 cookie 进入我们的电脑，但是当 cookie 将我们的上网行为发送到相关网站时不会给出提示。因此，应通过技术设置让 cookie 在传出个人信息的时候能够提示用户，让用户选择保护涉及个人隐私的信息等。

### 3. 完善个人信息隐私权法，改进司法程序

完善的行之有效的隐私权法，是保护个人信息隐私权的重要条件，而隐私权法是否行之有效主要在于隐私权的架构。目前，对于信息隐私权问题比较流行的观点是遵循"目的限制原则"，即除原定取得同意的目的外，个人信息的接收者不得将该信息转作他用。但即使是个人信息隐私权法相对比较完备的德国，该法实行起来仍旧困难重重，原因之一是司法程序复杂，对于主张个人信息隐私权的用户来说，主张的前提是需要在法庭上"抛头露面"，这对许多用户来说存在一定的风险，而且诉讼程序烦琐，往往耗时耗力；原因之二是赔偿难，目前多数隐私权法只要求针对侵权中的"实际损害"部分进行赔偿，但是在个人信息隐私侵权案中，这类损失大多很难计算，这也使用户将此类案件告上法庭的利益有限，进一步降低了用户维权的积极性。

在我国，个人信息隐私权法还不够健全，对于侵犯个人信息隐私的问题还没有明确的界定，而我国公民的个人隐私信息保护能力尚显不足。CNNIC 发布的第 54 次《中国互联网络发展状况统计报告》显示，能够熟练修改电脑或手机的安全隐私设置的网民仅占全部网

民的 21.1%。要改善这一现状，首先要加快立法步伐，不断完善我国的个人信息隐私权法，赋予用户信息自决权，让用户能够在各阶段控制个人信息的使用方式。在智能媒体时代，隐私权法构建的核心应该是为个人信息制定出法律认可的个人权利，使个人能够维持对个人信息的控制。同时，鉴于智能媒体的耐久性、全面性等特征，智能媒体时代用户隐私权的界定不应只适用于最初取得个人信息的对象，还应该包括后续的所有使用者。其次要在法律施行过程中逐步改善司法程序，降低诉讼成本，如将案件的举证责任由个人转移到信息业者，以此来减轻用户个人的举证难度，将侵犯个人隐私由民事责任改为刑事责任，增加违法成本。此外，还可采取降低此类案件的诉讼费用，以鼓励用户提出个人信息隐私诉讼等措施。

随着我国互联网用户安全意识的日益提升，新的信息生态的不断构建以及个人信息隐私权保护法的逐渐完善，智能媒体将迎来更好的生存与发展契机。

### 三、机器人新闻写作中的用户隐私保护

在智能媒体时代，机器人新闻写作依赖的数据共享与用户主张的个人隐私保护存在激烈冲突，究其原因主要在于智能化新闻生产技术的广泛使用带来了隐私内涵的变化和隐私权利主体的改变。为了在保障机器人新闻写作技术可持续发展的同时，实现用户个人利益与社会公众利益的平衡，我们应当明确智能新闻生产语境中的用户隐私保护责任主体，建立隐私管理的人机协作模式；采用更加适用于机器人新闻写作的新闻伦理准则，将隐私保护条款预先植入算法中，提升算法透明度，保障用户知晓权；同时，提升算法工程师的伦理水平和用户的隐私素养。

机器人新闻写作最早诞生于美国，是指利用自然语言处理、大数据分析、算法模型等技术实现新闻的采集、生产与分发全过程自动化的智能写作模式。国外较具代表性的新闻写作机器人包括《华盛顿邮报》的 Heliograf、雅虎的智能机器 Wordsmith、路透社的 Open Calais 系统等。当下风头正劲的 ChatGPT 也具备强大的信息提取、文本生成和学习能力，能够实现更加快速精准便捷的新闻写作。2023 年 7 月 20 日，ChatGPT 增加了新 Custom Instructions 功能，使其具备个性化特色的同时能更好地贴近使用者的需求。国内的机器人新闻写作起步较晚但发展迅猛，代表性较强的有新华社的快笔小新、腾讯的 Dreamwriter、字节跳动的 Xiaomingbot 和封面新闻的小封机器人等。随着机器人新闻写作技术的不断推广，由此产生的用户隐私侵权风险也日益引起国内外学者的重视。

传统媒体时代，媒体在公开信息、保证言论自由的同时，通过使用化名、打马赛克等方式保护用户的隐私信息。智能媒体时代，这些曾经行之有效的手段已经难以应付自动化新闻生产面临的复杂问题。因此，厘清机器人新闻生产中隐私侵权问题的权利边界与责任归属，从法律、伦理等层面保证机器人新闻写作的合理、合法，才能推动机器人新闻写作更好更健康地发展。

### （一）机器人新闻写作中的隐私侵权风险

#### 1. 智能媒体时代隐私内涵的变化与隐私权利主体的改变

传统媒体时代，公共空间与私人空间有明显的界限，隐私内容较为稳定，边界清晰可辨。智能媒体时代，数据能够永久性存储且成本较低，数据流动的速度不断加快，数据整合的价值不断提高且操作日益便捷，这些都促使传统的隐私内涵发生了巨大变化，隐私内

容由静态转向动态，边界由清晰转为模糊。原本价值稀少的数据碎片一旦流动到掌握智能技术的平台手中，经过分析就可能变成威胁用户隐私的高价值信息。

智能媒体时代，隐私权的内涵和外延也发生了变化。传统隐私权是维护隐私主体的公众形象、人格尊严等，是一种消极的、被动的"不被打扰的权利"。机器人新闻写作环境中，用户的隐私权还包括对用户个人信息的采集、加工、处理和利用等权利。隐私权成为隐私主体为了维护个人自由和社会关系而采取的一种积极、主动地控制和自己有关的信息传播的权利。因此，机器人新闻写作环境中用户的隐私保护主体也发生了改变，拥有隐私的隐私主体不再是唯一的隐私保护主体，掌握技术的新闻媒体和新闻聚合分发平台代替隐私主体成为保护隐私的第一责任人。由于隐私主体和隐私保护主体分离，当双方产生利益冲突时，可能出现隐私保护主体不尽责甚至反转成隐私侵害主体的情形。

### 2. 机器人新闻写作信息采集过程中的隐私侵权风险

数据采集是机器人新闻写作的起点，也是包括 ChatGPT 在内的新闻机器人迭代进化的重要支撑。机器人新闻写作采集的数据主要来自媒体单位内部数据、其他媒体的新闻稿件和互联网中的公开数据，包括网站、社交媒体和移动客户端等多种渠道。2023 年 7 月初，ChatGPT 制造商 OpenAI 接连遭到起诉，理由是其在训练大模型时从网上抓取的数据侵犯了用户的隐私权。可见，数据采集的高效性使用户面临更多的隐私泄露风险。

第一，人的数据化增强了数据采集的可能性。

新媒体时代，用户的思想和行为以数据的形式被网络记录下来，社交媒体的兴盛进一步促进了用户的主动数据生产行为，多重数据的整合与分析形成了用户在互联网中的数据化映射。智能媒体时代，各种智能设备尤其是可穿戴设备将更加全面全时地采集用户的各项数据，用户的数据化程度将持续加深，"可量化性"和"可追踪度"将进一步提高。这种数据化在为媒体机构提供便利的同时，也将使用户面临更多的隐私泄露风险。

第二，智能媒体技术扩大了数据采集的范围。

随着 5G 技术的普及，数据传输的高速度能够使本地与云端几乎处于同步状态。云端强大的存储功能和极低的存储成本，再加上高效的使用体验将刺激用户将更多的数据传输至云端。对于云服务提供商来说，个人数据是其获取经济利益的重要来源，用户将包含隐私信息在内的更多数据放在由云服务商提供的存储平台上，意味着隐私信息的不可控性将进一步加剧。

第三，机器人新闻写作信息处理与分发过程中的隐私侵权风险。

机器人新闻写作在信息处理与分发过程中要不断地进行用户画像，用户画像的过程可以理解为给用户贴标签的过程。用户画像模块对采集到的用户数据进行词频分析，包括关键词出现的次数和权值等，再利用算法分析，统计出用户的典型特征，例如，利用分类算法推测用户的性别、年龄等人口特征，使用统计分析推测用户的阅读习惯、生活习惯等偏好特征，通过聚类算法推测用户的信息消费等行为特征，最终得出目标用户的模型，再通过信息反馈不断迭代，使画像越来越精准。在机器人新闻写作环境中，对用户的精准画像需求会带来对用户新型隐私，即整合型隐私的侵犯。所谓的整合型隐私，是指利用数据挖掘技术将用户在网络中留存的数字化痕迹进行有规律的整合而形成的隐私。整合型隐私在整合前往往是普通的个人信息，在数据挖掘过程中，通过对数据的排列组合，整合型隐私才得以产生。由于数据整合的主体、时间、方式、目的和用途等往往无法提前确定，整合

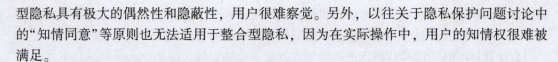

型隐私具有极大的偶然性和隐蔽性，用户很难察觉。另外，以往关于隐私保护问题讨论中的"知情同意"等原则也无法适用于整合型隐私，因为在实际操作中，用户的知情权很难被满足。

### （二）机器人新闻写作中隐私侵权的治理措施

#### 1. 明确责任主体，实现人机共管

第一，明确用户隐私保护的责任主体。

采用机器人新闻写作技术的新闻媒体和新闻聚合分发平台作为用户数据的采集方、存储方和使用方，应当承担起保护用户个人信息安全的责任。结合 2020 年发布的《信息安全技术　个人信息安全规范》，新闻媒体和新闻聚合分发平台在用户信息采集环节，应当坚持目的明确原则和选择同意原则，向用户明示个人信息处理的目的、方式、范围、规则等，征求其授权同意。在用户信息存储环节，应当坚持确保安全原则和主体参与原则，采取足够的管理措施和技术手段，保护个人信息的保密性和完整性，向用户提供能够查询、更正、删除其个人信息，以及撤回同意、投诉等方法。在用户信息的使用环节，应当坚持最少够用原则，只处理满足个人信息主体授权同意的目的所需的最少个人信息类型和数量，目的达成后，及时删除个人信息。由国家网信办发布，自 2023 年 8 月 15 日开始实施的《生成式人工智能服务管理暂行办法》也对广播电视、新闻出版等部门依据各自职责依法加强对生成式人工智能服务的管理提出了要求。

第二，智能化新闻生产中应当建立隐私管理的人机协作模式。

在机器人新闻写作环境中，用户信息被个人和机器共同掌握，机器作为用户信息的共有者占据更加主动的地位，用户往往受制于甚至屈服于算法平台。因此，要限制算法对用户数据的过度占有与控制，同时加强对用户权益的保护，尤其是赋予用户被遗忘权和删除权等，改变当前用户与平台间的不对等关系，才能建立起和谐有效的人机协作隐私管理模式。被遗忘权最早由迈尔·舍恩伯格在 2009 年提出，指权利人有权要求相关机构删除与其相关的个人数据，阻止个人数据的进一步传播。2012 年 1 月，欧盟委员会发布了《个人数据保护指令修正案》，将被遗忘权付诸实践。我国自 2021 年 11 月 1 日起施行的《中华人民共和国个人信息保护法》第四十七条详细列出了个人信息处理者应当主动删除个人信息的五种情形，包括处理目的已实现、无法实现或者为实现处理目的不再必要，个人信息处理者停止提供产品或者服务，或者保存期限已届满和个人撤回同意等，将公众对个人信息的删除权与被遗忘权落到了实处。《生成式人工智能服务管理暂行办法》也针对 ChatGPT 等生成式人工智能服务提供者作出了明确规定，要求其依法及时受理和处理个人关于查阅、复制、更正、补充、删除个人信息等的请求。

#### 2. 建立更加适用于机器人新闻写作的新闻伦理准则

新闻媒体和新闻聚合分发平台亟须建立更加适用于机器人新闻写作的新闻伦理准则，平衡用户个人利益与社会公众利益，主动承担起保护用户个人信息的责任。

第一，将隐私保护条款预先植入算法中。

智能媒体时代的隐私保护应当覆盖从数据采集、数据传输、数据存储到数据分析与使用的整个过程。对于部分侵犯用户隐私权的违法行为，仅仅要求其停止侵害行为或针对侵害行为进行赔偿是远远不够的。因为有的隐私侵害行为一旦发生，其产生的对用户的伤

害，如对未成年人的心理伤害，后期往往很难恢复。因此，在机器人新闻写作的算法设计中，应当预先将保护用户隐私的理念植入程序中，确保机器人新闻写作技术在运用和管理过程中能够实现对用户隐私信息的有效控制与保护。欧盟在 2016 年确立的一般数据保护原则第 25 条中就明确规定，人工智能在设计阶段和初始设定里要加入数据保护。将隐私理念预先植入算法中，能够在发展自动化新闻生产的同时实现自动化的用户隐私保护。目前，《生成式人工智能服务管理暂行办法》仅要求提供和使用生成式人工智能服务者在算法设计过程中，采取有效措施防止产生歧视，并未对隐私保护作出明确的规定。

第二，提升算法透明度，保障用户知晓权。

对用户来说，机器人新闻写作的过程是隐蔽的、不可见的，因此提升算法透明度能够有效保障用户的知晓权，为用户提供隐私处理决策的依据。《中华人民共和国个人信息保护法》第七条明确规定处理个人信息应当遵循公开、透明原则。第二十四条又进一步规定个人信息处理者利用个人信息进行自动化决策，应当保证决策的透明度；通过自动化决策方式向个人进行信息推送，应当同时提供不针对其个人特征的选项，或者向个人提供便捷的拒绝方式。《生成式人工智能服务管理暂行办法》要求提供和使用生成式人工智能服务应提升透明度，但缺乏更具体细致的条文。事实上，透明原则能够有效保护用户的信息自决权，因为该原则要求使用算法的新闻媒体和新闻聚合分发平台等在处理用户信息过程中，应当对用户履行充分的告知义务，尊重用户对个人信息的选择权和决定权，包括删除权。这样，面对新闻媒体或者新闻聚合分发平台复杂且难以解释的算法技术，用户就能够知晓其信息处理的目的、方式、范围等，并在此基础上作出判断和选择。坚持使用算法的新闻媒体或新闻聚合分发平台内部的算法透明原则，一方面有助于建立更加具有责任意识的新闻媒体，另一方面能够帮助新闻媒体赢得更多用户的信任，从而提高新闻媒体的公信力和美誉度。

### 3. 提升算法工程师的伦理水平和用户的隐私素养

第一，提升算法工程师的伦理水平。

算法技术并不是绝对中立的。机器人新闻写作依靠的核心算法是算法工程师不同价值观的反映，价值观不同的算法工程师设计出的算法也会有很大差异。机器人新闻写作技术的算法工程师作为媒体算法技术隐私侵权的首要责任人，掌握着新闻算法有效平衡用户数据隐私权与公众知情权的关键。算法工程师对用户隐私的不同看法和重视程度将决定他们以何种态度、何种行为对待算法，更意味着他们设计的算法将会对用户的隐私造成何种影响。学者袁帆、严三九通过对传媒业 269 名算法工程师进行实证研究发现，"相当比例的算法工程师的算法伦理价值观处在一种模糊状态。而一旦处于低算法伦理水平的算法工程师道德警惕有所松懈，那么就有很大可能造成算法伦理失范"。因此，通过行业规范和行业培训等手段切实提高算法工程师的算法伦理水平，加强其对个人信息重要性的评估，促使他们积极主动地承担保护用户隐私的责任，才能够有效地促进新闻机器人写作的健康发展。

第二，提高用户隐私素养。

对用户的隐私素养教育应当从自我认知、态度和行为等多个层面入手。首先，引导媒体用户，尤其是老年人群体和未成年人群体建立对自身隐私素养的正确认识和评价，提高其隐私保护的自觉意识和边界意识，防止因自身认知偏差而产生更多的隐私信息表露行为。其次，采取学校教育与社会教育相结合的方式，向用户普及隐私保护知识，提升用户对算法的了解和认识，引导用户对所使用的媒体进行批判性思考。增强用户在个人信息管理中的主动性，当用户隐私遭受侵犯时，能够及时采取补救措施并运用《中华人民共和国个人信息保护法》等法律武器捍卫自身权益。

用户数据是机器人新闻写作中最重要的生产资料。无视机器人新闻写作过程中的用户隐私保护问题，在给用户带来更大隐私泄露风险的同时，还可能引发"寒蝉效应"，使用户对智能媒体的不信任程度持续加深甚至放弃使用。反之，对用户信息的过度保护，也可能导致用户信息利用成本过高，阻碍媒体行业的健康发展，甚至损伤公共利益。因此，只有政府、媒体和用户等多方协同努力，对机器人新闻写作中的隐私保护问题进行明确、规范和监管，才能让机器人新闻写作更加可用、可靠、可控，使之更加健康和谐、可持续地发展。

## "议"犹未尽 >>>

1. 试分析传播隐私管理理论在互联网时代的变化。

2. 近年来，关于传播隐私管理理论的研究越来越多，你认为该理论未来能够经受住时间的考验吗？请阐明原因。

3. 传播隐私管理理论可以用来研究哪些问题？

4. 请举例说明隐私信息边界纠纷影响传播隐私管理的过程。

## 学海无涯

[1]孟筱筱. 隐私边界协调对震荡感的影响研究——基于传播隐私管理理论的视角[J]. 新闻大学，2023(5)：44-58+119-120.

[2]雍容. 传播隐私管理视域下的"最近三天"可见——用户隐私边界和个人信息的自我控制[J]. 今传媒，2023，31(4)：22-25.

[3]向志强，陈盼盼. 自我披露与边界管理：数字时代家庭传播隐私管理行为研究[J]. 湖南大学学报(社会科学版)，2022，36(4)：141-146.

## >>>>> 春风化雨　润物无声

### 保护用户隐私需要"规则之锁"（人民时评）

随着信息时代、智能社会的到来，如何有效保障用户的知情权、隐私权，成为一道紧迫的现实课题。

不久前，国外一段某汽车品牌车内摄像头拍摄的高清画面引发热议。网友表示，私家车内部属于私密空间，如果在毫不知情的情况下，在车内的一举一动都被摄像头记录下来，甚至上传云端，会让人没有安全感。尽管相关品牌已经作出回应，但尚不足以完全消除人们的疑虑。

实际上，不少以"智能网联"为卖点的汽车产品都有类似配置，而且还可能配备麦克风、温度检测仪等一系列传感器。这些传感器是智能汽车实现人脸识别、疲劳驾驶监测、语音交互等功能的基础，也是产品的竞争力所在。然而，无论功能如何丰富，都不能以牺牲个人隐私为代价。智能网联汽车的发展前景令人期待，而在发展时如何兼顾舒适性、便利性、安全性与用户隐私保护，是每一个汽车品牌的必答题。

智能汽车行业所面临的问题，仅仅是移动互联时代隐私保护的一个切面。不久前，"一对夫妻住民宿遭偷拍8小时"的报道广受关注，引发人们探讨"不被窥视的权利"。今年央视"3·15"晚会曝光的案例中，就有一些商家未经用户同意，通过人脸识别收集用户个人详细信息，导致大量隐私泄露。手机App过度索取权限、智能家居存在安全漏洞等现象，更是屡见不鲜。这充分说明，隐私保护已成为关乎智能化、信息化进一步发展的重要因素。

保护个人信息，需要给用户隐私加一把更精巧、更严密的"规则之锁"。这其中，不仅包括具体法律条文的增设、修改，也包括一套针对个人信息收集和处理的法治原则。比如，过去面对企业收集用户信息时，我们基本奉行"法无禁止即可为"的原则，但在网络时代，"合法、正当、必要""最小够用"等原则，应当成为收集和处理用户信息的准则。不久前，有关部门出台规定，明确了39类App的必要个人信息范围，建立信息收集的"正面清单"。类似的制度设计与治理实践受到好评，正是由于遵循了与网络时代隐私保护相适应的法治原则。

他律至关重要，自律也不容忽视。网络时代的隐私侵权，与过去相比有很大不同。许多情况下，产品服务与隐私保护之间并非"零和博弈"。以智能汽车企业为例，如果能够在收集和使用数据的过程中完善程序、升级技术、细化管理，就有机会实现商业利益与用户隐私保护的双赢。特别是一些平台企业，掌握并管理着海量用户数据，能不能在数据的收集和使用中加强自律，关乎用户个人隐私保护，也关涉全社会信息安全。未来，在为用户创造价值的同时，也守护其隐私，将成为重要的商业伦理；能否把隐私保护体现在产品和服务的每一个细节中，将越来越成为衡量一家企业优劣的重要指标。顺应这一趋势，自觉将隐私保护的关口前移到自身的日常经营中，企业才能走得长远。

智能化、信息化背景下的便利与个人隐私保护，并非无法兼得。完善制度、堵塞漏洞，确立更加明确的规则，不断升级技术、强化监管，就能兴利除弊，充分发挥新一代信息技术的巨大优势，更好增进民生福祉。

资料来源：彭飞.保护用户隐私需要"规则之锁"[N].人民日报，2021-04-22(5).

# 第二章 媒介融合与新闻业的发展

2014 年 8 月 18 日，中央全面深化改革领导小组第四次会议审议通过了《关于推动传统媒体和新兴媒体融合发展的指导意见》，媒体融合发展从此上升为国家战略，2014 年也被称为媒介融合元年。从这一年开始，以中央电视台、《人民日报》等为代表的中央媒体开始着手进行客户端、采编平台、数据中心、播控平台等重点项目建设，同时发展出"中央厨房"等典型模式。媒介融合以大型传媒集团为主要阵地，扩散到省、市主流媒体以及部分县级媒体。

2018 年 8 月 21—22 日，全国宣传思想工作会议在北京召开，习近平总书记发表重要讲话，指出"要扎实抓好县级融媒体中心建设，更好引导群众、服务群众"，从国家战略层面提出了县级融媒体建设的发展方向。11 月 14 日召开的中央全面深化改革委员会第五次会议审议通过了《关于加强县级融媒体中心建设的意见》，指明了县级融媒体中心建设的基本思路。在一系列国家政策的驱动下，县级融媒体中心建设迅猛发展，形成了中央、省、市、县级媒体的一体化格局，从中央覆盖到地方的媒体融合政策体系最终得以建立。

## 本章要点

1. 县级融媒体中心的建设历程
2. 广电行业服务县级融媒体中心建设的优势和策略
3. 县级融媒体中心助力乡村振兴的主要功能
4. 智能化的新闻信息采集、加工、分发、消费，以及智能化新闻的反思

## 第一节　县级融媒体中心

### 一、县级融媒体中心的建设历程

#### （一）县级融媒体中心的概念

县级融媒体中心是指整合县级广播电视、报刊、新媒体等资源，开展媒体、党建、政

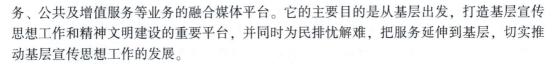

务、公共及增值服务等业务的融合媒体平台。它的主要目的是从基层出发，打造基层宣传思想工作和精神文明建设的重要平台，并同时为民排忧解难，把服务延伸到基层，切实推动基层宣传思想工作的发展。

### （二）县级媒体的建设历程

#### 1. 县级媒体的第一个发展高潮——1949 年全国政治宣传网络的建设

从纸质媒体的发展看，20 世纪 50 年代，社会主义改造与建设动员的需要带动了县级报纸的发展。到 1956 年年底，仅浙江省就有县报 75 家，几乎县县有报。但在 1959—1961 年，国民经济陷入严重困难时期，县报开始陆续停刊。

与纸质媒体相比，广播媒体的发展更为顺利。1949 年 9 月，第一届中国人民政治协商会议在北平（今北京）举行，会议通过了具有临时宪法性质的《中国人民政治协商会议共同纲领》，并提出了"发展人民广播事业"要求。1952 年 4 月，全国第一座县级广播站吉林省九台县（今长春市九台区）广播站正式开始播音。1955 年第三次全国广播工作会议召开，会议首次明确提出以"有线广播+大喇叭"的方式发展农村有线广播网的规划。全国范围内不断出现的县乡"大喇叭"有效搭建起了触达底层的声音宣传网络，成为新中国历史上最重要的全国性媒介实践之一。

 相关案例

#### 全国第一个县级有线广播站——九台县人民广播站

1952 年 4 月 1 日，吉林九台县人民广播站正式向全县播音，成为全国第一个县级有线广播站。1949 年年末至 1950 年年初，当时的九台县县委书记张凤岐常在打电话时听到其他声音，就派王斌德（无线电厂技术科长）等人调查，查明是广播和电话混讯。受这件事的启发，张凤岐设想：如果能利用通往各区、村的电话线通广播有多好。于是，他派王斌德、金殿英（油酒厂电工）拿着喇叭到距县城 30 多里①的龙家堡和 100 多里的其塔木两个区实地做收听试验，结果声音清晰。

一定要叫农民听到广播，有线广播应该成为面向农村、服务农民的有力工具。张凤岐让副县长王富善把王斌德调来，从县委宣传部抽出一名干事单清臣协同机务人员一起筹建县广播站。在筹建过程中，王斌德得到吉林人民广播电台屠淑文同志的大力支持。屠淑文说："正想摸这个路子，你们的想法很好。"于是给了一些器材，派工程师来九台县帮助安装一台 250 瓦的广播扩大机。同时从县财政拨出 7 090 元建站专款，在当时的历史条件下 7 090 元已是不小的数字。县委宣传部负责动员和组织农民统一买喇叭，全县有 180 个村安装喇叭 246 只（有 90% 的村通了广播），城区安装喇叭 84 只，共 330 只。

1952 年 3 月，机器安装完，经多次试验，声音清晰，线路畅通，于 4 月 1 日正式向全县播音。次日，《吉林日报》一版头条发了消息：《新中国第一个有线广播站诞生了》。当时广播站设在县政府财粮科后院，和警备电话班在一起，占四间砖房，少半间是机器房，多半间是机务工作室兼候播室，一间是播音室，一间放电话班的交换台，多半间是电话班办公室，少半间是走廊。

---

① 1 里 = 500 米。

　　广播站每天两次播音,中午11时30分至12时50分对城区广播,晚间19时至20时40分对农村广播,全天播音3小时。播音内容中,对城区广播的有读报或首长讲演、专题讲座、文艺节目、转播中央台新闻等;对农村广播的有与通讯员、收音员联络(对通讯员来稿要求和对收音员通知等),文艺节目(以放唱片为主),还有每周两次妇女广播、两次政治教育广播、两次卫生常识广播、一次时事讲话。每天有15分钟播放各区、村生产消息,生产经验,模范人物介绍,批评与表扬,生产小常识,首长讲话或农民讲演,每次播音最后几分钟预告次日重要节目。

　　开始播音时,只有一名播音员、一名技术人员,到8月有四人专职。县委在1952年6月对组织收听工作做出部署,当时一个喇叭常常有几十人、上百人收听,最多的时候有超过300人收听,有线广播受到农民欢迎。九台县人民广播站建站后立即着手发展通讯员,到7月末,全县通讯员达239人,有了初具规模的通讯网。九台县人民广播站的建立在全省乃至全国农村有线广播事业的发展中产生了巨大影响,1952年12月1—11日,王中午站长代表九台县广播站参加全国第一次广播工作会议,其书面材料《面向农村的九台县有线广播站》在会上印发交流。1956年1月,在吉林省第四次有线广播会议上,吉林人民广播电台授予九台县有线广播站奖旗一面,题词为"吉林省农村有线广播站的先声"。

　　资料来源:https://m.thepaper.cn/baijiahao_13223309.作者有删改

### 2. 县级媒体发展的第二个高潮——"四级办台"方针的提出和实施

　　20世纪80年代,电视媒体开始兴起。1982年5月4日,第五届全国人民代表大会常务委员会第二十三次会议决定设立广播电视部,撤销中央广播事业局,强化了国家对于刚刚兴起的全国广播电视系统的控制和管理能力。

　　1983年3月,第十一次全国广播电视工作会议召开,会议确立了中央、省、市、县"四级办广播、四级办电视、四级混合覆盖"的政策,对改革开放后我国电视事业发展产生了极其深远的影响。会议中,时任广播电视部部长的吴冷西提出,两级办电视的政策已不适应形势,凡具备条件的省辖市、县也可开办广播电视台,除转播中央和省台电视节目外,可播出自办节目。自此以后,县级广播电视台数量迅速增加,从1980年到1991年,全国电视台数量由29座迅速增加到543座,增量主要是市县电视台。"四级办台"方针改变了以往的"行业集中"格局,推动权力下放,授予地方开办电视频道的自主权。通过这一系列新动作,各级广电最终被纳入地方行政体系内,在中央财政经费有限的情况下,极大地调动了地方办电视的积极性,利用地方财政经费和自主创收获得的资金推动了中国基层广播电视网络的发展,在短时间内大幅提高了中国电视媒体的覆盖率。

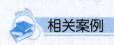 **相关案例**

#### 南漳县电视台

　　湖北省襄阳市南漳县地处鄂西北贫困山区,荆山纵横境内,复杂的地貌使开办广播电视网络的自然条件和经济条件都比较艰苦。1982年"四级办台"政策的制定和放权,赋予了南漳县充分的改革、建设县广播电视网络的动力。1983年后,南漳县把开办广播电视事业列为全县工作重点,纳入农村基本建设"五通工程"之一,投入4万劳动力,建设耗资50多万元。南漳县于1986年建立了县广播电台,每天广播时间6小时,自办文艺节目

2.4 小时。同年，建成玉溪山卫星地面接收站，县城地区可以同时收看中央、省三套节目。中央电视台、省广播电视台和市台三级电视综合覆盖率超过六成。1986 年，随着财政经费的拨付，县电视台还配置了先进的摄录设备，提升了内容生产能力。1987 年全年摄制新闻 137 条，其中上送省台、市台 51 条，被采用 46 条，此外，还拍摄了南漳宣传专题片 4 部。从南漳县广播电视网络基础设施 1983—1987 年的变化可以看出，"四级办台"政策的制定落实，大幅提升了中国基层广播基础设施的数量、覆盖率和内容生产能力。

资料来源：周逵，黄典林. 从大喇叭、四级办台到县级融媒体中心——中国基层媒体制度建构的历史分析[J]. 新闻记者，2020(06)：14-27.

县级电视台建设风起云涌，但很快就出现了重复建设、资源浪费、闲置、内耗的现象。1995 年 5 月，广电部发布《关于对各级无线和有线广播电台、电视台进行检查的通知》，要求整顿非法批台、建台、乱播滥放现象。1997 年 8 月，广电部发通知要求同一县(市)设立的广播电台、电视台及有线电视必须合并为一个播出实体。1999 年 11 月，国务院办公厅发布《关于加强广播电视有线网络建设管理意见的通知》，主要内容包括：第一，网台分离；第二，电视与广播、有线与无线合并；第三，四级广电停办；第四，公共频道将取代县级电视台的自办节目，只留一定时段供县级电视台播出本地新闻和专题节目。2001 年，国家广电总局下发《关于加快有线广播电视网络有效整合的实施细则》，要求采取措施加快广播电视网络整合，形成垂直的广播电视网络运营新格局。2002 年 7 月 1 日起，省级电视公共频道统一开播，县级电视台的自办电视频道被取消，主要职能改为转播中央、省和市级电视台节目。从此，县级电视台开始走向边缘化。

### 3. 县级媒体发展的第三个高潮——县级纸媒的复兴

20 世纪 90 年代中期，在邓小平南方谈话精神鼓舞下，县市报掀起了"复刊""创刊"的高潮，呈现出前所未有的繁荣景象。在谈话发表当年，县市报数目发展 200 多家，1993 年达 300 余家，1994 年达 460 余家。到 21 世纪初，浙江省又一次实现了除海岛县外县县有报纸的盛况。最火爆时，仅 2000 年 12 月，国家新闻出版署就给浙江省新批了 8 家县级日报公开刊号。全国一下子涌现出了 1 000 多份县级报纸。

县级纸媒的发展与治理路径与县级广播电视台的情形类似。2003 年，在减轻农民负担的呼吁下，报纸"治散治滥"被提上议事日程。2003 年 7 月，《中共中央办公厅、国务院办公厅关于进一步治理党政部门报刊散滥和利用职权发行，减轻基层和农民负担的通知》下发，要求"县(市、旗)和城市区不再办报刊，已经办的要停办。对个别影响大、有一定规模的县市报，可由省级党报或地市级党报进行有偿兼并，或改为地市级党报的县市版"。同年 7 月 23 日，新闻出版总署提出了县报刊号保留的具体标准，即"对人口在 50 万以上，国内生产总值在 100 亿元以上，社会消费品零售总额在 30 亿元以上的县(市、旗)所办报纸，年广告收入在 400 万元以上的，经严格评估论证后，可由省级党报或地市党报进行有偿兼并，或改办为地市级党报的县市版"。

2003 年的报刊治理整顿终结了四级办党报的历史。整顿之后，258 家具有全国统一刊号的县报被注销，51 家县市报的刊号予以保留。2004 年，中共中央办公厅、国务院办公厅明确"县级不办报"的原则后，县级报纸大幅裁撤，既存人员分流后也不再新招。截至 2018 年，全国仅剩县级报纸 19 种。

### （三）县级融媒体中心建设

2018 年 9 月 20—21 日，中宣部在浙江省湖州市长兴县召开县级融媒体中心建设现场推进会，确定了县级融媒体中心建设的具体目标和实现路径。11 月 14 日召开的中央全面深化改革委员会第五次会议审议通过了《关于加强县级融媒体中心建设的意见》，指明了县级融媒体中心建设的基本思路。2019 年 1 月 15 日，中宣部和国家广电总局联合发布了《县级融媒体中心建设规范》《县级融媒体中心省级技术平台规范要求》，为县级融媒体中心省级技术平台规范要求规定了操作指南和建设规范。从此，县级融媒体中心建设将县级媒体的发展推向了第四个高潮。

## 二、广电行业服务县级融媒体中心建设

### （一）建设背景

目前，我国县级融媒体中心建设已经取得较大进展，县级融媒体平台普及率高达90%。与快速发展形成鲜明对比的是建设效果不尽如人意，其中无序融合问题最为突出，部分县级媒体机构之间是协作关系而不是融合关系，新媒体产品量多质低，从业人员工作积极性不高等。解决无序融合问题的关键在于县级融媒体中心建设主体的确定，县级融媒体中心建设总体业务要求是按照移动优先的原则，采取"媒体+"理念，开展综合服务业务，这就要求提供技术支撑的平台必须同时满足大屏（电视端）和小屏（移动端）的专业视频采集、制作、播出和分发要求，因此，以广播电视台为主导力量进行县级融媒体中心建设更加符合县级媒体的传播规律，更能满足受众需求。

### （二）广电行业服务县级融媒体中心建设的优势

广播电视台仍是各县区标准配置的媒体资源，基本上保持"一县一台"的规模。遍布各个县区的广播电视台是当前最贴近县区老百姓日常生活的媒体，也是传播县区文化信息的重要平台和提供县区公共文化服务的重要主体。除此之外，以广电行业为主导的县级融媒体中心建设路径还具有内容优势和技术优势。

#### 1. 内容优势

第一，县级广播电视台拥有海量的原创音视频内容资源。县级广播电视台具有悠久的办台历史，积累了非常丰富的音视频资源，这些优质音视频资源的数字化转存再利用能够为县级融媒体中心提供内容支撑。

第二，县级广播电视台传播内容贴近性极强。县级广播电视台始终保持着对本地生活变动的密切关注，是优质民生内容的主要来源。同时，县级广播电视台的从业人员具有非常丰富的区域媒体传播经验，能够为优质内容的生产提供保障。

#### 2. 技术优势

第一，县级广播电视台音视频传播技术成熟。从融媒体发展趋势来看，未来将是信息视频化时代。CNNIC 发布的第 54 次《中国互联网络发展状况统计报告》数据显示，截至2024 年 6 月，我国网络视频的用户规模已接近 11 亿人，占网民整体的 97.1%，其中，短视频用户规模达 10.5 亿人，占网民整体的 95.5%。以短视频为主的视频传播思维和手段，已经成为县域信息传播的最大变革因素。广播电视台在视频采集、生产与传播过程中具有先天优势，充分发挥广电在专业视音频生产方面的强项和优势，在县级台基础上建设融媒

体中心更加科学合理。

第二，随着我国"两微一端"建设的基本完成，"两微一端"基本成为县级广播电视台的标准配置，形成了较为完整的新媒体传播矩阵，为县级融媒体中心建设奠定了良好基础，积累了一定经验。另外，以县级广播电视台为主导的县级融媒体中心建设更容易实现智能媒体时代的用户内容定制和信息精准分发。信息的精准分发必须建立在完备的数据平台基础上，广播电视台在建设基于大数据的用户平台信息采集上具有先天优势，通过数据机顶盒收集用户大数据能够为内容定制和精准分发提供数据基础。

### (三) 广电行业服务县级融媒体中心建设的策略

以广电行业为主导，构建以新型主流媒体平台为核心的现代传播体系应坚持移动优先原则，全面贯彻"媒体+"理念，以面向用户提供优质服务为根本。

#### 1. 平台建设

第一，整合县域媒体资源，打造基层传播矩阵。以县级广播电视台为主体，将报纸、政府网站、微信、微博、客户端等县域公共媒体资源进行整合，着力打造传播渠道丰富，用户覆盖广泛，传播效果显著的新型基层媒体传播矩阵。如江苏的邳州广电将全市的媒体资源整合成了"两微一网一端"，其中"邳州新闻网"是集电视、广播、日报、手机报等各栏目内容于一体的综合型新闻门户网站，致力于以主流媒体的内容优势打造邳州最具影响力的网络媒体平台。"邳州银杏甲天下"App则充分结合当地特色，重视民生服务，成为邳州有影响力、百姓喜闻乐见的掌上品牌。同时，邳州广电还广泛入驻了头条号、企鹅号、网易号、大鱼号、百家号等10个媒体平台，最终形成"两微一网一端多平台"的移动传播矩阵。

第二，借力省级技术平台，建设独立运营端口。融媒体中心建设需要很高的技术支撑，要求每个县都自建一个云平台是不现实也不可取的，当前的首要任务是集中力量建设省级技术支撑平台，由建设完备的省级云平台为新媒体环境下全省的县级融媒体中心提供管理安全、使用便利、传播高效的技术支撑。县级融媒体中心着力建设和运营具有独立形态的本土化移动互联网端口，使县级融媒体中心成为省广电云平台的运营端口，不但能够借助省级广电云平台实现云端生产，减少独立建设和运营成本，还能够节约大笔的系统后期更新维护费用，从根本上解决县级平台建成后难以持续更新升级的问题。

 **相关案例**

浙江广电集团建设完成的"中国蓝云"云平台是其从浙江媒体融合布局着手，以提高技术资源的共享能力和再分配能力为目的构建的全媒体业务支撑平台，目前已经成为支撑集团融媒体生产的新兴媒体融合平台的重要基础。"中国蓝云"通过索贝综合云管平台实现对各个租户云桌面的统一管理，同时建立多租户模式，独立控制业务单位资源，为租户提供独立享受的私有空间，将各业务单位的资源批量挑选到共享库中，实现了素材在各租户和系统间的秒级迁移。

资料来源：作者根据网络资料整理，有删改

#### 2. 内容建设

第一，积极转变传播理念，强化用户服务思维。以"新闻+政务+服务"为基本模块，为县级融媒体中心设计扩展包容不同内容的业务模式。截至 2023 年 12 月，我国在线政务用户规模达到 9.73 亿人，占网民整体的 89.1%，"互联网+政务服务"得到进一步深化。在此基础上，将互联网政务服务整合入县级融媒体中心，既能够为人民提供更加精准优质的政务信息和政务服务，拓展融媒体中心业务内容，还能够增强融媒体中心的权威性。

除此之外，县级融媒体中心还可以负责全县所有信息发布服务，内容资源从单纯的新闻宣传向公共服务领域拓展，将媒体与民生、电商、教育等业务结合，构建"新闻+民生""新闻+电商""新闻+教育"的易扩展、易维护全媒体中心，面向用户开展多元化服务，满足用户的多样化需求。

第二，深入优化原创内容，努力激活聚合内容。在原创内容生产上，县级融媒体中心应采取本土化策略，充分发挥和利用本地的信息资源，了解民生，关注民生，贴近民生，全方位满足当地受众的切身需求。如邳州广电传媒集团 2016 年着力打造的"邳州银杏甲天下"客户端，从创办之初就一直秉承着"听群众说、向群众讲、带群众干、让群众享"的策略。目前，"邳州银杏甲天下"总用户量突破 50 万，邳州广电也成为江苏省四个融媒体试点县市台之一。

在优化原创内容生产的基础上，县级融媒体中心还要充分激活 UGC（用户生产内容）。由于缺少成熟的内容审核系统，目前国内传统媒体引用 UGC 较少。UGC 的激活，一方面能够为媒体的专业报道提供补充，丰富媒体的新闻来源，拓展媒体的报道视角；另一方面能够激发受众参与，增强受众黏性。县级融媒体中心可以借鉴成功的社交媒体运营经验，建立并维护好受众与平台、受众与受众之间的互动关系，增强平台黏性，树立媒介品牌。

### 3. 人才队伍建设

习近平总书记在 2016 年 2 月党的新闻舆论工作座谈会上指出，媒体竞争关键是人才竞争，媒体优势核心是人才优势。要加快培养造就一支政治坚定、业务精湛、作风优良、党和人民放心的新闻舆论工作队伍。因此，融媒体人才队伍建设是县级融媒体中心建设的关键。

第一，加强人才引进力度，健全人才培养制度。在人才引进上，注重对掌握新媒体技术的创新型人才、一专多能的全媒体复合型人才，以及具备前沿传媒理念的媒介经营与管理人才等高端稀缺人才的引入。要加大人才建设投入力度，打破传统的户籍、地域、学历、工作经验等的制约，做到因才施策。加大资金投入力度，为人才落地和发展提供激励和保障。当然，县级融媒体中心受体制、地域、经济水平等多方面因素限制，在优质传媒人才引进上存在较大困难。各单位也要正视县域媒体财力不足，传播力度不足，对稀缺人才缺乏吸引力的现状，在当前无法引入全媒体人才的情况下，可以转变思路，引进具备全媒体思维的内容型人才、技术型人才和管理型人才，促进他们在同一个组织中产生正向的丰富的化学反应。

在人才培养上，结合融媒体中心岗位需求和员工专业专长开展定向培训，有针对性地提升员工的专业素养。培训方式可以灵活多样，有条件的媒体单位可以与相关机构或专业院校合作，共享师资等培训资源，不具备条件的媒体单位可以充分利用互联网平台，采用更加灵活的方式提高员工的专业能力。

第二，优化人才管理模式，创新人才激励机制。在人才管理模式创新上，打破传统媒体僵化的人才管理机制，引入新媒体竞争机制，采用新型用人制度和分配制度，使人才管理模式与市场接轨，让人才能够在体制中高效发挥作用。如遂宁日报报业集团自 2016 年开始实施项目制，以项目为核心，采用扁平化管理模式，跨部门整合媒体资源，极大提高了集团的经济效益与社会效益。

在人才激励上，创新考核机制，建立适应融媒体传播的绩效考核制度，构建集新媒体影响力与传统收视率指标于一体的全媒体评价机制，讲求多劳多得，优劳优酬，全面激发员工在融媒体环境中的工作积极性。

### 4. 运营模式建设

县级融媒体中心兼具政治属性、社会服务属性和商业属性，强大的营收能力和成功的商业模式是融媒体中心能够建设成功并持久发展的原动力。从当前县级融媒体中心建设的实践来看，部分县级融媒体中心取得了非常可喜的营收效果，具有较强的示范意义。

第一，利用"媒体+"构建全产业链条。树立"媒体+"的理念，实现媒体与其他领域的跨界融合，积极利用媒体平台为各类经营服务主体提供商业服务。如邳州广电推出的"政企云"服务项目，为政府、事业单位、国有企业等合作单位提供信息发布、新闻宣传、活动策划、数据共享、平台托管、技术研发等个性化服务，已经与全市 50 多家政企单位开展合作，实现直接创收 500 多万元。

第二，利用"大数据+"挖掘公众服务功能。大数据技术为媒体运营提供了新的机遇，融媒体中心建设的基础是对媒介传播内容与方式的数字化改造，传媒行业作为信息的主要生产者，其自身特殊的工作性质使其在数据信息收集中具有高度的便捷性。对海量信息的收集、监测、分析、挖掘，不仅能够优化传统媒体的新闻服务，还能够针对用户的个性化需求提供数据定制服务，强化融媒体中心的社会服务功能，通过优化服务对新闻数据进行变现，提高融媒体中心的市场竞争力。

## 三、辽西地区县级融媒体中心建设

自 2018 年县级融媒体中心建设目标提出以来，我国大部分地区的县级融媒体中心建设取得了很大进展。但是，部分欠发达地区距离真正的建强用好县级融媒体中心还存在一定的差距。目前，辽西地区的县级融媒体中心建设虽然取得了一定的成绩，但仍存在许多不足。广义的辽西地区是指辽宁省辽河以西与内蒙古、河北接壤的辽宁西部地区，狭义的辽西地区主要包括辽宁省锦州市、朝阳市、阜新市、葫芦岛市和盘锦市，其中锦州市和葫芦岛市属于渤海湾地区的沿海城市，其他三个城市属于内陆城市。辽西地区大多处于半干旱地区，农业生产条件相对较差，其中部分矿产资源型城市，如阜新市，由于多年开采，也面临矿产资源枯竭的问题。因此，辽西地区整体属于经济欠发达地区。辽西地区的县级融媒体中心建设一直存在经济发展水平不高、基础设施建设不够完善、体制机制创新困难等劣势。

### (一)辽西地区县级融媒体中心建设的意义

#### 1. 推动国家媒体融合战略的全覆盖

媒体融合战略自 2014 年开始实施，自上而下从中央媒体到省级媒体再到县级媒体逐层逐步推进。目前，以《人民日报》等为代表的中央媒体、以南方报业传媒集团等为代表的省级媒体都已经在媒体融合上取得了重大成果。但县级融媒体建设，尤其是欠发达地区的

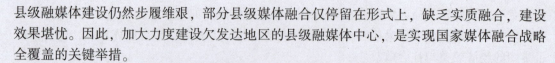

县级融媒体建设仍然步履维艰，部分县级媒体融合仅停留在形式上，缺乏实质融合，建设效果堪忧。因此，加大力度建设欠发达地区的县级融媒体中心，是实现国家媒体融合战略全覆盖的关键举措。

### 2. 巩固辽西地区的基层思想舆论阵地

从受众的媒介使用习惯上看，存在媒介形式相对单一化、简单化的现象。特别是在农村地区，随着抖音、快手等自媒体产品的下沉，受众市场被自媒体占去极大份额，这些自媒体产品中存在色情、暴力等不良内容，在突发事件出现时还会滋生并快速传播大量谣言，成为影响县域舆论生态的主要不良因素。尽管目前相关部门针对自媒体平台的内容乱象进行了各种整治，但根治仍需时间。因此，加大力量建设辽西地区的县级融媒体中心，通过县级融媒体中心为广大农村地区的受众提供优质资讯，开展包括政务服务在内的全方位服务，能够切实提升主流媒体的舆论引导力，为巩固辽西地区基层思想舆论阵地提供保障。

### 3. 提升辽西地区县级主流媒体的竞争力及话语权

当前辽西地区县级融媒体竞争力不强，话语权较弱。一方面是因为县级媒体缺少资金，硬件设施相对较为落后；另一方面，由于县级媒体对优秀的记者、编辑等人才缺少吸引力，智力资源也难以保障。此外，运行机制不够成熟，整体运行不能形成良性循环也是导致辽西地区县级融媒体不够"强势"的重要因素。加强辽西地区县级融媒体中心建设，为其在资金、人才、机制等各方面提供支持，能够极大提升辽西地区县级主流媒体的竞争力和话语权。

## （二）辽西地区县级融媒体中心建设的困境

### 1. 经济基础薄弱，缺乏必要支撑

县级融媒体中心建设需要充足的人力、财力等支撑，相比于发达地区的富裕县区，辽西地区的县级融媒体建设缺乏必要的保障和支撑。地方财政资金紧张，对县级融媒体中心建设投入不足。县级融媒体中心基础设施等硬件设备落后，人才引进困难，技术创新难以实现。迫于现实，县级融媒体中心只能达到表面的"物理融合"，将各种传统媒体平台与微博、抖音等新媒体平台简单相加，无法做到真正的"相融"，生产和传播方式缺乏创新，内容没有吸引力，用户黏性低，传播效果较差。

### 2. 体制机制僵化，缺乏创新活力

部分县政府等相关部门对媒介融合政策理解不够深刻，重视程度不够，严重影响到县级融媒体中心建设政策的落实。另外，部分县级媒体部门体制机制僵化，在用人制度的制定、人员报酬的分配、人员奖惩制度的施行上缺乏创新手段和改革动力，从而导致创新生产力严重不足，产品与市场需求脱节，很难在新媒体时代打开局面。部分地区的县级融媒体中心建设工作由县委县政府负责，各项业务均需层层上报得到县委县政府授权才能施行，极大限制了县级融媒体中心的发展。

### 3. 技术创新不足，缺乏专业人才

县级融媒体中心发展需要依靠先进的传播技术，更需要掌握先进技术的全媒体人才。县级融媒体中心的业务开展需要记者不仅具备扎实的文字功底，能够独立撰写新闻稿件，

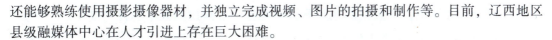

还能够熟练使用摄影摄像器材，并独立完成视频、图片的拍摄和制作等。目前，辽西地区县级融媒体中心在人才引进上存在巨大困难。

#### 4. 盈利模式单一，缺乏发展动力

目前，大多数县级媒体主要依靠广告经营收入，但随着近年来新媒体的冲击，传统媒体式微，广告收入大幅下降，一些欠发达地区的县级融媒体中心甚至出现拖欠职工工资的情况。县级融媒体中心建设需要大量的资金支持，在建设初期可依靠政府的财政支持，但在后期发展阶段，不能一味地依赖政府的财政投入，必须创新盈利模式，寻找新的发展动力，才能够实现县级融媒体中心长期的、良性的发展。

#### 5. 内容不够丰富，缺乏用户黏性

县级融媒体中心肩负传递党和政府的声音，反映社情民意等多项职责，必须以受众需求为目标进行内容建设，不断增强产品的用户黏性，才能够提升传播力和影响力，实现传播目标。目前辽西地区大多数县级融媒体中心产品内容不够丰富，尤其缺乏融合新闻、数据新闻等富媒体产品，很难吸引受众的注意力，增强用户黏性也无从谈起。

### （三）辽西地区县级融媒体中心建设的针对性策略

#### 1. 强化顶层设计，加大对辽西地区县级融媒体建设的政策扶持力度

与经济发达地区相比，辽西地区在县级融媒体中心建设上并不具有先天优势，这与其地理位置、经济发展和社会服务等多方面因素息息相关。因此，辽西地区的县级融媒体中心建设急需从中央到地方的各级主管部门在制度、资金、技术、人才等各方面给予大力支持。可以采取公益一类事业单位的运作体制，给予财政、政策、资源等方面的全力支持，同时在制度上适度放宽，帮助县级融媒体中心适度引入市场化机制，在为其"输血"的基础上帮助其"造血"，切实解决县级融媒体中心建设的根本性难题。

#### 2. 发挥地域特色，加强对契合区域公众需求的特色产品和服务的建设力度

县级媒体作为最基层的媒体机构，其用户数量相对有限，可供报道的新闻素材也十分单一，主要是县乡镇领导活动、会议安排等，这类新闻内容很难引起受众注意。部分县级融媒体中心在建设过程中虽然为用户提供了大量内容，但内容原创性低，与其他媒体的内容同质性强，因此，阅读量不高，也很难激发用户点赞、评论、转载等互动行为。县级融媒体中心的内容建设要增强地域文化自信。其实，辽西地区历史遗存众多，人文景观和自然资源等非常丰富，在历史、文化等方面具有自己独特的发展优势，有利于打造地域性特色产品。辽西地区县级融媒体中心应当充分发挥地域特色，全力开发与受众日常生活密切联系的融媒体产品和服务。文化产品的开发可以着力于朝阳的"三燕"文化，朝阳和阜新两地的辽金元文化，绥中、兴城和锦州三地的明清文化，黑山和盘锦两地的民国文化等，这一方面能够为县级融媒体中心的内容生产提供素材，另一方面能够对城市进行多样化宣传，带动文化旅游业的发展，实现乡村振兴。另外，在服务功能上，虽然大部分县级融媒体中心采用了"新闻+政务服务"模式，但是部分政务服务功能并未建设完善，无法使用，而已经建设完成的应用服务没有得到用户的常态化使用，效益不高，政务服务职能没有彻底实现。因此，政务服务尚未建设完成的县级融媒体中心应当加快建设速度，已经建设完成的县级融媒体中心应当对政务服务功能的使用情况进行充分调研，及时了解应用的不足和提升空间，在有效提升县级融媒体中心影响力的基础上，避免社会资源的闲置和浪费。

### 3. 打造人才队伍，加大辽西地区县级融媒体中心建设的人才选育力度

人才队伍建设是县级融媒体中心发展的关键和保障，县级融媒体中心的发展必须依靠结构合理、能力素质兼备的全媒体人才队伍。辽西地区县级融媒体中心建设中的人才短缺问题，一直是制约当地县级融媒体发展的严重瓶颈。考虑到辽西地区的地理位置、经济条件等对人才的吸引力度相对有限，因此应当在现有人才的培养与提升，以及与其他相关单位合作等方面下功夫。首先，加大对现有人才的培训力度。积极为现有人才制定职业规划，通过访谈、交流、培训等方式帮助其提升业务和技能水平。其次，与高校、科研机构或相关企业充分合作，采用兼职、交流等方式借助以上部门的人才优势为县级融媒体中心建设服务。

### 4. 创新盈利模式，加强辽西地区县级融媒体中心建设的发展动力

县级融媒体中心要想长久发展、良性发展，必须要积极探索多元化的盈利模式，不断拓展服务范围，提高营收能力。以江苏邳州融媒体中心为例，邳州融媒体中心在 2015 年进行的机制体制改革过程中，改变了传统的各平台分散经营的方式，建立了"项目制"经营方式，经营范围包括教育培训、酒水零售、电商服务等多个领域，为邳州融媒体中心的未来发展提供了强大的经济保障。安吉县融媒体中心在 2021 年 7 月进行了第二轮体制机制改革，在坚持事业单位性质的前提下，实行企业运行机制，开展新闻、文创、智慧产业等多元化市场经营，当年就实现营收 4.012 亿元，同比增长 35%。

建强用好县级融媒体中心是推进我国媒体深度融合的关键步骤，对于辽西地区等经济欠发达地区来说，要想建强用好县级融媒体中心，必须要多方协同努力，全力解决制约县级融媒体中心发展的体制、财力、人力、物力等问题，使县级融媒体中心真正成为治国理政的新平台，充分发挥其引导群众、服务群众的功能。

## 四、县级融媒体中心助力乡村振兴

自 2018 年全国宣传思想工作会议提出县级融媒体中心建设的顶层设计之后，辽宁省便开始积极行动，加快推进媒体融合，通过举办县级融媒体中心培训班，召开建强用好县级融媒体中心培训会等，明确辽宁省县级融媒体中心的建设目标和具体路径。2019 年全省各县开始全面建设融媒体中心，积极开展人事调动和集中招聘等工作。截至 2021 年年底，辽宁省各地将原电视台、广播电台、电视转播台、信息发布中心等进行合并，共同组建成 41 个县级融媒体中心。近年来，辽宁省县级融媒体中心秉持"服务农民，服务农村"的传播理念，积极探索出县级融媒体中心参与乡村振兴的可靠路径，有效助力辽宁省乡村振兴战略的全面实现。其中，辽宁省北票市融媒体中心曾获"第九届全国服务农民、服务基层文化建设先进集体"荣誉称号。

辽宁省县级融媒体中心在推进乡村振兴工作中，立足融媒体功能，切实结合村民、村集体及各类经营主体的现实需求，从信息传播、教育引导、文化传播、协调社会关系、促进经济发展等多个方面服务农村，服务农民群众，助力乡村振兴目标的全面实现。

### (一)信息传播功能

#### 1. 记录乡村发展新变化

县级融媒体中心的内容生产应当聚焦乡村生活、农业生产，通过报道乡村的农业发

展、人文历史和自然风光，为受众呈现出一幅幅美丽生动的乡村图景，让广大村民深刻领悟到党领导下的脱贫攻坚工作给乡村带来的新发展、新变化。与此同时，多元化记录乡村发展的新变化还有助于改变部分城市居民对乡村失真的刻板印象。与城市相比，乡村的信息发布与交流相对较为迟缓和封闭，这就导致城市和乡村存在一定程度的信息鸿沟与情感区隔，城市居民对乡村存在失真的刻板印象。虽然各个短视频平台为当下乡村居民提供了展示乡村面貌和乡村生活的平台，但由于缺少把关和引导，有的农村用户生产的短视频内容呈现出低俗化、同质化的特点，不但无益于乡村真实面貌的呈现，反而会加深城市居民对乡村的误解和刻板印象。县级融媒体中心应当在用好传统媒体的内容优势、人才优势等条件的同时，积极利用抖音、快手等自媒体平台的渠道优势，生产出内容质量高、受众满意度高的产品。辽宁省康平县康平融媒制作的专题《巩固脱贫成果 助推乡村振兴》在全方位报道康平县乡村振兴成果的同时，着力展现康平县农村生活的新景象、新风貌。如方家屯镇王家窝堡村幽静雅致的农家院，整齐划一的路灯，宽敞的休闲广场；张强镇官宝窝堡村静谧的稻田基地，摇曳的稻穗，肥美的螃蟹，蟹田稻、稻田蟹，蟹为稻提质，稻为蟹添"香"，一派自然和谐的景象。

### 2. 呈现村民精神新面貌

乡村振兴的关键要素是"人"，乡村振兴的实现需要每一位村民的齐心共治，乡村振兴的成果也要以提升每一位村民的幸福感为落脚点。辽宁省县级融媒体中心把镜头聚焦在田间地头，通过对新时代辽宁新农人新风貌的展示，为广大村民提供典范，引领广大村民学习楷模、争当模范的新风尚，加强村民的归属感、向心力和凝聚力，充分调动广大村民参与乡村振兴的主动性和积极性。在中共辽宁省委宣传部指导、辽宁广播电视台融媒体发展中心主办的2022年辽宁省县级融媒体中心优秀作品评选活动中，辽宁省盘山县盘山融媒的作品《辽宁盘山："养蟹人"的丰收记》获得一等奖。该作品描述的养蟹"达人"郗向军从事河蟹养殖十余年，从自己养蟹到带动身边的30余户村民共同养蟹，他玩转"田间地头"，扎根乡间沃野，把浓浓的情怀洒向大地。作品不仅进一步夯实了盘锦河蟹的品牌，还让受众对以郗向军为代表的农村养蟹人以及盘山当地独特的农田风貌等有了深刻的印象。

### （二）教育引导功能

#### 1. 树立村民爱国爱党的坚定信念

县级融媒体中心的重要职能是积极宣传党的路线、方针、政策，教育引导村民群众爱党爱国、艰苦奋斗、勤俭节约、孝老敬亲、遵纪守法。受农村地区经济发展水平和媒体组织结构等因素的限制，部分村民往往无法及时获知、深入了解党的路线、方针、政策等，因此，县级融媒体中心必须做好"上情下达"的"中间站"，全面、及时、深入、正确地传达和解读相关信息，打通媒介融合的"最后一公里"。当然，要打通媒介融合的"最后一公里"，不仅需要形式上的建设与融合，更需要在实质上实现传播方式、传播语态的根本性转变。辽宁省县级融媒体中心积极利用互联网思维，将政策性话语转变为村民能够接受的乡村话语、网络话语，采用平民化的视角对政策进行解读和传播。如康平融媒自2021年3月起就联合康平融媒抖音官方账号和康平融媒官方视频号正式推出一档围绕"说"字做文章的栏目——《主播说》，节目中康平融媒的新闻主播们用生动风趣的话语为广大受众传播信息、分享知识，传递爱国爱家、相亲相爱、向上向善、共建共享的社会主义文明新风尚。

### 2. 激发村民自立自强的奋斗之为

习近平总书记指出，扶贫要同扶智、扶志结合起来。智和志就是内力、内因。在乡村振兴过程中，县级融媒体中心应当充分调动广大村民的积极性和主动性，引导村民树立主体意识，发扬自力更生精神，激发他们改变乡村落后面貌的干劲和决心。县级融媒体中心可以通过积极报道模范人物、典型事件等，以榜样力量引领村民扬新风正气，革陈风陋习。倡导村民摒弃"等靠要"思想，变"输血"为"造血"，在乡村振兴大道上携手共建美丽新农村。在 2022 年全国县级融媒体中心优秀作品秋赛中，庄河市融媒体中心的作品《牧海记：踏浪逐梦》被评为二等奖。该作品聚焦石城岛海域的养参人，讲述了他们面对困难奋力自救的故事。2022 年，辽宁省庄河市贯彻落实国务院批准实施的《辽宁沿海经济带高质量发展规划》中关于建设"海洋牧场示范区"的指示，大力发展海洋牧场建设，新引进海参网箱养殖产业项目，采取"政府+企业+渔民"模式，在石城岛海域投放网箱近 700 排 30 多万箱，养殖面积达 1.6 万亩[①]。2022 年 7 月 13 日，受海气旋和天文潮共同影响，该海域遭受几十年一遇的风暴潮袭击，海参养殖网箱损毁 20%，直接经济损失超亿元，当地政府积极协调企业、养殖户奋起自救，最大限度挽回损失，牧海人的信心并未因遭受天灾而受挫，他们脚踏浪花，筑下梦想，笃定信念，毅然奔忙在追梦的路上。

### (三) 文化传播功能

#### 1. 培育村民的乡村文化自信

党的十九大报告指出："没有高度的文化自信，没有文化的繁荣兴盛，就没有中华民族伟大复兴。"同理，没有乡村文化自信，没有乡村文化的繁荣兴盛，乡村振兴与发展也无从谈起。文化自信在乡村振兴过程中扮演着关键角色，是实现乡村振兴战略不可缺少的精神动力，因此，积极培育村民的乡村文化自信，为乡村文化塑形铸魂至关重要。辽宁省长海县融媒体中心制作的《海岛故事》获评 2022 年全国县级融媒体中心优秀作品夏赛三等奖。该作品讲述了两代人热爱海岛、扎根海岛，为推动长海国际生态岛建设而努力奋斗的故事。故事中的姐姐选择从城里回到海岛和爸爸一起工作，踏上爸爸曾经走过的路，将自己的青春和热血奉献给海岛，并坦言"不要低估长海人对海岛的情感，生于海岛，与海相伴，是一件很幸福的事"。

#### 2. 传承乡村的珍贵文化遗产

乡村文化中蕴藏着大量珍贵的文化遗产，由于缺乏关注和传播，很多文化遗产面临着难以传承、濒临消失的风险。县级融媒体中心应当充分发挥自身的地域优势和传播特色，助力乡村优秀文化的传承，在提升乡村文化品位的同时，延续乡村文化的生命力。辽宁省县级融媒体中心深入挖掘辽宁省各个乡村的民俗文化、节日文化、手工艺文化等优秀文化资源，通过多种媒介形式生动讲述文化故事，让优秀的乡村民间文化活起来、传下去。优秀的乡村文化故事不仅涵养了乡村的人文精神，还加强了村民之间的情感联系和文化认

---

① 1 亩 ≈ 666.67 平方米。

同，极大提高了辽宁省广大村民参与乡村振兴的主人翁意识。如大连市庄河市庄河融媒App的文化与旅游板块开设了民俗、旅游、文艺、历史、娱乐、戏曲、故事、绘画、文化等频道，其中的民俗频道主要致力于传播庄河的民间文化遗产代表人物和相关事迹，包括百年祖传雕刻技艺传承人、青堆古镇的非遗大师张宝粟，国家级非物质文化"庄河剪纸"的传承人韩月琴等。

### 3. 推进乡村文化建设

推进乡村文化建设是全面落实乡村振兴战略的现实需求，也是县级融媒体中心的重要职责之一。随着社会的进步和经济水平的不断提高，广大农村群众对文化的需求水平不断提高，他们不再满足于形式简单、内容单调的文化生活，开始追求更多元化、更高层次、更有品位的文化生活。县级融媒体中心在内容生产过程中应当致力于更好地满足村民对精神文化的渴求和对美好生活的向往，激发村民改变乡村文化落后面貌的信心和决心，以自身行动全面推进乡村文化振兴。在辽宁省广播电视局 2022 年 9 月开展的"喜迎二十大　我来说变化"主题原创短视频征集展播活动中，葫芦岛市兴城市兴城融媒选送的《向美而行》获得2022 年辽宁省县级融媒体中心优秀作品二等奖。该作品着重介绍了一群"向美而行"的农村女性，她们在干完农活后积极投入到广场舞的队伍中，广场舞不仅涵养了她们的艺术品味，还提高了她们的思想素质，让她们更加"美丽、健康、自信"。

### （四）协调社会关系功能

#### 1. 营造乡村良好的社会氛围

良好的社会氛围是乡村振兴的社会基础，也是乡风文明的重要社会体现，更是治理有效的表现。县级融媒体中心应当全面报道村民需要的各类信息，及时关注群众舆论，积极营造乡村良好的社会氛围，为促进乡村振兴提供良好的社会环境和坚实的社会基础。2021 年，辽宁省康平县融媒体中心申请成立了中心妇委会，康平融媒"妇女之家"随之成立。一群心中有梦想、有追求，脚下有路、心中有光的"娘子军"来到乡间田野，穿梭在田间地头，用女性细腻、细心的视角，挖掘出了许多有温度、有故事的新闻报道，多部作品被上级平台采用，在辽宁省市各类评选活动中获奖。

#### 2. 维护乡村良好的社会秩序

县级融媒体中心除了要做好"上情下达"，还要做好"下情上传"，助力作为乡村振兴主体的广大村民的诉求表达。在传统媒体时代，媒体作为村民的代言人，掌握着话语权。在新媒体时代，村民的角色从受众转变为用户甚至是传播者，他们具有强烈的表达欲望和更强的表达能力，需要媒体将"话筒"交到村民手中。县级融媒体中心应当着力改变传统媒体时代的认识和管理习惯，采用多种手段充分满足村民的表达诉求。以康平融媒、兴城融媒等为代表的多家辽宁省县级融媒体中心 App 都开通了圈子功能，为广大用户发布信息、交流意见、分享生活等提供平台便利。

### （五）促进经济发展功能

#### 1. 助力乡村特色产品销售

县级融媒体中心在助力乡村振兴的过程中要时刻把握形势变化，精准预判未来趋势，牢牢抓住发展机遇，结合农村本地特色，帮助农民群众探寻适合农村当地经济发展的创新路径。如采用"媒体+电商"的融合模式,为农户提供电商销售平台,开展各类助农直播,为农民群众提供工作机会,帮助农村地区打造数字经济产业链,为乡村振兴后续发展奠定基础。为庆祝第四个中国农民丰收节,拓展辽宁农产品销路,丰富居民消费选择,助力乡村振兴,北斗融媒携辽宁省多家县级融媒体中心开展了"庆丰收电商助农"大型直播带货活动。活动设置了辽宁广播电视台融媒体大厅和盘锦大洼两个会场,精心推介来自辽宁各地的多种特色农产品,让在线观众足不出户就能购买到辽宁省各地优质特色农产品,极大带动了农产品的销售。

### 2. 推进乡村旅游产业发展

县级融媒体平台作为区域性媒体具有明显的地域优势,可以为农村地区的文化旅游产业发展提供强大的宣传助力和智力支撑。反过来,良性运转的农村文化旅游产业也能为县级融媒体提供更多优质的报道资源,两者的有机结合能够实现跨产业融合发展,激发产业融合的乘数效应。县级融媒体中心应当充分发挥融媒新媒体矩阵的融合优势,积极利用微博、微信、抖音等自媒体平台,采用图文、短视频及互动直播等形式,多维度、全方位、立体化展示农村地区独特的乡村文化、自然风貌和人文历史等。深度提取广大农村地区的文旅精品内涵,帮助其打造能够为用户提供"沉浸式"体验的文旅新业态,助力农村地区文旅产业高质量发展。在文化和旅游部推出的"大美春光在路上"全国乡村旅游精品线路中,辽宁省"辽宁·乡野'和美锦鲤 盘山岛海'和畅之旅"有 5 条线路入选。庄河融媒等县级融媒体中心采用"文字+图片"、短视频等形式重点报道了相关地区乡村建设与旅游发展相得益彰的崭新面貌,在带动乡村旅游业态创新特色产品的同时,更好地满足了广大群众的出游需求。

### 3. 助力乡村招商引资

资金是乡村振兴的主要动力,招商引资工作是实现乡村振兴战略的重中之重。县级融媒体中心应当充分发挥自身的地域优势和传播优势,挖掘广大农村地区真正有特色、有潜力、有前景的农业产业和农产品典型,进行有针对性的调研、包装、宣传和推介,帮助广大村民群众实现高频率、高质量的农产品信息传播、宣传推介、分享互动及自我提升,为广大农村地区顺利完成招商引资工作提供助力。庄河市融媒体中心制作的《牧海记:捕获希望》以庄河市大力发展海洋牧场建设,新引进海参网箱养殖产业项目为背景,生动地记录了在海参收获的季节,牧海人在海参捕捞、运输交易等环节的全过程,尤其是投资商喜获丰收、脸上露出灿烂笑容的那一幕,让人久久不能忘怀。该作品获得 2022 年辽宁省县级融媒体中心优秀作品评选一等奖。

辽宁省在县级融媒体中心建设过程中始终坚持因地制宜、精准施策、积极探索符合东北地区实际的建设路径。作为推动乡村振兴目标实现的关键动力之一,辽宁省县级融媒体中心仍然在不断强化顶层设计与路径规划,着力提升自身的传播力、引导力、影响力、公信力,以更好地服务农民、服务农村。

## 五、《湖北日报》"纵横谈"的内容与传播创新

2021 年 10 月 8 日—12 月 20 日,《湖北日报》推出大型融媒体系列访谈报道《破冰与突围·县(市、区)委书记全媒体纵横谈》(以下简称《湖北日报》"纵横谈"),102 位县市区委书记走进《湖北日报》5G 演播室参与访谈,报纸、客户端、网站、微博、微信、抖音等全

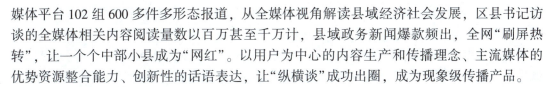

媒体平台102组600多件多形态报道，从全媒体视角解读县域经济社会发展，区县书记访谈的全媒体相关内容阅读量数以百万甚至千万计，县域政务新闻爆款频出，全网"刷屏热转"，让一个个中部小县成为"网红"。以用户为中心的内容生产和传播理念、主流媒体的优势资源整合能力、创新性的话语表达，让"纵横谈"成功出圈，成为现象级传播产品。

### （一）强化用户思维，构建分众化、差异化传播格局

传统媒体的优势在于内容生产，新媒体的优势在于其庞大的用户基数。《湖北日报》"纵横谈"立足新媒体平台，将用户的需求贯穿于整个内容生产、分发流程中，将传统媒体内容生产优势和新媒体用户流量完美融合，进而实现传播效益的最大化。

#### 1. 明确内容定位，突出地域特色

《湖北日报》"纵横谈"坚持以人民为中心的创作导向，紧扣县域经济社会发展，目标用户着眼于关心县域经济社会发展的广大网民，邀请"关键少数"，围绕群众关心的经济建设、民生福祉、社会文化发展等问题，开展交流分享，策划、制作正能量全媒体新闻产品，展现各区县领导班子的思考与实践，营造各区县千帆竞发、百舸争流的良好舆论氛围。突出每个区县的"个性"，避免各区县因地域相近话题区分度低，通过挖掘个性鲜明的亮点、角度，抓取记忆点，凸显新闻性，切实提升内容传播力。例如，"纵横谈"推出的《李白写"床前明月光"的地方，市委书记说要冲刺"百强"！》《来凉爽利川，喝一杯有故事的"利川红"茶》《潜江市委书记：期待"虾茶"之恋》等系列报道，定位清晰，引领主流，贴近群众，精准把握各县区工作重点和群众关心的热点话题，让受众在系列访谈的各类全媒体作品中获取与自己切身相关的一手信息，以优质内容提升用户黏性。

#### 2. 精准设置话题，引发网民共鸣

利用全媒体互动渠道，建立与用户之间的深度联系，让"纵横谈"主动触及更多的受众，通过网站、微信、微博等平台广泛征集网民问题，充分了解群众所关切的热点，精心设置访谈话题，贴近民生，真正做网民关心的民生内容。在"纵横谈"中，每篇访谈均以民生话题收尾，网民的提问涉及社会生活的方方面面，如"硚口如何加快老旧小区改造，改善人居环境？""大家都非常关心城区停车难的问题。请问嘉鱼县里会采取什么措施吗？""吴家山街杏园社区什么时候能建口袋公园？"等，通过关切百姓切身利益、朴实亲切接地气的话题，引发网民的共鸣。针对网民提出的问题，各县市区书记有针对性地作答，帮助群众解决民生问题。例如，黄陂区实施黄陂人免费游、免费体检等惠民措施，汉阳区47项民生类审批事项下放居民家门口等。访谈内容落脚到民生话题，摆情况、谈规划、话落实。通过以小见大的民生话题，切实发挥主流媒体"上情下达、下情上传"的桥梁纽带作用。

#### 3. 全媒体矩阵传播，提升内容影响力

"纵横谈"在推出之时就按照"一人一策、一县一案"的原则，依托《湖北日报》全媒体矩阵1.6亿的用户体量，开展分众化、全媒体推送。《湖北日报》官方微信、微博、视频号、头条号、极目新闻、荆楚网（湖北日报网）、湖北省人民政府门户网站等媒体平台集中推送，各县区融媒体中心二次传播，并通过微博话题持续更新，扩大影响。例如，围绕武昌区委书记余松谈"零号员工"以诚待企、千年古城"蝶变"生长等，《湖北日报》在报纸版面推出访谈文章《"首善之区"要当"支点建设"排头兵》、个性问答《最爱武昌"可盐可

甜"》、民生福利《明年再建 12 条微循环路》，在报纸版面上附加访谈视频二维码和访谈现场图。采编团队立足全媒体传播特点，在《湖北日报》客户端、微信、微博、视频号、抖音等不同平台推出多形态新媒体产品，极目新闻、荆楚网、湖北省人民政府门户网站迅速转载推送。微信《首善之区"可盐可甜"，区委书记：来了就会爱上！》阅读量超过 10 万。专业性强、刻板平实的政务信息，经过全媒体视角的挖掘，成为一个地方热议的话题，让一个个偏居一隅的区县不断"出圈"。

### （二）放大资源优势，打造高质量的县域政务新闻内容

相较于新媒体，主流媒体的公信力、专业化人才队伍、政务资源等方面优势明显。《湖北日报》在制作"纵横谈"系列报道中，把党媒的各项优势做强做优做精、充分释放出来，突破内容生产的媒体边界，真正做到内容策划、制作、发布的"你中有我，我中有你"。

#### 1. 发挥人才优势，打造高水准的全媒体团队

作为湖北日报传媒集团主力军全面挺进主战场的创新探索、全媒体能力的检验和再练兵，"纵横谈"融媒体系列访谈报道，充分发挥纸媒记者的采编优势，注重在实干中锻炼队伍，全面提升编辑记者的全媒体素质、技能。融媒体策划、记者、编导、主持人通力合作，将"纵横谈"打造成为展示地方形象、推动区域发展的重要舆论阵地。采编团队前期深入开展周密部署，优化资源配置，重塑全媒体内容生产流程，立足在地化优势，集团各地分社负责前方一线对接、策划，记者扮演访谈制片人和主持人的双重身份，文字报道、出镜访谈一肩挑，在这一过程中，有近 30 位文字记者出镜主持；编辑出版中心、融媒体中心在后方支撑，根据访谈内容，编排分平台稿件，生产发布一系列新媒体产品；5G 演播室严密排版，以"白+黑""5+2"的工作模式，根据各区县书记的时间，随时跟进录制；设置集团专项工作小组，细化接待方案，确保执行到位。"纵横谈"这一类型的融媒体系列访谈报道的顺利开展，真正体现了传统媒体全媒体联动、全天候响应的媒体融合能力。

#### 2. 放大专业优势，系列访谈力求深度

深度报道是报业传媒集团的专长。"纵横谈"融媒体系列访谈报道积极放大这一专业化优势，力求访谈人与受访者、广大网友产生情感共鸣，同频共振。例如，在访谈武汉市东西湖区委书记时，跑区记者成熔兴发挥多年积累的跑口经验，担任现场访谈主持人，以"一段史说变化，一条链说实力，一个谷说机遇，一条路说发展，一片湖说生态，一座城说民生"为主线，串珠成链，推出了《"中国网谷"争创国家一流经开区》《古云梦泽变中国网谷！区委书记：传承围垦精神，争创国家一流！》《2022 年再建 15 座口袋公园》等融媒体报道，微信单篇阅读量超 10 万，全面展现东西湖过去的努力、现在的实力和未来的潜力。报业传媒的全媒体记者在转型过程中，发挥新闻传播人才的专业性，在每一期的访谈中挖掘有价值、有吸引力的"实料"，力争每篇新媒体报道都有一个令人心头一热、过目不忘的故事，推出一件件既体现县域经济社会发展规划、建设成果，又有地域特色的全媒体产品，实现刷屏热转。

#### 3. 积极拓展平台功能，提升民生服务能力

作为党和国家宣传舆论主阵地，主流媒体具有天然的公信力和影响力。主流媒体的全媒体内容平台可以通过聚合本地资源，探索"新闻+政务服务商务""内容+服务"等运营模式，积极拓展平台功能，持续增强自身民生服务能力。"纵横谈"融媒体访谈系列报道旨在

展示湖北各县（市、区）委书记的新担当、新思路，展现县域经济社会发展成果。随着活动的深入推进，各县（市、区）委书记们纷纷展现出拼搏赶超的精神风貌，进一步助推"纵横谈"资源整合、服务民生的平台效应。例如，通过"纵横谈"这一平台，赤壁、潜江两市市委书记隔空喊话，寻求"虾茶之恋"，尝试将两地的特色产品青砖茶、小龙虾完美融合。随后，两地相关部门、企业跟进对接，第一批 10 款"虾茶恋"样品推向市场。新媒体平台上的近万条网民留言中不乏真知灼见，进一步帮助区县领导班子找到为民服务的方向。有热心网友提出，百里洲镇群众到枝江城区只能靠渡船，什么时候可以走上长江大桥？枝江市委书记余峰表示："百里洲长江大桥已纳入国家 2025 年实施的过江通道规划，预计 2025 年前后建成通车。大桥通车后，农产品过江只需 5 分钟，鲜活农产品可享受高速公路绿色通道免费通行，大幅降低百姓运输成本。"

### （三）创新全媒体语态，增强县域特色内容传播活力

媒介形态的变化必然导致语言表达形态的变化。语言表达方式是影响媒体内容传播效果的关键因素，融媒体内容应立足全媒体话语体系建设逻辑和传播规律，创新全媒体语态和话语表达方式，丰富话语类型，提高全媒体内容产品的社会影响力和认同度。

#### 1. 遵循媒体语言使用规范，确保正确舆论导向

"纵横谈"融媒体访谈过程中，严格遵循访谈类节目的语言规范性、专业性和严谨性，在做到个性化打造访谈内容的同时，确保导向正确。融媒体主持人贯穿全场，在节目一开始通过固定的开场白介绍节目、嘉宾等关键信息，帮助用户建立起认知画像。对县域社会经济热点话题进行深入挖掘，保证语言表达完整连贯，逻辑性强。遵循媒体语言的传播规律和规范要求，保证传播内容的权威性和可信度。例如，"纵横谈"访谈过程中，主持人提出的第一问为："金南漳"听着就那么熠熠生辉，请您介绍一下，南漳的"金"体现在哪些方面？针对这个问题，襄阳市南漳县委书记分别从文化底色好、山水颜色正、发展成色足三方面，介绍南漳县经济、社会、文化、生态建设情况，语言完整，条例清晰，内容丰富，充分彰显了主流媒体的权威性。

#### 2. 创新新媒体表达方式，增强语言亲和力

全媒体时代，媒介的语言传播姿态由自上而下的单向性告知转变为平等开放的多元互动。这就要求媒体立足新闻事实，开展多样化的信息阐释，避免用政令性话语或专业术语进行抽象的宣讲，灵活运用生动形象、通俗易懂的感受性、互动性语言，准确表达信息内容。例如，在"纵横谈"融媒体访谈系列报道中，全媒体采编团队从访谈中找"金句"，新媒体标题够"靓"够"特"，内容够接地气，拉近了传播主体与目标受众之间的距离。汉阳篇从访谈"金句"中提炼新闻点，确定标题为《汉阳区委书记：知音在此，约起！》，将汉阳"知音文化"与网络热词完美融合，受到了网友的广泛转发。文章推送 24 小时后，阅读量达到 25 万，留言 1 000 多条，点赞 5 000 多次。《全省县域经济规模 TOP1！这位区委书记仍说："坐不住！"》《两位市委书记隔空喊话，它们就此"定亲"》《清华毕业的 80 后区委书记：这件事，没有退路可言！》《和氏璧故里，要擦亮这块 3 000 多年的"金字招牌"！》等超 10 万阅读量的新媒体作品层出不穷。这些内容使用互联网化的语言，表达生动贴切，更容易引起受众情感上的共鸣，进而形成观念上的认同，取得了良好的传播效果。

### 3. 县市区书记"客串"制片人，提升官员媒介素养

随着传媒生态的不断变革，信息传播呈现出全民化、多元化、泛政治化等趋势，越来越多的普通大众主动参与传播。与政府和官员有关的议题成为最受关注和最易引起争议的热点，面对全新的媒体环境，政府官员应不断提升媒介素养，与时俱进地应对媒体，增强与媒体打交道的能力。"纵横谈"在与102位县市区委书记访谈的过程中，逐步成为干部提升媒介素养、锻炼跟媒体打交道能力的全新平台。访谈中，各位县市区委书记颠覆了人们对官员的刻板印象，不时爆出妙语金句，"客串"制片人主持策划会，"使出浑身解数"为县域"代言"。例如，赤壁市委书记将赤壁青砖茶的萌宠"万小茶"带到访谈现场，请"万小茶"首秀，为即将召开的茶业大会预热。恩施市委书记主动提出，借助《湖北日报》全媒体平台，为网友送上旅游大礼包，推介宣传恩施的文旅资源。青山区委书记的访谈，主持人以明代王世贞《青山矶》中的诗句"武昌在前头，逡巡不肯去。为爱青山矶，且对青山住"作为开头，大大提升了访谈的历史纵深感，书记欣然作答：愿与网友分享青山的"前世"与"今生"。访谈中，武昌"零号员工"故事，新洲"万达拜访"故事，硚口"集家嘴筷子撬倒趟"故事，从各位书记的口中娓娓道来……给读者、网友留下深刻印象，提高了访谈内容的吸引力和辨识度。

《湖北日报》"纵横谈"县域政务新闻爆款频出表明，主流媒体在策划、制作正能量全媒体新闻产品时，应善于思考、开拓创新，坚持以人民为中心的创作导向，放大自身专业优势，创新话语表达，注重以民生小切口助推群众"大关注"，构建分众化、差异化传播体系，实现全网大传播，持续增强内容的传播力、引导力、影响力、公信力。

## "议"犹未尽 »»

1. 试以某一县级融媒体中心为例，分析其存在的问题并提出解决对策。
2. 谈谈应当如何评估县级融媒体中心的建设成效。
3. 谈谈县级融媒体中心建设的意义。

## 学海无涯

[1] 朱春阳. 县级融媒体中心建设：经验坐标、发展机遇与路径创新[J]. 新闻界，2018(9)：21-27.

[2] 李彪. 县级融媒体中心建设：发展模式、关键环节与路径选择[J]. 编辑之友，2019(3)：44-49.

[3] 李珮，张璐璐. 沟通与治理：乡村振兴下的县级融媒体中心建设[J]. 中国编辑，2022(2)：23-26+31.

[4] 邓又溪，朱春阳. 县级融媒体中心参与基层社会治理的路径创新研究[J]. 新闻界，2022(7)：34-42+77.

[5] 曾培伦，朱春阳. 可供性框架下县级融媒体中心建设效果评估体系创新[J]. 新闻与写作，2022(9)：100-110.

## >>>>>> 春风化雨　润物无声

### 人民网评：建设全媒体传播体系需坚持技术"塑形"、导向"铸魂"

2023 年是习近平总书记提出媒体融合发展 10 周年。近日，以"建设全媒体传播体系，塑造主流舆论新格局"为主题的 2023 中国网络媒体论坛在江苏省南京市举行。分享成果，探讨挑战，谋划未来。论坛的召开，为引领媒体融合发展开创事业新局面汇聚了智慧和共识，增强了信心和力量。

当前，全程媒体、全息媒体、全员媒体、全效媒体快速迭代，不仅人人握有麦克风、摄像头，而且万物互联、万物皆媒。建立以内容建设为根本、先进技术为支撑、创新管理为保障的全媒体传播体系，构建网上网下一体、内宣外宣联动的主流舆论格局，是不断增强新闻舆论传播力、引导力、影响力、公信力的必然要求，也是让主流价值传得更开、传得更广、传得更深入的根本保障。

媒体是宣传党的主张、反映人民呼声的主要渠道，也是提供公共文化服务、丰富人民文化生活的重要平台。以守正创新为方向，以信息技术为加持，主流媒体融媒体发展的创新理念、生动实践、骄人业绩，改写了中外传播学理论，创造了中外传播史上的奇迹。比如，主流媒体综合运用图解、动漫、H5、短视频等方式，守正创新，持续解读阐释党的创新理论，展现了大党大国领袖的为民情怀，推动党的思想旗帜在中华大地高高飘扬。

全媒体传播，处处有思想的较量、价值观的交锋。无论传播方式如何变化，以优质内容巩固拓展主流舆论阵地，始终是全媒体传播体系的核心功能定位。只有让主旋律更鲜明、正能量更充沛，不良风气、庸俗势力才会落荒而逃。只有让红色地带覆盖越来越广，灰色地带、黑色地带才会偃旗息鼓。有效整合各种媒介资源、生产要素，建设全媒体传播体系，不仅要用好先进技术"塑形"，更要坚持正确舆论导向"铸魂"，确保主流媒体内容优势不断加强。

主力军全面挺进主战场，既要占领更多阵地，更要把阵地建设好、运用好。目前，中央主要媒体完成创新转型，2 585 个县级融媒体中心建成运行。下一步，主流媒体还需要更加主动作为、积极作为，让优质内容、先进技术、专业人才、项目资金不断向互联网主阵地汇集、向移动端倾斜。要完善中央媒体、省级媒体、市级媒体和县级融媒体中心四级融合发展布局，在提供优质内容、聚合用户的基础上，发挥全媒体传播体系的制度优势，形成整体传播合力，真正使互联网这个最大变量成为有利于推动事业发展的最大增量。

建设全媒体传播体系，必须坚持以人民为中心的工作导向。面对人人传播、多向传播、海量传播的新形势新特征，要塑造主流舆论新格局，空洞说教、生硬灌输肯定不行，庸俗低媚、极端表达也不行。主流媒体建设全媒体传播体系，必须坚持党性原则，坚持以人民为中心的工作导向，通过走好全媒体时代群众路线、大兴"开门办报"之风等贴近群众、服务群众的方式，不断创新产品形态、改进报道内容、升级传播方法，同人民群众的美好生活需要持续同频共振。

云帆高张，长风破浪。有党中央坚强有力领导，有主流媒体引社会之新风、发时代之先声，一个更加自信自强的中国，一个充满生机活力的中国，必将带给世人更多惊喜。

资料来源：鲁阳. 建设全媒体传播体系需坚持技术"塑形"、导向"铸魂"[EB/OL].(2023-04-26)[2024-09-26].http://opinion.people.com.cn/n1/2023/0426/c223228-32673974.html.

## 第二节　智能新闻

### 一、智能化的新闻信息采集

自 1956 年达特茅斯会议首次提出"人工智能"的概念开始，研究者们据此发展出众多的理论和实践，人工智能的概念也不断扩展，目前已经形成机器学习、自然语言处理、搜索引擎和协助过滤算法、语音翻译、视频内容自动识别等 13 个细分研究领域。人工智能研究成果在新闻领域的应用极大地改变了新闻产业的发展轨迹，突出表现为人工智能技术对新闻产业链的重构。在新闻内容采集上，智能终端、无人机等传感器的运用拓宽了新闻采集的信息来源，丰富了新闻报道的内容和形式。在新闻信息加工上，机器人写作及编辑被国内外的传统媒体及新媒体广泛应用，提高了新闻生产的速度和数量，拓展了新闻的广度和深度。在新闻信息分发上，社交媒体、新闻客户端、新闻浏览器、搜索引擎等通过对用户的使用习惯、浏览轨迹、搜索记录等进行大数据分析，来确定用户对新闻主题与内容的偏好，并通过智能算法为用户进行精准化推荐，使为用户提供多元化的新闻成为现实。

在传统媒体时代，各类媒体往往各自为营，每家媒体都要自主搜集新闻素材，当重大新闻事件发生时，多家新闻媒体甚至是一家新闻媒体的不同部门同时到场的情景随处可见，这无疑是一种资源的浪费。随着媒体融合进程的不断加深，新闻业从理念到实践都发生了深刻变化，这种重复采访拍摄的情况大大减少了。智能媒体技术的广泛应用打通了媒体之间的技术壁垒，与此同时，机构壁垒也在消除，便携式设备使记者可以一专多能，使新闻采集效率大大提升。当下的新闻业逐渐达成了一种共识：在融媒体环境中要进行一体策划，一次采集，多种生成，多元分发。在新闻一体化策划前提下，前方记者在新闻现场采集新闻事件各个方面的素材，编辑根据媒体形态生成多种新闻产品，随后通过多种媒体渠道进行分发。目前，多数新闻媒体在这种理念下进行了全方位的改革，如《人民日报》的"中央厨房"模式和新华社的"媒体大脑"等。

 ● 小知识

**《人民日报》"中央厨房"**

《人民日报》"中央厨房"是面向受众、面向国际、面向未来的新一代内容生产、传播和运营体系，其以内容的生产传播为主线，在服务《人民日报》旗下各个媒体的同时，还为其他媒体结构搭建了一个支撑优质内容生产的公共平台，聚拢各方资源，形成融合发展合力。从 2015 年"两会"报道开始，人民日报社就开始试行"中央厨房"工作机制，打通全社采编资源，初步实现了记者一次采集，编辑多次生成，渠道多元传播。同时，"中央厨房"还将新闻产品推广给全国百余家合作媒体和近 200 家海外媒体，实现资源有效利用，提升了《人民日报》的传播力和影响力，扩大了《人民日报》报道的海外影响。

> **新华社"媒体大脑"**
>
> 　　"媒体大脑"是新华智云自主研发的国内首个媒体人工智能平台，具有向媒体机构提供"大数据+人工智能"的新闻生产、分发和监测能力。"媒体大脑"融合云计算、物联网、大数据、人工智能等多项技术，将扮演智能时代新闻生产基础设施的角色，能为各类媒体机构提供线索发现、素材采集、编辑生产、分发传播、反馈监测等服务，使新闻场景下的应用和服务更加智能化。

　　融媒体环境下的新闻采集要求身处前方的新闻记者能够为后方的多元生产采集足够的素材，这就要求记者在理念上和技能上不断适应智能媒体技术带来的新变化。智能化信息采集的新工具有以下几种。

### （一）传感器

　　在物联网时代，互联网等信息技术能够把传感器、控制器、机器、人和物等连接在一起，实现人与物、物与物相联，构成信息化、智能化的网络。物联网的应用是新闻智能化生产的基础，一切智能终端都有可能成为新闻信息的采集者和传播者。其中，作为物联网基础设施之一的传感器在新闻领域已经有较为成熟的应用。传感器可以看作为多种信息搜集器的统称，它能把人的感官可感知和不可感知的各种信息转化为数据，并进行存储、计算、加工和处理，如智能手机中就安装有地理位置传感器。除此之外，传感器还可以感知外界环境的温度、湿度、重力、光线、声音、物品、运动、空气质量、有害物质含量等。美国纽约公共广播电台曾经做过一个查询跟踪器的项目，他们发动当地听众通过传感器采集蝉群破土而出的土壤数据以及蝉鸣的声音数据等制作成新闻产品，取得了良好的传播效果，这是数据新闻传感器新闻和参与式新闻的极佳范例。

#### 1. 利用传感器进行新闻数据采集的主要途径

　　当前，传感数据仍然掌握在政府、企业等专业机构手中，包括大量的环境数据、地理数据、人口结构数据、物流数据、自然界数据等。利用大数据技术对这些传感数据进行精准分析，能为专业媒体的报道提供更加丰富、可靠的背景，还能够通过传感数据对自然环境、社会环境等不断进行监测，洞察事件发展的动向，开展预测性报道等。

　　一是用户的传感数据。当前用户的传感数据主要通过智能手机收集。在用户允许的条件下，智能手机能够监测到用户的生活习惯、运动数据、健康情况、地理位置、环境温湿度、交通情况等各项数据。新华社新媒体中心打造的"现场新闻"就是一款基于用户定位的事实分享客户端。通过客户端，新华社能够快速收集用户在定位现场的所见、所闻、所感并及时予以呈现。在未来，智能可穿戴设备的运用有利于进一步收集用户的个人数据，如通过收集用户的心跳、眼动范围及轨迹、脑电图曲线、情绪波动等身体数据来判定用户阅读信息时的反应状态，获得用户对新闻内容、表达方式、版面安排等方面的关注度、认可度等，更精准地测量个体信息的传播效果，为个性化信息定制提供依据。

　　二是无人机等收集的传感数据。随着图像感传、障碍物避让、续航能力等技术的不断成熟，无人机等远程图像捕获工具能够提供大量的传感数据。尤其在突发事件及处于特殊环境的专题报道中，无人机以其低廉的成本及广泛的实用性等特点不断帮助媒体机构拓宽报道领域，丰富报道内容。

 **小知识**

### 可穿戴设备

可穿戴设备是指具备日常可穿戴物品形式的智能移动终端。可穿戴设备有多种形态，如戴在头上的头盔、眼镜、耳机等，戴在手上的手表、手环、戒指等，穿在脚上的鞋、袜子或穿在腿上的护膝等，以及各种服装、包、配饰等，这些可穿戴的硬件设备能够通过大数据、云计算等技术实现强大的交互功能。以 2012 年 4 月谷歌公司发布的"拓展现实"眼镜——谷歌眼镜（Google Project Glass）为例，它具有和智能手机一样的功能，可以通过声音控制拍照、视频通话和辨明方向，上网冲浪、处理文字信息和电子邮件等。因此，2012 年又被称为"智能可穿戴设备元年"。截至 2021 年 6 月，我国的可穿戴设备使用率达 13.3%，均属于成长型产品，潜在消费规模大，发展前景广阔。

#### 2. 利用传感器进行新闻数据采集的优势

传感数据更易于计算机处理。相比于人工收集的数据，传感器数据能够直接被计算机读取、分析并进行视觉化呈现，如谷歌开发的云视觉 API，已经能够通过特征等提取技术对传感器传送的图像集合进行准确的分类，极大地节省了人工收集、整理数据的成本。

一是强化报道深度。传感器的高灵敏度能够感知到环境及事物等的细微变化并通过简单快捷的手段对这些数据加以收集，将原本抽象的现象进行量化处理，使事件得到更加清晰直观的展示，非常适合用在展示宏观现象或趋势的解释性报道或展示前因后果及事件背景的调查性报道中，强化此类报道的深度。

二是丰富报道形式。传感器在新闻领域的运用为众包新闻项目等的开展提供了新可能。在 2017 年全国"两会"报道中，各大媒体的采访机器人纷纷出镜，包括新华社的"爱思"和"佳佳"、浙江卫视的"小聪"、河南卫视的"飞象 V 仔"等，其中，"佳佳"作为新华社的特约记者通过连线的方式采访了美国《连线》杂志的创始人凯文·凯利，尽管采访的深度与流畅度仍无法同人工记者相比，但这一举动仍具有标志性意义。

### （二）无人机

无人机作为一种新的拍摄工具，可以帮助记者获得更丰富的新闻素材。它可以轻易实现航拍，让新闻的视觉画面实现 360 度全景再现；它还可以进入人难以进入的场合，如山谷、海面、封闭区域等，为人们带来更加丰富新鲜的影像。大家现在经常能够看到的全景新闻或者 VR 新闻，就离不开无人机的功劳。

 **相关案例**

#### 雪从天降：塔尼尔科瑞克的雪崩

2013 年，《纽约时报》约翰·布兰奇（John Branch）的作品《雪从天降：塔尼尔科瑞克的雪崩》（*Snow Fall：The Avalanche at Tunnel Creek*）获得了普利策特稿写作奖。该作品实现了文本、视频、图片、动画、音效等的完美组合，全景式地展现了雪崩当天的现场。

资料来源：作者根据网络资料整理，有删改

## （三）多信道直播云台

多信道直播云台是全媒体报道的单兵设备，集新闻信息采集、发布于一体，现场只需一名记者即可快速实现视频、全景、VR 等内容的同步直播与录制。通过设备后台的云控制台、云存储及流媒体服务系统，记者还可以一键同步实现 PC 端、新闻客户端及 H5 页面等跨平台视频内容的分发与适配，让多种媒体产品在同一平台快速生产聚合。

近年来，"两会"报道期间，光明日报社就使用了多信道直播云平台设备，披挂整套新闻采集系统的记者非常引人注目，被大家称为"钢铁侠"。光明日报社的多信道直播云平台可以同时为 16 家平台提供 3K 画幅、4M 码流的视频和 VR 信号，观众无须安装任何软件，即可通过手机裸眼观看高清 VR 直播。同时，通过光明网独有的多平台云适配技术，网友使用微博、微信等热门社交平台也可方便快捷地观看、分享、参与 VR 直播互动。

除了以上的专业设备，日常生活中能够进行新闻采集的器材也越来越多，如每个人手中的智能手机就可以用于融媒体的新闻采集。现在很多新闻媒体和互联网平台也都广泛征集和使用普通用户用普通手机采集的内容，大大降低了新闻采集的门槛。随着物联网的不断发展与成熟，实际上每一个拥有摄像头、传感器和射频装置的物品都有可能成为新闻素材采集的设备，从交通监控的摄像头到行车记录仪，再到每个人手中的手机，无所不在的摄像头都可以成为新闻业这个社会雷达的触角。总而言之，互联网将使新闻采集进一步现代化、普及化和日常化，新闻的面貌也必将因此而发生改变。

## 二、智能化的新闻信息加工

人工智能技术在新闻信息加工环节已经有很多成功的应用，如 AI 合成主播和机器人新闻写作等，在国内外取得较多成果的是机器人新闻写作。新闻写作机器人能够利用算法和机器学习，迅速搜集资料、数据，在数秒内完成新闻稿的撰写工作。对于新闻编辑过程中的标题制作、内容摘要撰写、校验稿件等工作，新闻写作机器人也能起到辅助作用。

### （一）机器人新闻写作

#### 1. 国外媒体在机器人新闻写作与编辑领域的实践

早在 2010 年"叙事科学"公司就推出了一款名为"Quill"的写作软件，用来撰写体育赛事及财经报道等。2014 年 7 月，美联社也开始使用科技公司 AI 制作的 Wordsmith 平台报道体育及财经新闻，该平台能够自动抓取收到的财经信息，同时结合美联社预先编辑好的写作结构及基本规范，几秒钟内快速自动生成新闻报道且错误率低于人工编辑。2015 年，《纽约时报》开发的机器人 R&D Editor 和路透社的机器人 OpenCalais 能够在编辑作者写稿时为其推荐文章可以采用的标签和关键词，并对完成的作品进行简单的审查。

近年来，机器人新闻写作与编辑在国外应用更加广泛，但智能算法技术尚未足够成熟，机器人编辑仍然只能作为人工编辑的辅助，完全用算法取代人工编辑是行不通的。因此，在未来相当长的一段时间内，仍需致力于如何能够更好地进行人机协作而不是用新闻机器人完全取代人工编辑。

#### 2. 国内媒体在机器人新闻写作与编辑领域的实践

2015 年 9 月，腾讯首次使用机器人 Dreamwriter 撰写财经报道，随后新华社的"快笔小新"也被用于体育和财经报道领域。2016 年 12 月，"微软小冰"与《钱江晚报》等媒体达成合作，成为国内首个人工智能记者，通过大数据分析追踪受关注的热点及话题，并在此基础上自动生成新闻报道，报道类型主要为盘点类新闻和预测类新闻。2017年2月，"微软小冰"成功预测了格莱美的主要奖项。

在机器人新闻编辑上，国内的相关成果较少，人机合作尚不成熟。目前国内的机器人编辑仍处于模式化编辑的1.0阶段，应通过不断丰富及完善算法来提高机器编辑水平。另外，国内的机器人新闻写作缺少广泛的数据来源。数据资源没有打通，官方数据库和企业数据仍存在使用壁垒。

当前，机器人写作在新闻生产中的应用领域还比较有限，主要用于天气新闻、体育新闻和财经新闻。这是因为这三个领域的新闻具有以下共同点：第一，高度数据化。无论是体育比赛的参赛者比分、结果、时间过程，还是财经领域的股票走势、企业报表、市场指标，抑或是天气领域的气候状况、时间、地点等都是高度数据化的。第二，高度模式化。这三类新闻大多属于消息题材，新闻事件发生的频率高，新闻作品彼此之间的关键性差异不大，因此很容易形成新闻模板。第三，高度精确化。这三类新闻中最有价值的就是各种数据，这是人工智能最擅长的部分，如果交给人类记者处理，出错的概率可能反而会增高。

### 3. 新闻写作机器人的其他探索

一是利用大数据精准分析用户的关注度。美国互联网新闻博客 Mashable 能够通过 Velocity 数据分析工具平台分析识别文章的传播趋势及分享饱和度，当某事件的分享达到95%则提醒编辑不再投入关注，反之则需要编辑进一步加大力度推动。

二是提供可视化的数据背景。路透社的 Graphiq 人工智能系统能够在极短的时间内依据记者编辑将要报道的事件主题，从数据库中抓取历史数据，并建立与报道内容匹配的可视化内容，在提升内容信息量的同时极大地节省了编辑记者的时间。

三是进行新闻事实核查。《华盛顿邮报》2012年开发的"Truth Teller"可以自动对新闻内容进行即时核查，但核查能力有限且其语音识别系统经常出现转码错误。英国的事实检查机构"Full Fact"致力于提高人工智能的情景分析能力，建立新闻自动核查的监控系统，通过检查公共数据，以概念验证的方式来核实新闻报道。2017年12月，新华社正式发布了媒体人工智能平台"媒体大脑"。该平台的"人脸核查功能"和"版权监测功能"能够有效地进行新闻事实核查。其中，"人脸核查功能"能够从海量的图片及视频资源中准确定位目标人物，极大地降低新闻事实核查的工作量，有效防止假新闻的出现。"版权监测功能"则通过网络中近300万个监测站点对各类原创内容进行保护，有效防止各类抄袭等侵权行为。

四是聊新闻机器人加强与用户间互动。《华盛顿邮报》开发的聊天机器人 Feels 能够帮助媒体收集新闻线索，如在美国大选期间通过聊天的方式收集用户选举的相关数据，从而分析判断美国选民的选举倾向。数字商业新闻网站 Quartz 是可以聊新闻的客户端，内容由人工编辑选择与制作，互动过程由机器算法自动实现。打开 Quartz，其界面是单纯的对话窗口，Quartz 会用聊天的方式向用户推荐新闻，用户也可以通过不断追问的方式对自己感兴趣的话题进行深度了解。聊新闻的方式能够有效地提高用户黏度，但并不是所有的新闻都适合以聊新闻的方式呈现。另外，目前聊天机器人与用户互动的流畅度、深度仍需提高，因此未来要加大力度提升机器人识别文本和语义的能力，让聊天机器人能够充分理解相同词语在不同语境中的意义。

### (二) AI 合成主播

2018年11月7日，在第五届世界互联网大会上，搜狗与新华社联合发布了全球首个全仿真智能 AI 合成主播。该 AI 主持人是在搜狗"分身"技术的支持下，通过人脸关键点检测、人脸特征提取、人脸重构、唇语识别、情感迁移等多项前沿技术，结合语音、图像等多模态信息进行联合建模训练后，生成的与真人无异的 AI 分身模型。该项技术能够将所输入的中英文文本自动生成相应内容的视频，并确保视频中音频、表情和唇动保持自然一致，展现与真人主播无异的信息传达效果。AI 合成主播能 24 小时不间断播报，还包括以"联接中外、沟通世界"为使命的英文"AI 合成主播"。AI 合成主播的使用将减少新闻媒体在后期制作的各项成本，提高新闻视频的制作效率等。

2020 年 5 月，全球首位 3D 版 AI 合成主播"新小微"（如图 2-1 所示）在全国"两会"开幕前夕正式亮相，这是继全球首位 AI 合成主播、站立式 AI 合成主播、AI 合成女主播、俄语 AI 合成主播之后，新华社智能化编辑部联合搜狗公司最新研发的智能化产品。和前一代 AI 合成主播相比，"新小微"实现了从单一景深机位到多景深多机位、从微笑播报到多样化精微表情播报等的进步，播报形态可通过不同角度全方位呈现，立体感和层次感明显增强。此外，"新小微"以其"微模块化"的特性，实现了灵活"变妆"，她的发型、服饰均能根据不同新闻和场景变换，这些功能是前一代 AI 合成主播所不具备的。

图 2-1　全球首位 3D 版 AI 合成主播"新小微"

智能新闻机器真的会完全取代新闻记者、编辑、主播等一系列媒体工作者吗？答案当然是否定的。短期内新闻机器人的写作与人类记者的写作相比还有相当大的差距，尤其对于人物专访、调查性报道、新闻评论等新闻体裁来说，仍然需要人类新闻工作者的智慧和才能。当前，机器人新闻写作要攻克的难题还有很多，包括如何使写作内容既精确又符合人类的自然语言习惯，如何生成深度而复杂的内容，如何生产多媒体内容，如何具备个性化内容表达等。从以下两则新闻中，能明显看出新闻机器人写作与人类记者写作之间的巨大差异。

 **相关案例**

新闻一：

### 8 月 CPI 同比上涨 2.0% 创 12 个月新高

腾讯财经讯　国家统计局周四公布数据显示，8 月 CPI 同比上涨 2.0%，涨幅比 7 月的 1.6% 略有扩大，但高于预期值 1.9%，并创 12 个月新高。

国家统计局城市司高级统计师余秋梅认为，从环比看，8 月份猪肉、鲜菜和蛋等食品价格大幅上涨，是 CPI 环比涨幅较高的主要原因。8 月份猪肉价格连续第四个月恢复性上涨，环比涨幅为 7.7%，影响 CPI 上涨 0.25 个百分点。部分地区高温、暴雨天气交替，影响了鲜菜的生产和运输，鲜菜价格环比上涨 6.8%，影响 CPI 上涨 0.21 个百分点。蛋价环比上涨 10.2%，影响 CPI 上涨 0.08 个百分点，但 8 月价格仍低于去年同期。猪肉、鲜菜和蛋三项合计影响 CPI 环比上涨 0.54 个百分点，超过 8 月 CPI 环比总涨幅。

余秋梅表示，从同比看，8 月份 CPI 同比上涨 2.0%，涨幅比上月扩大 0.4 个百分点，主要原因是食品价格同比涨幅有所扩大。8 月份，食品价格同比上涨 3.7%，涨幅比上月扩大 1.0 个百分点，其中猪肉、鲜菜价格同比分别上涨 19.6% 和 15.9%，合计影响 CPI 上涨 1.05 个百分点。非食品价格同比上涨 1.1%，涨幅与上月相同，但家庭服务、烟草、学前教育、公共汽车票和理发等价格涨幅仍然较高，涨幅分别为 7.4%、6.8%、5.6%、5.3% 和 5.2%。

资料来源：Dreamwriter，腾讯财经开发的自动化新闻写作机器人，根据算法在第一时间自动生成稿件，瞬时输出分析和研判，一分钟内将重要资讯和解读送达用户。https://www.sohu.com/a/31638575_163100. 作者有删改

以上是 2015 年 9 月 10 日腾讯财经频道发布的新闻《8 月 CPI 同比上涨 2.0% 创 12 个月新高》（如图 2-2 所示），内容中不仅包括 8 月份 CPI 的详细数值，还提供了国家统计局城市司高级统计师余秋梅等人的分析，与传统的财经新闻并没有什么区别，既没有事实性错误，也没有语法错误。但是，我们感受不到写作者的个人风格。

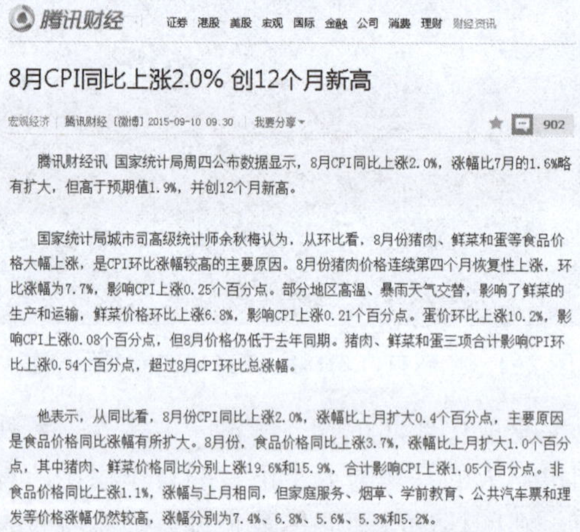

图 2-2　2015 年 9 月 10 日腾讯财经新闻《8 月 CPI 同比上涨 2.0% 创 12 个月新高》

**新闻二：**

#### 刚刚，沙特王储被废了

沙特国王萨勒曼 21 日宣布，废除王储穆罕默德·本·纳伊夫，另立穆罕默德·本·萨勒曼为新任王储。

资料来源：新华社微信公众号，https://mp.weixin.qq.com/s/75-QKDcu-0GWOKOP7iAk0g.

2017 年 6 月 21 日，新华社微信公众号发了一则新闻《刚刚，沙特王储被废了》（如图 2-3 所示）。这条新闻非常短小精悍，但突破了新闻写作常规，用了"刚刚"这样一种口语化的表达。仔细观察，我们还会发现这篇新闻中甚至有一个错别字，将"废黜"写成了"废除"，但有趣的是这一突破常规的甚至是错误的表达却引起了读者极大的兴趣。这条新闻

发布仅仅 10 分钟阅读量就超过了 10 万，新华社公众号 24 小时内涨粉超 50 万，"刚刚体"走红网络。在该条新闻下方，新华社小编们也积极和读者们进行了互动，其机智幽默的回复语言赢得了受众的广泛认可。新华社微信公众号用户部分评论截图如图 2-4 所示。从这一案例中我们能够发现，虽然人类写作的速度远远比不过机器人，甚至可能会犯错，但是人类写作更加生动灵活，更具个性与特色，这是机器很难做到的，至少在短期内无法做到。

沙特国王萨勒曼21日宣布，废除王储穆罕默德·本·纳伊夫，另立穆罕默德·本·萨勒曼为新任王储。

**图 2-3　新华社微信公众号截图**

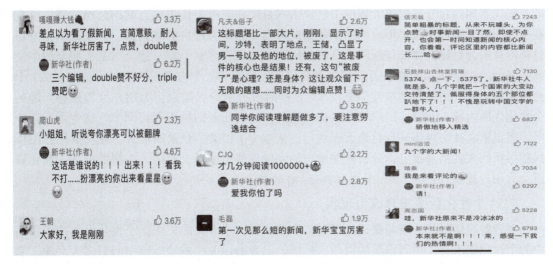

**图 2-4　新华社微信公众号用户部分评论截图**

当然，新闻写作机器人也可以通过结合其他技术来增强写作质量。例如，今日头条的写作机器人 Xiaomingbot 就通过自动翻译技术，加上人工编辑的干预，让自己的体育新闻写作更有趣味。但是，未来的新闻生产一定是人与机器的结合，人类智慧与人工智能的结合。

## 三、智能化的新闻信息分发

智能技术不仅改变了新闻采集与制作加工的方式，还极大地影响了新闻分发的主体、

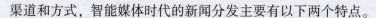

渠道和方式，智能媒体时代的新闻分发主要有以下两个特点。

### （一）生产端与分发端分离，互联网技术公司占据竞争优势

从当前的媒介市场看，新闻分发的主体是指能够为新闻内容提供分发渠道的平台商，新闻内容经由他们到达受众。当前媒体的新闻运营分发平台主要分为媒体自运营专业平台和商业化信息平台，后者本身不具备新闻采编制作的资质，只提供新闻信息转载等服务，其中，社交媒体平台和个性化新闻客户端是商业化互联网新闻分发的两种主要渠道，它们已逐渐赶超媒体自运营的专业信息平台。

在传统新闻生产流程中，新闻生产端和分发端密不可分，都牢牢掌握在拥有新闻生产能力的媒体手中。但是，在智能媒体时代，新闻生产内容极大丰富，单一的媒体分发端已经无法解决海量的新闻产品与用户的个性化需求之间的矛盾。另外，智能媒体时代的新闻个性化推荐是指以海量的用户数据为基础，运用相关算法分析新闻用户的兴趣、社会关系、生活习惯等特点，并对用户进行画像，以兴趣的重要程度为依据向用户推送能够满足其特定需求的新闻产品。这一新闻产品分发形式是基于移动端的，极大地依赖大数据技术、算法分析、场景识别、搜索技术等新兴科技。由于人工智能与互联网、计算机等技术一脉相承，这使具有强大技术实力的科技公司进入新闻市场分发端的优势十分明显。于是，一批拥有互联网背景的科技公司纷纷加入新闻产品分发的阵营，一系列以个性化内容推荐为主要特色的新闻聚合 App 应运而生。这类新闻 App 通过推荐引擎和机器学习来为用户筛选新闻产品，并不断通过与用户的互动来精准定位用户的兴趣点，从而不断优化推送内容的精准度。于是，新闻产品的分发端与生产端顺理成章地被分离开。

我国新闻内容分发权很大程度上已经由以百度、腾讯为代表的互联网公司掌握。百度利用其搜索引擎长期收集用户的搜索数据及阅读不断完善用户群体画像，并在此基础上通过机器算法为目标群体推荐新闻。百度新闻客户端依靠搜索引擎打造全球最大最全的中文新闻平台，30 秒内实时聚合万家媒体来源，覆盖全国 442 个省市，2 876 个区县，6 927 个商圈新闻，并采用独有的推荐引擎技术，5 秒内解析用户兴趣点，为用户推荐最感兴趣的个性化优质内容。同时，用户可以根据自己的兴趣对任意话题进行订阅，打造专属阅读空间。腾讯依靠社交媒体平台打造天天快报，采取 QQ 和微信登录的形式，在获取用户阅读兴趣习惯的大数据基础上，分析挖掘用户的兴趣点和关注点，通过人工智能推荐个性化资讯，为用户提供真正的"千人千面"的资讯浏览体验。

### （二）个性化新闻推荐成为现实

在智能媒体时代，新闻报道的深度与广度都得到了极大的扩张，个性化推荐技术使用户的个性化需求有了得到满足的可能。传统的记者编辑关注的是能够引起最多人兴趣、满足主流需求的具有普遍价值的新闻，仅有小部分人关注的非主流需求则因为人力有限而不得不选择放弃，这些曾经被迫放弃的内容被写作机器人生产出来，能够很好地满足用户的个性化需求，这部分长尾新闻内容的生产能够创造出更多的价值。

个性化推荐是算法新闻最重要的原则，它通过机器算法，从根本上解决了用户与信息匹配的问题。传统的新闻分发与新闻生产共同由媒体从业人员掌握；算法的兴起，则使用户在不同场景下产生的不同行为数据被记录、被储存、被识别、被筛选、被分析，进而与用户画像和用户需求相匹配。

根据不断优化的算法，设置不同用户的个性化议程，以今日头条为代表的个性化新闻

App赢得了用户的广泛认可。今日头条旨在打造最科学和精确的推荐引擎，以满足每一个人不同的兴趣为出发点，从简单的兴趣标签，到由此产生的分支，再到随时间变化而引起的兴趣更迭。今日头条的本质是一套由数百万代码组成的算法，大数据来自数亿用户以每天数十亿次上拉下滑，数百万次收藏、账外分享、点踩所产生的兴趣表达，将这些兴趣表达聚化成数百万个兴趣颗粒，并以每秒上百亿的处理速度不断优化推荐效果。依托今日头条独创的大数据算法，媒体及用户所创作的内容可以在数秒之内抵达目标读者的手机。

今日头条之所以能够为每个用户提供个性化新闻推荐，主要依靠三方面的支撑性因素：第一，用户画像。今日头条通过对用户信息的捕捉，了解用户的特征与需求。第二，海量内容。今日头条通过大量头条号发布的内容以及爬虫抓取的内容，建立了丰富的内容储存仓库。第三，算法推荐。今日头条根据用户的特征信息和历史浏览记录，为其迅速查找筛选并推荐相关内容。其中，用户画像的精确绘制是最关键的环节。使用今日头条等聚合类新闻应用时，用户首先要开放各种信息获取的权限，允许今日头条读取用户的位置，这样它才能够为用户推荐当地新闻。如果用户建立了好友列表，今日头条还会根据好友的浏览记录进行推荐。在用户浏览信息的过程中，平台会依据用户的阅读内容、阅读时长、搜索记录、评论情况等不断了解用户的兴趣和需求，用户的每一次浏览都可以看作是对算法输入的一次反馈，算法通过用户海量的浏览进行深度学习，不断进化，用户的画像在描摹的过程中更加精准，平台越来越了解用户，也就能带给用户越来越好的使用体验。实际上，个性化推荐应用广泛的领域并不只是互联网新闻，各类电商平台通过捕捉大量的用户信息，包括标签、购买记录、搜索关键词、关注人群、好友分类、微博内容、评论、转发偏好、所在位置、手机型号、使用时间等，来为用户推荐可能让他们感兴趣的商品。

当然，并不是所有的新闻平台都能够实现新闻的个性化推荐。以澎湃新闻为例，其很难做到个性化推荐，原因有两点：一是新闻内容不够海量丰富；二是平台缺乏算法推荐机制。一般情况下，由算法主导的个性化新闻推荐大多是平台型或聚合型应用服务的特色。而传统媒体和自控性内容提供者仍然主要采用由专业的新闻工作者主导的编辑推荐机制。从这个角度来说，澎湃新闻是典型的以编辑推荐机制为核心的自控型内容提供者，今日头条则是典型的以算法推荐机制为核心的聚合型内容服务平台。两者各有利弊，前者内容专业性更强，但缺乏创新，后者更具有时代特色，效率更高，却容易陷入信息茧房等怪圈。

值得注意的是，以算法推荐机制为核心的聚合型内容服务平台在经营上有较大的优势，除了能够提高效率、吸引用户，还能够累积大量的用户数据。在平台与用户的双向互动过程中，新闻聚合平台能够获取足够规模的用户数据，从而打造用户池，完成用户分群模型建构，同时协同过滤现有的内容平台，打通与其他资源之间的通道，通过多元的内容分发匹配，保持用户的黏性，为数据利用增值和变现带来更多可能。

总之，在未来，随着人工智能技术的不断成熟，基于位置、场景等因素的个性化推荐会日益普及，媒体通过手机及其他智能可穿戴设备等移动终端收集用户数据，根据用户所处的时间、地点、环境、生活习惯、实时状态等进行观察与分析，为用户推送满足当前场景需求的个性化新闻内容，并通过一种无偿化的方式使用户进入新闻之中，完成新闻的消费过程。

### 四、智能化的新闻信息消费

随着以智能手机为代表的移动互联网在生活中的普及，当代人尤其是都市人群获取新闻的典型场景发生了巨大的变化。所谓场景，是指社会个体所在的地理位置、生活情境和社会环境三个层面交织形成的聚合点。在智能手机大规模普及之前，用户在获取新闻的过程中花费时间相对较长，空间相对固定，主要集中在家里的客厅、餐桌或办公场所等。移动技术的飞速发展使用户获得了时空上的解放，也使用户获取信息的时间变得零散而随机，互联网新闻用户通常是在移动状态下进行着碎片化的信息消费。用户信息消费习惯的改变对新闻业提出了新的要求，也导致新闻业呈现出三个值得关注的新趋势，分别是个性化的新闻获取、碎片化的新闻内容和沉浸性的新闻体验。

#### （一）个性化的新闻获取

正如前文所述，当前的新闻传播越来越呈现为以个性化用户为起点的传播过程。新闻的接收者不再是被动的受众，而是主动进行选择的用户。随着互联网上的信息渠道近乎爆炸式的增长，提供同质化内容的大众媒体很容易被用户抛弃。现实生活中的用户都有自己独特的生活经验，由此催生了对世界的独特关注点，个性化需求的逐步显现要求媒体不能只提供千人一面的新闻，而应思考如何为用户提供他们所需要的、感兴趣的个性化新闻服务。

#### （二）碎片化的新闻内容

早在 2016 年，中国互联网络信息中心互联网发展研究部副主任王常青就在"网络媒体转型与跨界融合"分论坛中发表演讲，重点提示网络新闻用户单次浏览新闻在 30 分钟以上的用户比例高达 62.4%。新闻消费场景在时间和空间上的碎片化、移动化，加上用户选择的自由化和开放化，促使媒体不能再仅仅提供大容量、高密度和集中化的整合性新闻产品，而需要对新闻题材进行修正或对报道内容进行切割细分。当前，在电视新闻播出后对新闻进行碎片化处理和二次传播已经成为包括中央电视台在内的大多数电视台的常见做法，甚至部分电视机构在新闻选题采集制作编辑的时候就会考虑该新闻在互联网上进行碎片化传播的可能性。

#### （三）沉浸性的新闻体验

随着智能媒体技术的发展，各类智能设备不但能够助力用户摆脱地理空间和现实时间的限制，还能够帮助他们挣脱感官的束缚。在各类新设备中，VR 和 AR 设备最引人注目，它们给人类带来了感知世界的新方式，给人们构建出了一种超出符号化环境的临场化环境。人们不再只是通过符号间接体验世界，而是直接置身于一个与现实世界感官类似的三维虚拟世界之中。新闻媒体不断进入用户的贴身情景，虚拟现实、增强现实等新技术重塑了用户与现场的关系，为用户创造了沉浸式的消费体验。

与通过广播电视等传统媒体二维式的观看体验不同，用户借助 VR、AR 等智能技术，能够以一种不在场的方式亲临新闻现场，身临其境地感受新闻事件，减少新闻报道中出于各种主客观原因导致的信息缺失，从而获得更多的参与感与沉浸感。除此之外，VR、AR 等智能技术还能够为用户带来感知世界的新方式，让用户以更为真切的视角进入新闻现场，使每个用户都能够在新闻现场捕捉各种细节，或是基于用户自身的兴趣点，获得对整个事件的个性化观察角度，从而加深用户对新闻事件的认识与理解。央视网 VR 新闻截图如图 2-5 所示。

 **相关案例**

2020 年，受强降水和上游来水的影响，安徽安庆迎江区江心洲上的新洲乡最后一道圩堤永乐圩发生多处管涌险情，当地抗洪抢险的武警战士们紧急驰援，驻堤抢险，直至险情解除。中央电视台用 VR 新闻的方式对此进行了报道，作品包括航拍新洲乡永乐圩、武警官兵紧急驰援、堤坝加固现场、驻堤抢险、临时休息营地和官兵休整等六个部分，带领用户进入新闻现场，进行 360° 全方位的观察和体验，取得了很好的传播效果。

**图 2-5　央视网 VR 新闻截图**

资料来源：https://news.cctv.com/VR/anhuiaqkh/index.html?spm＝C94212.PUKAtiJ50h3v.S64120.5

智能媒体时代，以人工智能技术开发出的新方式、新手段、新趋势，在媒体发展中有广泛的应用空间。虽然短期内人工智能无法全盘替代人类的劳动，但至少在新闻媒体领

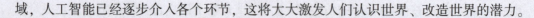

域，人工智能已经逐步介入各个环节，这将大大激发人们认识世界、改造世界的潜力。

## 五、智能化新闻的反思

智能技术的应用改变了新闻业面貌，甚至改变了新闻业运行的重要规则，我们无法抗拒智能化新闻迅速发展的大趋势，但也不能对其盲目乐观，只有在不断反思中前行，才可能找到更好的方向。

### （一）大数据威胁用户的信息隐私权

智能媒体时代精准的信息个性化推送必然建立在用户信息被全面数据化和可追踪化的基础之上，而这些通过传感器等各种智能设备收集的大数据，如果没有良好的机制保护，随时都有泄露的可能。信息的泄露不但会侵害受众的隐私权，甚至可能影响社会安全与国家安全。智能媒体时代，信息更加易得和耐久，任何用户都能够通过互联网随时存储和提取信息，由于互联网海量的信息存储能力和日益成熟的搜索引擎技术，这些用户信息被永久地储存在互联网上并随时可能被调用，而随着用户个人信息在互联网上的不断累积，其隐私遭到泄露的风险越来越大。目前，我国对互联网中个人信息隐私权的界定仍不明确，缺乏有效的法律保护机制，急需加快个人信息隐私权立法的进程。

### （二）个性化推荐加剧"拟态环境"与"信息茧房"效应

20世纪20年代，美国著名政论家李普曼在其论著《公共舆论》一书中最早提出了"拟态环境"这一概念。"拟态环境"指大众传播活动形成的信息环境，并不是客观环境的镜子式的再现，而是大众传播媒介对新闻和信息的选择、加工和报道并重新加以结构化后向人们呈现的环境。在传统媒体时代，版面空间、播出时间和频道资源都是有限的，传统媒体用有限的信息容量来反映无限的社会现实，必然会导致拟态社会的出现。在智能媒体时代，多元化的信息生产者带来多样化的内容并通过多样化的渠道迅速传播，但是这一信息环境对于真实社会的反映并不乐观。尽管从理论上讲，智能媒体时代传统媒体把关人的角色被削弱，原本那些被媒体排除的信息得到了进入公众视野的机会，信息内容看似更加多元化了。但是无论在社交媒体还是在新闻客户端中，数据及机器算法支撑的信息个性化推荐必然会导致部分信息被屏蔽，这部分被屏蔽掉的信息往往是受众不喜欢或者不愿意关注的。所以，从某种程度上来说，智能媒体环境下的拟态环境并没有消失，只不过这种拟态环境更多由受众的个人选择所决定。

"信息茧房"效应也同样解释了这一问题，即在信息传播中，由于受众自身的信息需求并不是全方位的，受众只注意自己选择的内容和使自己愉悦的信息，久而久之，会将自身桎梏于像蚕茧一般的"茧房"中。智能媒体时代，用户在新闻聚合App中的阅读行为会被记录，App根据用户的阅读习惯在下次推送内容时自动推送用户喜欢的内容，过滤掉用户不喜欢的内容，长此以往，用户能够接触的将一直是他喜欢、认同的内容，这将导致用户的阅读视野越来越狭隘。当然，"信息茧房"效应并非智能媒体时代的新产物，传统媒体时代，受众对信息的选择性接触也会导致"信息茧房"，但是智能媒体时代信息的个性化推荐机制无疑加剧了"信息茧房"效应。这一方面会导致受众对整体环境的判断能力降低，另一方面不利于公共信息的传播和社会意见的整合。信息个性化推荐是未来媒体的发展方向，但在追求更精准的信息个性化推荐模式的基础上，还要思考如何更好地为受众提供公共信息服务，达到社会整合的目的，找到个性化传播与公共信息传播的平衡点。

### (三)媒体进入"后真相"时代

"后真相"的概念在几十年前就已经存在,但是 2016 年由于英国公投和美国大选,该词的使用频率飙升,并入选牛津词典公布的"2016 年度英文词汇"。"后真相",是指情感和个人信念相对于客观事实来说,对形成民意的影响相对更大。互联网时代,被多元化海量信息包围的用户往往不重视寻找事实真相,反而更轻易地被各种情感、意见所煽动。而以网民个人为传播节点,以社交网络为传播渠道的社交媒体进一步加剧了"后真相"的现象。在社交媒体中,网民带有强烈个人感情色彩的意见与评论往往比事实更容易引起他人的关注与互动,而完全依靠大数据与机器算法的智能新闻生产模式很可能会带来更多情绪的激化而不是事实真相。因此,在智能媒体环境下,专业的新闻生产机构应更重视对事实真相的追求,在新的传播环境与传播技术下,重新寻找能够无限接近客观事实的新路线。

## "议"犹未尽 >>>

1. 谈谈你对个性化推荐的看法。
2. 你更喜欢传统的教育方式还是智能化教育?谈谈原因。
3. 请谈谈新闻领域智能化的利与弊。
4. 新闻工作者应当如何做到"守正创新"?

## 学海无涯

[1]喻国明,兰美娜,李玮.智能化:未来传播模式创新的核心逻辑:兼论"人工智能+媒体"的基本运作范式[J].新闻与写作,2017(3):41-45.

[2]张梦,陈昌凤.智媒研究综述:人工智能在新闻业中的应用及其伦理反思[J].全球传媒学刊,2021,8(1):63-92.

[3]罗自文,熊庚彤,马娅萌.智能媒体的概念、特征、发展阶段与未来走向:一种媒介分析的视角[J].新闻与传播研究,2021,28(S1):59-75+127.

[4]苏涛,彭兰.人的价值与自主性:智能传播时代的人类关切:2022 年新媒体研究述评[J].国际新闻界,2023,45(1):50-67.

## >>>>> 春风化雨　润物无声

#### 加快发展新一代人工智能(人民时评)

理解提问,快速给出回答;训练声音,翻唱经典歌曲;根据描述,绘出趣味画作……近期,基于大模型研发的生成式人工智能,展示了其在语言理解和内容生成等方面的出色能力,引发社会关注。

大模型赋能,生成式人工智能正在引发新一轮智能化浪潮。得益于庞大的数据、参数以及较强的学习能力,大模型增强了人工智能的通用性。从与人顺畅聊天到写合同、剧本,从检测程序安全漏洞到辅助创作游戏甚至电影……生成式人工智能加速进化。随着技术迭代,更高效、更"聪明"的大模型将渗透到越来越多的领域,有望成为人工智能技术及应用的新基座，变成人们生产生活的基础性工具，进而带来经济社会发展和产业的深刻变革。人工智能大模型由于具有强大的创新潜能，成为全球竞争的焦点之一。

经过多方努力，我国人工智能大模型已具有一定基础。在 2023 中关村论坛上发布的《中国人工智能大模型地图研究报告》显示，中国人工智能大模型正呈现蓬勃发展态势。据不完全统计，截至目前，10 亿级参数规模以上的大模型全国已发布 79 个。我国在大模型方面已建立起涵盖理论方法和软硬件技术的体系化研发能力。也应看到，人工智能大模型离不开多项技术的融合创新。在前沿基础理论和算法上，我国与国际先进水平还存在差距。筑牢智能时代的根基，需要瞄准短板，着力推动大模型领域生成式算法、框架等原创性技术突破。同时，还应发挥我国应用场景优势，进一步深耕垂直领域，以行业专有训练数据集为基础，打造金融、医疗、电力等领域的专业大模型，以高质量应用和数据反馈技术优化，帮助大模型迭代升级。

数据质量影响大模型"智商"。国际上一些大模型之所以领先，与大量公开高质量数据的训练息息相关。我国有海量数据和丰富应用场景，应逐步开放共享优质数据，通过制定共享目录和共享规则等方式，推动数据分级分类有序开放，让流动数据激发创新活力。例如，《深圳市加快推动人工智能高质量发展高水平应用行动方案（2023—2024 年）》提出，"建立多模态公共数据集，打造高质量中文语料数据"。期待各地各行业从实际出发，加强高质量数据供给，为大模型成长提供充足"养料"。

人工智能大模型研发周期长、投入大、风险高。经过数年持续研发，国际领先的大模型聚集了较好的资源和人才。当前，我国不少高校院所、企业正在做研发工作，在大模型、大数据、大算力等方面各有侧重，研发力量较为分散。作为追赶者，有必要进一步强化企业科技创新主体地位，整合优势创新资源，推动形成大模型产学研攻坚合力。

人工智能大模型带来的治理挑战也不容忽视。营造良好创新生态，需做好前瞻研究，建立健全保障人工智能健康发展的法律法规、制度体系、伦理道德。为促进生成式人工智能技术健康发展和规范应用，2023 年 4 月，国家互联网信息办公室发布《生成式人工智能服务管理办法（征求意见稿）》。新技术应用往往先于规范。着眼未来，在重视防范风险的同时，也应同步建立容错、纠错机制，努力实现规范与发展的动态平衡。

人工智能是新一轮科技革命和产业变革的重要驱动力量，加快发展新一代人工智能是事关我国能否抓住新一轮科技革命和产业变革机遇的战略问题。从战略高度着手，凝聚合力、攻坚克难、勇于创新，努力拓展理论和技术应用空间，必能更好培育壮大新动能，构筑发展新优势。

资料来源：喻思南. 加快发展新一代人工智能（人民时评）[N]. 人民日报，2023-06-16(5).

# 第三章　深度报道

在信息快餐时代，对于被碎片化信息包围的网民来说，能够深度解析新闻事件、具有直抵人心力量的深度报道作品更加难能可贵。与报道快速但主题和内容往往流于表层化的消息等新闻体裁相比，深度报道关注的议题往往更加重大，新闻事件的背景更加复杂，报道中呈现的细节更加丰富，报道的文本更加精致，文本的篇幅也更长，因此，需要专业媒体从业人员进行更深入的调查，进行更加专业的解析。

一般情况下，深度报道主要包括三大类：第一类是特稿，该类报道侧重讲述复杂故事；第二类是解释性报道，该类报道能够把专业门槛极高的政策议题和科技议题等解释清楚；第三类是调查性报道，该类报道往往致力于揭露公共利益是如何被侵害的。这三类报道都有自己独特的类型特征。

### 本章要点

> 1. 特稿的题材选择、采访与写作技巧
> 2. 公共政策报道的形成、实施与评估
> 3. 调查性报道的采访原则与深度"挖掘"

## 第一节　特稿

### 一、特稿题材的选择

特稿是一种篇幅比较短的非虚构写作。英国学者芭芭拉·劳恩斯伯里（Barbara Lounsberry）在其著作《事实的艺术》中概括了非虚构写作的四个特征：一是真实的记录。作品必须是写实的，来自真实世界。二是详尽的研究。要进行全面的观察、采访和调研，阅读大量的文献。三是场景的建构。通过作品叙述让场景如在眼前。四是精细的写作。从结构到语句都要追求文学性。

题材质量是特稿作品成功的基础，题材的选择能够体现出写作者对生活的感悟、对作品价值的判断、对事件和人物的洞察和对叙事角度的推敲。优秀的特稿题材往往关注家庭

或社会灾难对人类的挑战、对社会的破坏以及人类的抗争，作品致力于呈现变动不拘的世界和广阔幽深的人性。阅读这样的作品，读者可以具体感知世界显在与潜在的危险与美妙，深刻体会人性的复杂与高尚。

特稿写作的题材选择范围很广，无所不包，但要体现创新性，即使是同一题材，也要写出不一样的人物、不一样的遭遇，引起读者不一样的思考。因此，特稿写作要对社会生活进行深入调研和深刻感知，建立起意义、事件、情节、文本四位一体的思维模式，不能简单地把主题等同于故事，只从意义出发，用寓意的追求代替对事实的挖掘和对文本的精心打造。要紧追当下或历史的重大事件、重大政策和重要时刻，在丰富厚重的背景下找人物、找故事，综合考虑内在意义、人物故事、事件变化、采访难易、文本呈现等五个因素来选择题材。

 **相关案例**

普利策新闻奖即普利策奖，是现今新闻领域的国际最高奖项，被誉为"新闻界的诺贝尔奖"。

2023年普利策新闻奖特稿写作奖得主《华盛顿邮报》因其对与疫情、无家可归、成瘾和不平等现象做斗争的人们进行了余韵悠长的叙述，构成了一幅观察当代美国的特写画卷。该获奖作品目录如下：

1. 15号巴士上的愤怒和心碎（2022-06-05）；
2. 一个亿万富翁的道德盘算（2022-01-29）；
3. 美国的教育（2022-10-01）；
4. 修复破损的爱国者（2022-11-19）。

其中，《美国的教育》（见图3-1）一文笔者翻译如下（原文见附录）。

**图3-1　普利策新闻奖获奖作品《美国的教育》**

资料来源：https://www.pulitzer.org/winners/eli-saslow-washington-post. 作者翻译

**美国的教育——在美国历史性的教师短缺下，一位来自菲律宾的"最杰出教师"**
**试着帮助亚利桑那州一所陷入困境的学校**

在亚利桑那州牛头城，卡罗琳·斯图尔特在过去的五个月里一直在努力为牛头城学区寻找老师。现在，她走进拉斯维加斯机场，手里举着一块写着她最新员工名字的牌子。这位75岁的负责人在国际行李提取处徘徊，喊出了一个她刚刚学会发音的名字。"奥布雷克女士?"她说，"萝丝·珍妮·奥布雷克老师?"

她看到一个女人微笑着拿着一个大箱子向她走来。

"你是我们的新老师吗?"斯图尔特问道，但那个女人摇了摇头，走了过去。

斯图尔特把牌子举过头顶，拿出手机与亚利桑那州布尔黑德市以南100英里①的办公室联系。她所在地区的2 300名学生已经返校好几个星期了，但她仍然缺少近30%的教职员工，接连不断发往她邮箱的辞职信让她每天都像走钢丝一样紧急寻找代课老师并重新安排教室。另一位老师刚刚写信"通知"她请假两周，理由是"长期疲劳"。一份新的全州报告显示，自疫情开始以来，小学和初中的数学考试成绩下降了11个百分点。她的初中校长发了一条主题为"发泄"的信息，他写道："前两周我经历了最艰难的事情，我的老师们已经筋疲力尽了。他们来找我要说法，但我真的没有。就像我父亲过去常说的那样，我们离破产就差四个瘪轮胎，此外，再有一个老师离开，学校就无法运营了。"

斯图尔特在美国几家最具挑战性的公立学校工作了52年，但直到最近几个月，她才开始担心整个美国教育体系有失败的风险。根据劳工统计局的数据，自疫情开始以来，美国已经失去了37万名教师。缅因州已经开始招募夏令营辅导员来上课，佛罗里达州依靠没有教学经验的退伍军人，亚利桑那州已经取消了大学学位要求，但斯图尔特还在以38 500美元/年的起薪，努力寻找愿意在高度贫困地区教书的人。

她曾派招聘人员参加全州各地的招聘会，但他们回来时毫无所获。她曾在全国各地的大学校园和招聘会上做广告，最终为42个职位找到了6名合格的申请人。"从根本上说，我们现在需要人手。"她告诉学校董事会。他们同意雇佣20名从菲律宾搬到亚利桑那州农村沙漠地区的拥有硕士学位的外籍教师。

"请问你是斯图尔特博士吗?"斯图尔特转过身去，看到一位年轻女子，第一眼看上去会误以为她是学生。她身高不到5英尺②，背着一个背包，拖着两个大行李箱，指着斯图尔特的牌子说："那就是我。"

"奥布雷克女士!"斯图尔特拥抱着她，"你的行李箱比你还大，我来帮你。"

"谢谢你，夫人，但我自己来就好，我可以的。"

31岁的奥布雷克拿起她的包和斯图尔特一起穿过航站楼，去见当天下午早些时候抵达拉斯维加斯的其他几位菲律宾教师。

"旅途顺利吗?"斯图尔特问道。奥布雷克解释说，她4天前离开的家，花了6个小时到达马尼拉，因为签证文件延误等了一阵子，然后又飞了14个小时去美国。她举起手机，拍下了机场大厅、自动扶梯、快餐店，还有一块写着"欢迎来到拉斯维加斯"牌子的照片。

她说："这是我的第一次国际旅行，去往我的梦想之国。"

---

① 1英里=1 609.34米。
② 1英尺=30.48厘米。

"你一定很累。"斯图尔特说。

"还很兴奋，"奥布雷克说，"我非常渴望进入课堂。"

11位不同的教师给奥布雷克将要任教的福克斯克里克初中八年级代过英语课，包括校长、副校长、乐队指挥、一名垒球教练、一名学校董事会成员以及斯图尔特。一次，一位代课老师被派去教另一个班，斯图尔特就只好自己上了。

尽管她的名牌上印着"督学"，但一些学生还在冒犯她。他们把讲义折成纸飞机，在她讲课时说话。斯图尔特用尽了她50年的教学经验才控制住课堂，成功上完了整节课。当天结束时，她已经筋疲力尽，肌肉痉挛，在教师休息室里坐了45分钟才感觉能够走回自己的车。

"我们非常感谢你的到来。"她告诉奥布雷克。

"谢谢你给我在美国教书的机会，"奥布雷克说，"这将是我职业生涯的巅峰。"

她和另外三位菲律宾教师一起乘车离开机场，把她的手机按在窗户上，拍摄赌场酒店、市中心的高层建筑、郊区闪闪发光的水池和城郊整齐排列的棕榈树。文明开始让位于红土和锯齿状的岩层。汽车的温度计显示车外温度为114华氏度(约45.6摄氏度)。奥布雷克收起手机，看着热浪从沙漠中升起。

"我以为这里的绿地会更多。"她说。

"这不像电影中的美国。"菲律宾人安妮·奎瓦斯说，她已经在牛头城任教4年了，专程来拉斯维加斯迎接新老师。

奎瓦斯是疫情前受聘至布尔黑德市的首批外籍教师之一，当时学区已经开始注意到教师短缺的迹象。菲律宾和美国的校历、课程和评分系统相似，这就是美国学校在过去几年雇佣了1 000多名菲律宾教师的原因。大多数菲律宾教师拥有硕士或博士学位。在菲律宾，教学行业竞争激烈，平均每个空缺职位有14名申请者，教师不断受到评估，并与同行进行排名。

"你们的评级是什么?"奎瓦斯问同乘的其他人，他们都在当天下午早些时候第一次来到美国。

七年级的数学老师瓦妮莎·布拉沃说："我被评为杰出教师，在学校排名前五。"她留下了丈夫和3个儿子在家，3个孩子分别是15岁、12岁和10岁。

"我也是杰出教师。"希娜·费利西亚诺说。她的父亲在马尼拉开出租车。

他们看着奥布雷克，等待她的回答。奎瓦斯调侃道："如果你不好意思告诉我们也没关系"。

"最杰出的老师，"奥布雷克说，"去年，我在学校的42名教师中排名第一。"

这是奥布雷克努力了将近10年才实现的目标。她获得了教育学硕士学位，但她在任何地方都找不到教学工作。她曾在一家呼叫中心上夜班，在为7 000英里外的一家美国公司提供技术支持的同时提高了自己的英语水平，直到第17次教师求职，她才在拉卡洛塔城外郊区的一所学校找到了一份工作，年薪相当于美国的5 000美元。

她的七年级学生都是渔民和甘蔗种植者的孩子，他们很早就来到学校，即使他们必须步行一英里以上才能到达那里。他们尊称她为"夫人"。他们给她带来自己家做的午餐。他们在每周末写感谢信给她。他们渴望成为像她一样的工程师、医生或教师，他们自愿放学后留下来补课，而不是回家在甘蔗地里工作。奥布雷克为阅读困难的学生开设了一个课后项目。她带领的学校创新社团位居当地第一名。在疫情期间，她每天录制网课，并徒步前往偏远的村庄进行家访，直到她的雄心壮志让她得到了教师排名的第一名，她开始收到世界各地招聘机构的邮件。

奥布雷克和丈夫讨论过后一致认为，如果工资能增加 3 万美元，忍受分别之苦是值得的。她通过 Zoom 参加了新墨西哥州和亚利桑那州学校的面试，得到了持有 J-1 签证在牛头城任教的许可，该签证允许她在美国生活 3 年。她借了 8 000 美元的高息贷款，用于支付中介费、一张机票、两套新的教学制服，以及她计划与其他 5 名外教合租的一套两居室公寓的首月租金。

现在，太阳落在莫哈韦沙漠上，他们驶过一座小山，开始向布尔黑德城进发。布尔黑德市是一个拥有 4 万人口的小镇，与内华达州劳克林的赌场隔着科罗拉多河。她们开车经过河畔的拖车停车场与破败的墨西哥餐馆。

"欢迎回家。"奎瓦斯说。奥布雷克凝视着窗外被黑暗包围的城市灯光。"它比我想象的要小。"她说。"这里的一切都与你所期望的不同。"奎瓦斯说。

奥布雷克倒着时差，从地铺上醒来，换上一套新衣服，和福克斯克里克初中的其他 4 位外教挤上车，去与校长见面。校长莱斯特·伊斯曼正盯着电脑上的每日课程表，试着解决另一天的问题。他的学校本来应该有 3 个特殊教育老师，但现在只剩 1 个了。他还需要一位能帮忙教当天 5 节艺术课、5 节英语课、10 节数学课、10 节科学课和 5 节新闻课的老师。学校里所有的老师都必须在计划时间内多上一节课。伊斯曼整天都在教数学，副校长会代教艺术。"在沉船上堵洞。"伊斯曼一边说，一边填写完每日表格，然后离开办公室迎接新老师。

"菲律宾现在几点了？"他一边问，一边和他们握手。

"是明天，先生。"奥布雷克说。

"好吧，在你们开始上课之前，我们会给你们一点时间来调整。"伊斯曼说，然后他在想还有什么关于学校的事要提醒她们，以及他可以描述学校的所有方式。在新冠疫情爆发前不久，亚利桑那州给这所学校评定为 F 等级。标准化考试成绩显示，只有不到 20% 的学生精通英语或数学，超过一半的学生的成绩远低于他们的年级水平。在过去的 10 年里，全州范围内的教育经费削减了 45 亿美元，这让学校的上课时间缩减为每周 4 天，教师收入也是全国最低。事实上，该地区的许多教师现在超过退休年龄却仍在工作，并承担额外的课程，因为他们不愿离开已经被许多人抛弃的学生。学校的餐厅让每个学生都有资格在那里享受免费或降价的餐食。疫情的持续影响摧毁了这个赌场经纪人和酒店职工组成的工薪阶层小镇，造成近 1% 的人口死亡。每天早上，伊斯曼都会看到这样感人的一幕，家境相似的 600 名孩子穿着福克斯克里克的蓝色衬衫准时来到一所他有时担心会让他们失望的学校。

但至少在接下来的几周里，伊斯曼决定只让他的员工关注福克斯克里克校园生活的一个方面：学生行为问题。经过多年的远程和混合式学习，一些学生在 2021 年返校后几乎不知道怎么好好上课了。捣乱现象一直存在，停学率几乎翻了一倍。上一学年结束时，28 名教师中有 11 人辞职。现在伊斯曼指示剩下的教师，在能够控制课堂纪律前，不要教授新课。

"规则、程序、课堂管理，"伊斯曼说，"这些中学生可以像《侏罗纪公园》中的恐龙一样，他们测试围栏，他们突破边界。这是他们的 DNA。"

"纪律是至关重要的，"奥布雷克说，"一致性也很重要。"

伊斯曼说："有些孩子会表现得胆小、安静，把这件事当成吃午餐。一旦你们赢得了他们的尊重，你们都会做得很好。"

他带奥布雷克去了她的教室，她一天的工作就是观察。她一边写笔记，一边看着一位体育老师用口哨让全班安静下来。然后奎瓦斯进来教下一节课，她把奥布雷克叫到教室前面做自我介绍。

她说："我是奥布雷克女士，很荣幸能成为你们的新老师。"

"什么女士？"一个学生问道，"你能大声点吗？"

她点了点头，走上前去。"奥布雷克女士，"她再次说道。几个学生立即开始交谈。

"你严格吗？"

"你多大了？你看起来像高中生。"

"你结婚了吗？"

"你能再说一遍你的名字吗？什么老师？"

"请举手，"奥布雷克说，"接下来的一年我们将一起待在这间教室里。如果你尊重我，我就会尊重你。如果你爱我，我也会爱你。"

教室里的几个男孩开始大笑，然后又喊出更多的问题。"请一次一个。"奥布雷克说。但齐声的吵闹淹没了她的声音，直到奎瓦斯拍手。"伙计们，够了！"她说。她发了他们的单词作业，奥布雷克继续观察课堂，记笔记，直到下课铃响起。

"一切顺利吗？"伊斯曼后来在走廊里看到她时问道。

"我学到了很多，先生。"她说。

他向她竖起大拇指，走进办公室，打开第二天的课程表。26 个空格，19 名过度劳累的教师在他们唯一的计划期内留下来填补空缺。其中一位老师患有糖尿病，她从医生那里收到一张纸条，说她需要更多的休息来恢复健康。另一位老师告诉伊斯曼，他担心压力会导致心脏病发作。

伊斯曼说："这是一支非常敬业的教师队伍，但我们已经到了崩溃的地步。"他希望在一些监督和指导下，这些新外教能提供一定程度的缓解。他点击一个八年级英语课的空格，输入了一个名字："奥布雷克"。

她走到全班同学面前，双手紧握以防止它们发抖。"让我们从简单的事情开始。"她告诉学生们。体育老师坐在教室的后排，以备不时之需。她给每个学生发了一张白纸，并布置了第一项任务：把纸叠成一个名牌，用大写字母写下他们的名字，并抄下一些班规。"看到了吗？很简单。"她一边说，一边举起自己的纸，示范着把它折成三分之一。"有什么问题吗？"

前排的一名学生举手问道："我能去洗手间吗？"

"当然。"奥布雷克说。另一个学生也从他的座位上站起来。

"我也要上厕所。"他说。

"下次请举手，"她说，"但是这次可以，去吧。"

学生们开始折纸，奥布雷克走下讲台检查他们的进度。这个班里只有 24 名学生——是她在菲律宾标准班级人数的一半。他们有书包和完备的学习用品，他们有一间配备了最先进技术和空调的教室。"太棒了。"奥布雷克一边说着，一边看着一个学生在她的名牌边缘画满爱心。然后奥布雷克又转到后排，看到一群男孩围成一圈。"让我看看你们的进度。"奥布雷克说。一个男孩举起他的名牌，上面写着"甜甜圈人"，其他男孩哄笑起来。

另一个学生将纸折成纸飞机，还有一个学生的纸掉在了地板上，还把笔刺进了桌子的侧面。

"你还好吗？"奥布雷克问道，"你为什么不参加任务？"

"因为我的铅笔坏了，"他说，接着更用力地把笔敲向桌子，直到铅笔断成两截。他捡起那两截铅笔，递给她作为证明。"你想让我做什么？"他笑着问她。奥布雷克看了他一会儿，然后认定他的行为是她自己的错。也许她没有正确地传达任务。也许，她应该从讲授班规开始，让他们知道上课如何表现，而不是从制作名字标签上课开始。她走回教室的前面。"大家看这里。"她说，几个学生继续说话。"五、四、三……"她说。可是学生们仍然对她大喊大叫，直到体育老师吹响了哨子。"嘿！这样对我试试，看看会发生什么，"他说。"安静点，听老师的。"

奥布雷克向他点了点头，然后继续说："我希望这门课是系统的。"她说，"我们不是动物。我们不在丛林中。我们应该按规矩做事，否则我们会学无所成，对吧？"

"是的，伙计们。我们不是动物。"一名学生说，然后几个男孩开始发出丛林般的吵闹声，直到体育老师再次吹响了口哨。

奥布雷克说："如果你们想得到尊重，就请尊重我。人类应当能够遵循简单的规则。你们是来学校学习的，对吧？"

"不，我来是因为我爸妈让我来的。"一名学生说，侧身对他的同桌笑。

"是的，因为不知怎么的，你还没有被开除。"他的同桌回答，推搡着他的朋友的肩膀。

"因为这里的女孩们都很好。"这名学生一边说，一边朝朋友的手臂打了一拳。

"够了！"奥布雷克喊道，她的声音比她在菲律宾教书七年来的声音都大，"自尊和尊重的表现是什么？请举手回答。"

前排的一个男孩举起了一只手臂，手臂上满是马克笔画的井字棋游戏的图案。"好，"奥布雷克说，"感谢您的积极参与。"

"我可以上厕所吗？"他问道。

她叹了口气，点了点头，扫视了一下房间，寻找另一个举手的人。"还有谁？"她问道，"有人吗？记住，良好的配合对一节课的成功非常重要。"

"我可以上厕所吗？"另一个学生问道，但奥布雷克还没来得及回答，下课铃就响了。学生们冲出了教室。体育老师把哨子放在口袋里。"抱歉，他们有时候太残忍了。"他对奥布雷克说。然后他就离开去上下一节课了，奥布雷克独自站在房间里，努力消化刚刚发生的事情。在这堂课上，学生们上了16次厕所，只有7个学生完成了他们的名牌任务。

当另一节课开始时，她说："我有能力做得更好。"她会从介绍班规开始，她可以维持课堂秩序，她会"要求"学生们尊重她，而不是"请求"他们尊重她。

"我能去厕所吗？"过了一会儿，一名学生问道。奥布雷克摇了摇头。

"现在不行，"她说。"我们正在上课。"

学生拍了拍桌子，转头和他的朋友说："这个老师想让我尿裤子。"奥布雷克让他搬去教室另一面的桌子。

"说实话，这里可是美国，我们有权上厕所。"另一名学生说。越来越多的学生开始附和，奥布雷克用尽嗓子才盖过他们的声音。"我希望你们认真听课！"她说，"我们不是动物。我们是人，对吧？再这样下去我们就没法上课了。"

"我们不上了！"其中一名学生大声喊道，似乎在宣告胜利，其他人也开始叫嚷哄笑。

"请你们尊重我!"奥布雷克说，但似乎只有少数学生听到了她的声音。"五、四、三、二、一。"奥布雷克喊道，但他们并没有安静下来，当她数到零时只有更多的羞辱。她决定尝试一种她在菲律宾使用过几次的策略，安静地站在教室前面，保持沉默，一个一个地盯着学生，等待他们意识到自己的不良行为。一个男孩在咬他的衬衫领子。一个女孩用胶带把铅笔粘在每根手指上，然后用手抓旁边的男孩。两个男孩正在用他们的桌子玩碰碰车。一个女孩把杯子里的水倒进另一个女孩的嘴里，那个女孩把水吐到旁边的学生身上。"啊，老师女士? 我能去把这些口水洗掉吗?"学生问道。一个男孩站起来，故意被他朋友的腿绊倒。一个女孩正在白板上玩吊小人猜单词游戏。一个男孩走到教室前面，拿出一张卷成麦克风形状的纸，假装要采访奥布雷克。"那么，你觉得福克斯克里克的生活怎么样?"他问道。

"我听到下课铃了!"一名学生喊道，突然十几名学生从座位上站了起来。

"等我宣布下课!"奥布雷克抬头看着时钟说，因为她什么也没听到，也不确定是不是下课了。

"我们听到下课铃了。"另一名学生一边说一边打开门准备离开。不久学生们就都走了，教室里空无一人。奥布雷克用手捂住酸痛的喉咙。她擦去白板上的吊小人猜单词游戏，开始收集地板上的几个纸飞机和纸条。"你能理解她吗?"其中一张纸条上写道，她把它扔到垃圾桶里，然后拿出手机，手机里有她丈夫的短信。"我为你感到骄傲，"他写道，"我知道你会给他们留下深刻印象。"她擦了擦眼睛，把手机放回钱包，直到这时，她才听到下课铃响了。

她想放弃，她想离开布尔黑德市，穿越沙漠回到拉斯维加斯，然后飞往卡洛塔市，但她距离菲律宾有 7 000 英里远，还欠下了 8 000 美元的债务。她能想到的唯一能去的安心的地方，就是放学后，大厅的几扇门外，奎瓦斯空荡荡的教室。另外 3 位新来的外教已经坐在教室里，从他们白天的劳累中恢复过来了。奥布雷克把包放在地上，走过去和他们会合。

"我甚至不知道该说什么。"她说。

"在这里教一天课就像在菲律宾教一个月。"另一位老师说。

另一位老师说:"教这里的 5 个学生相当于教我老家的 20 个。"

"我不知道怎么应付他们，"奥布雷克说，"我无法和他们沟通，我教不了他们。"她看着奎瓦斯，"如果我让你失望了，我很抱歉，夫人。还有什么比第一天上班就哭更失败的呢?"

"哦，六个月来，我每天都这样。"奎瓦斯说。其他老师都难以置信地看着她，她们知道奎瓦斯是美国式自信的典范，她有自己的 YouTube 频道来分享教学技巧，还刚当选为布尔黑德市学区的月度最佳教职工。"我曾有一整年都是这里最差的老师，"她告诉他们，"学生们躲着我跑，我失去了信心，我想回家。"

她告诉他们，她花了 1 年时间还清了国际教学中介的债务，花了 2 年时间拿到了亚利桑那州的驾照，花了 3 年时间搬出了她与其他外教合租的房子，搬进了自己的公寓。她申请了 J-1 签证的延期，以便在布尔黑德市多待两年，同时继续研究如何与学生建立牢固的关系。"你必须证明你真的很关心他们。"她说。于是她去了一元店，自己花钱买了美术用品，并在首映之夜把教室装饰得像电影院，有红地毯、贵宾门，还有一条写着"每个学生都是明星"的横幅。她开始参加学生的体育比赛，放学后留下来参加排球和篮球比赛，并在 YouTube 上观看视频，学习美式橄榄球的规则。她看了学生们在课堂上谈论的每一部漫威电影。每当有学生令她印象深刻，她会打电话给他们的父母，不但表达关心，而且不吝赞扬。她逐渐摆脱了菲律宾人对课堂礼节的本能，开始询问学生们的生活，他们向她介绍了一个与她最初预期截然不同的美国：家庭虐待、无家可归、吸毒过量死亡人数激增、阴谋论、孤独、自杀、酗酒和贫穷，每一点都和她在菲律宾遇到的任何事情一样糟糕。

"很多时候，他们都很颓丧，很受伤。"正因如此，她开始钦佩同事们的奉献精神，欣赏学生们的坚忍、不羁、勇敢、坦率，以及最重要的，他们的脆弱。在一所找不到足够老师的学校里，她把自己变成了最受欢迎的老师之一，但当她的签证在 8 个月后到期时，她必须依法返回菲律宾。

"这里的学生很难相处，但他们需要你，"奎瓦斯告诉其他老师，"也许你可以做点什么来激励他们，给他们更多的希望。"

"我不知道我是否能帮助他们。"奥布雷克告诉她。

"不然就没有其他人了。"奎瓦斯说。

第二天早上，这位来自拉卡洛塔市的顶级教师站在教室外，准备教学生如何学习。"这就是你们进入教室的方式。"她一边说，一边让他们排成一排，领着他们进去。"这就是扔掉垃圾的方式。"她说。她带他们走过垃圾桶时，把一张纸直接扔了进去。"这是你们坐在位置上听课的方式。"她说着弯腰坐在座位上，展示静坐的样子。"这是你上课的方式。"她举起右手说。

他们当天的课程是三个自然段的阅读理解练习，这种作业奥布雷克和她在菲律宾的七年级学生一起花大约 20 分钟就能完成。但在福克斯克里克，根据他们的州级评估，只有 19% 的八年级学生精通阅读，所以她计划慢慢来，使用她在硕士课程中学到的一种教学策略，即高阶思维技能，其中包括在故事的每一句话之后提出一系列简单的理解问题，来建立学生的信心，鼓励课堂参与。她分发了学校预先计划的课程作业，并大声朗读了故事的标题：生命、自由和胡志明。

"好的，那么我们今天阅读的标题是生命、自由和什么?"她问道。

"胡志明?"一些学生说。

"是的，非常好。"奥布雷克告诉他们。她找人大声朗读这个故事，当没有人主动举手时，她指着前排的一个男孩。

"真的吗?"他说。奥布雷克朝他点了点头。"好吧，随便吧，"他说，然后低头看着故事，"'到 1941 年，胡被称为是……'抱歉。我不认识下一个词。"

"强烈，"奥布雷克说，"接着读"。

"好吧，是的，强烈。'越南独立的强烈支持者。胡……'"

"胡!"另一个男孩笑着喊道。

"闭嘴，让我读下去。"学生说。

"哇，别乱说话，兄弟。这里不是丛林，记得吗?"

"是啊，那我过来打你的嘴怎样?"

"够了!"奥布雷克喊道，但几个学生继续大笑大叫，扰乱了阅读，直到最后另一位老师从隔壁的教室走过来。"你们觉得我隔着墙都能听到你们说话很有趣吗?"他说,"这一点都不好笑,这很尴尬,表现好点。"学生们花了半个多小时读了7个句子,奥布雷克嗓子变哑了。"拜托,我能感觉到,为了让你们听课,我是在伤害自己。"她把手放在喉咙上告诉他们,然后她指着课文,让另一名学生读一段关于胡志明如何从《美国独立宣言》中获得灵感的文章。

"好的。"学生念完后,奥布雷克说,"胡志明远在大洋彼岸,你们认为他为什么要以美国为榜样?"

学生们回望着她。

"为什么是美国?美国有什么特别之处?"

"快钱和快餐。"一名学生说。

"好吧,是的。快餐输出了。但是什么让这个国家变得伟大?"

她等了一会儿,学生们开始互相交谈,写笔记,折叠飞机,在座位上跳来跳去,凝视着天花板,把头靠在桌子上,直到最后一个女孩举起手,从座位上站了起来。"我可以上厕所吗?"她问。奥布雷克点了点头,转身面对同学们。

"美国是自由的灯塔,不是吗?"她问道,"你们受过教育,你们能够独立,你们可以取得任何成就,对吗?"

奥布雷克环视了一下教室,发现没有人举手,没有人回答,也没有人能打消她心中日益增加的疑虑。所以她再次问了这个问题。"难道美国不应该成为世界的榜样吗?"她问道。

## 二、沉浸式采访

沉浸式采访是一种特殊的采访形式,需要跟写作对象进行长时间的、频繁的交流,并在交流中细致地观察人物和世界的微妙之处。这与非虚构写作的特点一致。非虚构写作需要的细致的场景、立体的人物、曲折的情节等都必须建立在沉浸式采访的基础之上。沉浸式采访需要注意以下六点。

第一,尽量去现场。在条件许可的前提下,一定要努力进入当事人现在或曾经的生活场域。

第二,要充分了解情况,随时关注进展。要充分掌握写作对象的生活习惯和近期要做的事情,时刻关注重要事情的时间节点,如打官司开庭的时间,春节、清明节等重要的节日。

第三,要把握到写作对象做事的逻辑。我们不能认同所有的写作对象,但应持一种理解的态度。

第四,要多进行侧面观察。观察的内容包括人物、外表、动作、性格、与他人的关系、事发地的环境、风土人情等各方面的细节,甚至可以亲身体验当时当地的生活,寻找写作的灵感和窍门。

第五,尽量多地收集书证和物证。尽量找到一手材料,方便的话最好录音或录像。

第六,提问。提问是一种探寻,把采访仅仅等同于提问是比较狭隘的。虽然提问非常重要,当事人的动机、困惑、情感等,有时候必须要靠提问才能够知道,但是优秀的特稿写作者绝对不会依赖提问。

 **相关案例**

**案例一：**

美国作家杜鲁门·贾西亚·卡波特(Truman Garcia Capote)的代表作长篇纪实文学《冷血》是根据作者实地调查堪萨斯城凶杀案所记录的材料写成的。从1960年到1966年，卡波特不仅采访了案件的关键人物，还访问了大量的市民，尽可能多地接触各色人等，其中有不少人后来成了他的朋友，对他的写作提供了有益的帮助。卡波特跟当事人面谈的时候几乎不做笔记，全靠训练有素的事后追记，他跟采访对象非常亲密，据说甚至产生了情感联系。他声称经过多年的调查研究，他积累的重复杀人案件卷宗有220份，笔记有6 000多页，在此基础上，卡波特以一种对凶手和被害人一概不表同情的态度写成《冷血》，赢得了普遍的赞扬。

资料来源：https://baike.baidu.com/item/%E5%86%B7%E8%A1%80/3673625. 作者有删改

**案例二：**

1961年，耶路撒冷地方法院对纳粹战犯、"犹太问题最终解决方案"重要执行者阿道夫·艾希曼开展了一场旷日持久的审判。检察机关提交的书面材料规模之广、提供的时间证人数量之大，令艾希曼审判成为纽伦堡审判以来最大的一次审判。

美籍德国犹太哲学家汉娜·阿伦特为了给《纽约客》连续报道逃亡的纳粹军官艾希曼在耶路撒冷如何斗争，不仅亲赴庭审的现场，还仔细地研究庭审记录的副本、警方提审笔录、公诉方提交的档案材料、16名证人的证词、艾希曼本人的70页手稿，除此之外，他还阅读并收集了大量的相关书籍、文章和新闻报道。最终，汉娜·阿伦特就这场审判为《纽约客》写了五篇报告，后结集成书——《艾希曼在耶路撒冷》，该书详细记录了这次引发全球关注的审判全过程，并结合对大量历史资料的分析，提出了"平庸的恶"的概念。

资料来源：作者根据网络资料整理，有删改

**案例三：**

《新闻调查》希望记者能直接采访到新闻当事人，有很多面对面的谈话可以展现语言交流本身的张力。其实，面对面的采访可以包含很多信息，除了语言本身，还有表情、态度，这些东西是很难掩饰的。在交谈的过程中，很多东西你可能并没有注意到，如细微的表情和动作。但当你后期剪辑时，这个人的脸被放在荧屏上，他的所有细微的表情都会被放大，这时候你会发现，他在镜头前的撒谎或者掩饰，其实都是有迹可循的。采访是好看的，但一定要采访到位，所以《新闻调查》始终是要有记者介入行为，要和当事人进行直接对话的调查类节目，我们希望自己的评论不多，因为那是新闻评论类节目的事情，我们希望观点源于事实本身。

——《新闻调查》编导王晓清

资料来源：作者根据网络资料整理，有删改

### 三、特稿的写作

特稿写作的特殊之处在于其对文学手法的借鉴，主要体现在以下两个方面：一是场景化写作，二是讲求故事线。

第一，场景化写作。

场景化写作要求作品中包含大量具体场面、动作、过程和细节的场景。优秀的特稿往往是一个场景接着一个场景，背景的交代和人物内心的刻画都蕴含在场景的描摹之中。

场景化写作中最核心的要求是明确区分事件时间和作品时间，这里的时间既包括时间的顺序，也包括时间的长度。在时间顺序上，我们要确定作品中现在的时间，然后灵活地运用"顺叙""倒叙"等来安排特稿中的时间。在时间长度上，叙述时间比实际发生的时间短则为概述，也就是简单交代一下，甚至直接省略不提。即使在特稿中，概述也是很有必要的，因为没有概述几乎没法完整叙述一件事。但如果通篇都是概述，那可能就不是特稿写作了，特稿写作应当给读者营造身临其境的现场感，因此必须深描若干具体的场景，让读者感觉到作品的叙述时间基本等于事件发生的时间，或者说事件有多长、动作有多复杂，就写多长、写多详细，才能给受众带来临场感。除此之外，叙述时间明显长于实际发生的时间被称为暂停，详细的文字叙述就像定格镜头一样，铺陈渲染某一个特殊的瞬间。仍旧以上文提到的2023年普利策新闻奖特稿写作奖《美国的教育》为例，该文开篇的时间标识就明确告知读者此时此刻的场景，将读者带入在机场焦急等待的场景之中。文章开头是这样写的：

在亚利桑那州牛头城，卡罗琳·斯图尔特在过去的五个月里一直在努力为牛头城学区寻找老师。现在，她走进拉斯维加斯机场，手里举着一块写着她最新员工名字的牌子。这位75岁的负责人在国际行李提取处徘徊，喊出了一个她刚刚学会发音的名字。"奥布雷克女士？"她说，"萝丝·珍妮·奥布雷克老师？"

她看到一个女人微笑着拿着一个大箱子向她走来。

"你是我们的新老师吗？"斯图尔特问道，但那个女人摇了摇头，走了过去。

第二，讲求故事线。

特稿写作中的故事线是文章的结构和主要情节。与简单传递新闻要素的消息等不同，特稿要注重呈现人物和事件的复杂变化，通过变化中的波折、高潮、结局等来吸引读者，让其获得沉浸式的阅读体验。

**相关案例**

我们一般说好的新闻调查的选题起码有三个回合，一期节目10分钟或者15分钟一个高潮，你讲一个故事，这个故事有三四个回合，要有这个情节线，才能吸引观众来看。有的故事有一个回合或者两个回合就完了，这样的片子更适合《焦点访谈》去做，我们要求故事有曲折性。

——《新闻调查》制片人张洁

资料来源：作者根据网络资料整理，有删改。

特稿故事中的行动者，不管是做好事还是坏事，总会碰到困难或者障碍，他如何克服困难，如何跨越障碍，最终的结局是成功还是失败，这些情节的展开就是故事线。多数特稿采用的故事线都是以下这种结构模式：交代故事背景和主人公—推动故事发展—出现危机—达到高潮—结局（问题得到解决）。这一模式体现了事情的变化，直至最终问题得到解决。但在实际的写作中，我们不应当被模式束缚，而要根据题材选择最适当的故事线。例如，下面这则案例就是从该结构模式的第三步"出现危机"开始写的。从最危险的时刻开场，不但能够有效驱动事件的叙述，还能够巧妙设置悬念，吸引读者的注意。

 **相关案例**

2012 年获得美国杂志协会奖（American Society of Magazine Awards）特稿奖的《风袭乔普林》（Joplin：*"Jesus! Jesus! Jesus!"*）报道了 2011 年 5 月美国有气象记录以来单次致死人数最高的龙卷风袭击密苏里州小城乔普林之时，一所加油站附属便利店的店员鲁本和 22 个前来避难的路人如何幸免于难的故事。在这篇报道的结构安排上，作者卢克·迪特里奇（Luke Dittrich）突破了传统的模式结构，从事件的中间写起，即最后一拨到便利店躲避的一家四口如何顶风冒雨进店，此时，便利店即将被风卷走。这样的开篇不但能够快速将读者拉入危险情境，又能够巧妙设置悬念，使整篇报道充满了戏剧张力。

资料来源：http://www.qnjz.com/index.php?a=show&catid=31&id=38553. 作者有删改

# 第二节　解释性报道

哥伦比亚大学新闻学院的麦尔文·曼切尔（Melvin Mencher）教授曾经说过，人们不仅仅满足于知道发生了什么，他们还想知道这些事为什么发生，它们意味着什么，结果又是什么。在信息爆炸时代，对新闻现象、新闻事件等的解释成为广大受众的迫切需求。例如：为什么年轻人失业率这么高？"神舟十七号"发射成功有什么意义？高温天气能增加多大的死亡风险？面对即将死亡的病人，医生能做什么？大城市挣钱，小城市安家，有什么问题？凡此种种，都需要解释性报道发挥作用。

## 一、解释性报道的概念

所谓解释性报道，一般是指对重大的政治、军事事件，复杂的社会现象，精深的经济和科技问题等进行描述解析，以展示过程、探究原因、揭示意涵和预测趋势为内容的报道样式。解释性报道关注的内容大多为复杂的公共政策问题和科学问题。

## 二、解释性报道之公共政策报道

公共政策报道往往采用事件化、问题化、规则化的报道模式，以典型个案的报道来推动政策完善，抓住公共政策形成、实施和评估这三个阶段的关键问题来进行深度解析。

关于公共政策的概念，目前尚未定论。行政学鼻祖托马斯·伍德罗·威尔逊（Thomas Woodrow Wilson）认为，公共政策是由政治家制定的，并由行政人员执行的法律和法规。哈罗德·D. 拉斯韦尔（Harold D. Lasswell）认为，公共政策是一种含有目标价值和策略的大型计划。在这里，我们宽泛地认为凡是决定政府做什么事和如何做的计划和规定都可以叫作公共政策。公共政策报道的数量和质量将直接影响公共政策的民主化和科学化水平。越是文明的社会，新闻介入公共政策的程度越深、范围越广，公共政策准备解决的问题就越多来源于新闻报道。

公共政策报道的议程往往起源于公众强烈关注的焦点事件，其报道主要包括三个阶段。

### 1. 政策形成阶段的报道

这一阶段公共政策的重点是针对要解决的问题展开调研并提出解决方案，征询各方面的意见以确定政策的内容。这一阶段的报道应注意以下八点。

一要体现方案提出者的调研行动和起草的过程。

二要比较各种备选方案的预期风险成本和收益。

三要分析各种方案所代表的相关利益群体的利益得失。

四要充分反映利益相关方对政策草案的意见表达。

五要尽量公开政策制定过程中的博弈、权衡、妥协的过程。

六要努力还原政策试点的情况。

七要提醒公众注意没有完美政策。

八要监督程序是否合法公正。

需要注意的是，虽然在理想的政策制定过程中，人们应当采用理性的决策模式，但是因为各相关方目标的差异、观念的不同、信息的不平衡等，实际上公共政策的制定往往是一个不断摸索调试的过程，科学方法的运用、政策的制定、机构的行为习惯、领导者的个人作用等都会影响公共政策的制定。

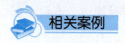 相关案例

张海超开胸验肺

张海超是河南新锐的一位普通农民，他曾经持续多年有感冒的症状，经过河南省多家医院诊断，他的疾病被判断为疑似或者怀疑尘肺，但是郑州市法定职业病诊断机构的诊断结果却是无尘肺。为了申请职业病鉴定，2009年9月，他选择到郑州大学第一附属医院开胸验肺。该事件经媒体报道以后，卫生部派出专家到郑州督查，张海超最终被诊断为三期尘肺。从无尘肺到三期尘肺，两个诊断差异非常之大，身处旋涡中的郑州市职业病防治所作出解释说，对张海超的误诊是由于他们的专家组业务水平不高。针对该事件，卫生部官网发表文章称"与业务水平不高相比，更可怕的是诊断机构的冷漠和维权成本的高昂"。

按照我国当时的法律，诊断职业病所需的材料主要有劳动关系、临床诊断、作业现场检测。这些材料既可以由工厂提供，也可以由劳动、卫生和安全监管部门在行使监督职业卫生职能后提供。但当时这些主管部门在为各自的执法范围争执，工人只能面对"一个人在战斗"的窘境。在舆论的推动下，职业病鉴定的法规进入了修改程序。

2010年11月4日，国务院法制办向全国征求职业病防治法诊断鉴定制度条文草案的意见。为了帮助公众理解张海超的困境并对法规的修改发表意见，媒体刊发了大量的解释性报道，这些报道大多具备以下特征。

第一，以遭遇职业病鉴定难题的张海超的故事为线索，在草案中逐条对照解释张海超式的困境是如何解决的。比如，针对用人单位不提供病人的职业史、职业病危害接触史这

些资料，或者病人对用人单位提供的资料有异议，仲裁委不受理等情况，草案提出病人可以向当地劳动争议仲裁委员会申请仲裁，确认劳动关系，解决与职业病相关的劳动保护争议。接到申请的劳动争议仲裁委员会应当受理张海超的困境。

第二，突出有关条款，着力解决问题。报道突出职业病鉴定要着力解决用人单位不提供或者不如实提供职业病诊断所必需的职业病危害接触史、工作场所职业病危害因素检测评价结果的时候，怎么保证诊断鉴定工作顺利进行。

第三，清晰地勾勒了有关条款的修改思路。报道详细解释了职业病鉴定的修改目的，即进一步明确用人单位在职业病诊断中的责任，通过适度的制度倾斜，在可能的情况下，最大限度地保护职业病患者的合法权益，以及充分利用现有的争议解决机制，尽可能地跟现行法律制度相衔接，以减少制度执行成本。

第四，简要介绍了尘肺病等职业病在我国的发生情况。报道援引了当时卫生部公布的最新数据，介绍了在各类职业病当中，尘肺病仍然是我国最严重的职业病，2009 年报告的尘肺病的病例数占了职业病报告总例数的 79.96%。

第五，明确告诉读者发表意见的三种方式：一是登录中国法制信息网提出修改意见；二是把修改意见信函邮寄到国务院法制办公室；三是通过电子邮件把修改意见发送给国务院法制办公室。

这些解释性报道抓住了个案反映的困境与政策之间的内在关联，对完善政策是很有帮助的。

资料来源：https://www.icourse163.org/course/NJU－1462048162?from＝searchPage&out Vendor＝zw_mooc_pcssjg_．作者有删改

### 2. 政策实施阶段

政策实施阶段是对已经选择的政策方案的执行。在实施阶段，政策被分解成了各种规则、方法和程序，并通过政府行政体系去贯彻。这一阶段的报道重点主要包括以下三点。

一要探究公共政策执行为什么会出现偏差。在现实社会中，没有完美复制般的政策执行，政策意图和政策实施之间必然是有差距的。一般情况下，我们可以从以下三个角度来观察政策执行出现偏差的原因：第一，是否政策制定者有意给执行者预留了灵活处理的空间；第二，执行者是不是从自身利益出发过滤了公共政策；第三，政策实施过程当中是否缺乏有效的督促和监督。

二要注意探讨公共政策实施怎么才能不走样。需要注意的是，政策实施的条件往往是不完美的，行政体系多元化、执行标准和规则不统一、信息沟通和协调不到位、行政资源调动不充分等都有可能妨碍公共政策的实施。

三要盯住细则程序和时间表。只有记者专业执着且持续的监督，才能激活公共政策的实施。

### 3. 政策评估阶段

政策评估是对政策的实施过程和效果进行全面评价，并对政策的维持、修改或终止作出决策的过程。

政策评估阶段的报道应当注意以下三个原则。

一是效用原则。要评估政策目标是不是实现了。

二是效率原则。要评估政策是不是在尽可能短的时间内对解决问题发挥了作用。

三是经济原则。要评估政策发挥作用的成本是不是最低。

政策评估过程中需要注意：

一要对照政策制定之初的问题，看问题解决得怎么样。

二要尽量采用国际公认的标准对政策的执行效果进行评估。

三要关注政策修改的细节和废止之后的善后。

以上即是公共政策报道的三个阶段。需要注意的是，这三个阶段是循环往复的，旧政策修改或者废止后可能又会开启一个新的循环。

## 第三节　调查性报道

调查性报道是深度报道中最困难的类型，它是记者独立发现并进行公共利益被侵害的事实和过程的报道种类。调查性报道往往具有以下三个特点。

第一，调查的是侵害公众利益的事件。

第二，调查的基本事实可能被有的机构或者个人刻意隐瞒。

第三，调查结果是记者独立调查发现的，不是靠司法机关侦破的。

调查性报道需要着重解决以下三个方面的难题。

一是报道的选题必须真正关乎公共利益且具有样本意义，也就是普遍存在。

二是报道要建立在扎实证据的基础上，要有多方面的书证、物证，甚至是当场取证。

三是调查性报道的发表可能会面临多重压力。

### 相关案例

你要挖掘一个事件的深度和实效，这本来就是矛盾的。等事件沉淀下来，回过头来看看你就知道哪些信息是真的，哪些信息是假的了，我们不急于表态，否则容易犯很多错误。在收视率的压力下，我们也会做一些比较快的节目，但我们会把握一个语态，就是不要下结论。尽管如此，我还是觉得那不是新闻调查标志性的节目，我们的核心产品还是：第一，对当下的热点事件做尽量准确和深入的调查。同时，我们所选择的事件最好有一定的社会普遍性，一些太极端个体的事件一般不会进入我们的选题范围。第二，就是社会问题的分析。例如，某个社会问题在这个时代值得重视，那么我们会围绕这个主题展开调查，当然也会寻找一些比较典型的案例来承载这个主题。

——《新闻调查》编导王晓清

资料来源：作者根据网络资料整理，有删改

### 一、调查性报道的采访原则

#### 1. 换位意识

换位意识包含两层含义：第一层含义是指采访记者与采访对象换位，即采访记者要充分考虑和尊重采访对象的感受(批评揭露性采访除外)，使他们放松情绪，进入自然的谈话状态，这是取得好的采访效果的前提。同时要求采访记者要设身处地从采访对象的角度思考问题，尽可能充分掌握对方的思想、心理、语言习惯，扫除双方交流中的障碍，赢得采访的主动权。第二层含义是指采访记者与电视观众之间的换位，即采访记者要想受众之所想，问受众之所惑，设计采访话题时，要善于运用逆向思维，从受众角度进行换位思考。记者是受众的代言人，心里一定要装着受众。记者的角色既是单个个体，有自己的个性与人生观，又是影响较大的传媒工作者，要代表公众说话和思考。

 **相关案例**

水均益采访前联合国秘书长加利

2004年《焦点访谈》节目中水均益专访联合国前秘书长加利的成功，与他在采访过程中具备的换位意识是分不开的。采访加利的前几天，水均益和他的几位新华社朋友一起探讨方案，新华社的国内部记者秦杰提出："不如提前先采访一些观众，请他们向加利提问，然后在你采访的时候现场转达给加利，让他回答，这样就可以形成一种很好的对话局面。让联合国秘书长和中国老百姓来一次电视对话，这主意怎么样？"

于是，采访加利的前两天，他们走上街头请普通百姓向联合国秘书长提问。出乎意料的是，许多观众对联合国及加利本人似乎都不了解，所以也就谈不上能提出什么问题了。幸运的是，他们在外交学院门前遇见了一队小学生，当水均益问他们知不知道联合国和联合国秘书长的时候，他们异口同声说："知道！"一个小女孩说："我想问他：联合国有多大？您的官儿有多大？"另外一个小男孩在一旁插进来说："叔叔，我想问他，现在好多国家都在打仗，能不能让他们别打了？"这些看似天真的问题给了水均益很大启发，即对加利的采访应该做到深入浅出，通俗易懂。

采访当天，进行友好的寒暄过后，水均益对加利说："秘书长先生，请允许我告诉您，今天在这里采访您的除了我本人，还有许许多多关心联合国、关心您个人的中国人，因为我也带来了一些我们的观众的问题。现在我想先从一位北京的小学生给您的问题开始我们今天的采访。这个小女孩请我问问您，联合国有多大？您的官有多大？"加利乐了。他脸上每一个地方似乎都在笑。他首先表示，在回答这个问题前，他要向这位小姑娘说一句话。这时，他突然用中文说："我们都是老朋友。"在场的人全笑了。笑声过后，加利接着说："联合国就像是一个大家庭。就像这位小姑娘的家有父亲母亲、兄弟姐妹一样。联合国秘书长的权力并不是很大，他不过是这个大家庭的仆人。他就像一个大管家，负责保护这个家，每天早晨开门、打扫卫生……而且他要努力让这个家的每一个成员彼此和睦相处，如同亲兄弟一般。因为这个家里经常会出现一些争论，秘书长的作用就好像是个调解人，他的角色是解决争论，平息争吵……"采访结束后加利问："我要问你一个问题：你问了我好多问题，一会儿是一个小女孩的问题，一会儿是一个老人的问题，一会儿又是一个小男孩的问题，可是你的问题在那儿呢？"水均益笑着回答说："我把我的问题都藏在这些人的问题中间了。"

资料来源：https://www.cntv.cn/program/oriental/20030418/101064.shtml. 作者有删改

### 2. 无知意识

无知意识并不是对采访的事件一无所知，而是一种采访心态和技巧。无知意识主要包含两层含义：第一层含义是记者采访前要保持谦虚的心态。在动态的新闻采访过程中，无论准备多充分，都有可能出现意外，保持谦虚的心态才能够随机应变。以谦虚的心态去采访，才能不先入为主，不为假象干扰，不被谎言所惑，穿透事件真相或抵达人物内心。第二层含义是指记者面对被采访对象时，问题的设计要有逻辑性，前一个问题与后一个问题之间能呈现出层层递进的关系。尤其在广播电视等新闻报道中，报道是在线性时间轴上展开的，观众对新闻报道的认知与记者的认知往往存在一定程度的"剪刀差"。因此，记者的问题设计要从无知到有知，从知之不多到知之甚详，引领观众在采访中一步步接近事实真相。

 **相关案例**

《新闻调查》之《网瘾之戒》

《网瘾之戒》这期节目围绕网戒中心的治疗模式展开，用探索式新闻报道，以孩子网瘾根源为探索价值来展开报道。记者柴静作为事件的调查者，选用无知视角，从给网戒中心打电话声称自己家里有一名需要进行网瘾治疗的孩子开始，带领观众无知到有知，从知之甚少到知之甚详，从该网戒中心是否真的使用电击的方式来迫使孩子戒除网瘾到寻找导致这些孩子网络成瘾的根本原因，一步步挖掘出事件背后的真相。

资料来源：https://news.sina.com.cn/c/2009-08-16/203418446375.shtml. 作者有删改

### 3. 怀疑意识

怀疑意识是指在调查采访时，采访记者始终要保持警惕，不要轻易相信眼前看到的场景、耳朵听到的话语，用足够的怀疑来作出冷静的判断，尽可能采访到方方面面的充分的事实和证据。记者的职业和使命之一就是发现真相。而现实生活中，真相往往是被遮蔽的。对于一个经常从事调查性报道采访的记者来说，采访的过程是一次认知历险，必须不断地寻找细节和蛛丝马迹，绕开对方设计的各种陷阱，在怀疑中向真实挺进。就好像数学题目的证伪，在最后结论得出以前，不能相信任何一个判断。只有极致的怀疑意识才能"超强纠错"，只有不断证伪才能证实。当然，在具体的操作中，对采访对象的质疑，要找到灵活而聪明的方式，语言的表达要使用一定的交流技巧，以免造成太大的交流阻力。

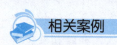 **相关案例**

王 志

在拍摄《眼球丢失的背后》这部片子时，王志在一个半小时中向当事人高大夫提出了88个问题，远远超出编导张洁事先准备的20多个问题。张洁在王志作品研讨会上，曾经这样评价过王志的采访，他说："王志采访很明显的特点是：告诉你吧，我不相信。于是他在现场，我称之为外科大夫式的采访，一层层给你揭下去。王志这种怀疑的精神，对调查节目来说，特别重要，哪怕你去做一个正面的报道，我也要从反面挑剔，你要经得起我的挑剔。"

资料来源：https://www.icourse163.org/course/NJU－1462048162?from＝searchPage&outVendor＝zw_mooc_pcssjg_. 作者有删改

## 二、调查性报道中"深度"的挖掘

第一，深度的定位。深度的定位是指对报道选题意义的把握。媒介的基本功能是信息发布、舆论引导和监督等。因此，调查性报道的选题定位一要揭露被隐藏的真相，揭示新闻事实对公众价值的意义，二要紧密配合党和政府特定时期的宣传重点和舆论导向。

第二，深度的形成。深度的形成是指调查采访中对深度空间的发掘与挖掘。通过纵向追问探索规律，通过横向对比求同求异。在此过程中记者要具有证据意识、问题意识、质疑精神。其中，证据意识是指报道的深度应来自客观事实。问题意识是指"深度"的挖掘应当围绕一系列"为什么"展开。质疑精神不但能够提高报道中信息的信度与效度，还能避免报道内容陷入琐碎化、平面化。

第三，深度的提炼。深度的提炼是指调查性报道中对表述结构与表述方式的探寻。深度的提炼主要包括三点：一是在问题意识的引导下构建深层报道表述系统。从提出问题清单到展示调查追问的过程（围绕问题清单提供翔实的证据和细节），再到给出问题的答案（令人信服的结论）。二是运用华尔街日报体。华尔街日报体是典型的叙述和论证相结合的组织材料的方法。其基本结构是：开篇从一个人的遭遇或某个具体场景入手，引出报道的主题，接下来就大的问题展开论述，论述过程中运用大量背景材料，间或插入开篇个案的经历和遭遇，最后得出结论或回归个人故事。三是对戏剧性元素的挖掘与运用，即将新闻事件故事化、人物化、情节化。

### 相关案例

新闻业和娱乐业之间有一条很微妙的界线，诀窍是你的脚尖碰到这条线，但不要越线。离线太远，你会失去观众。离线太近，你会失去良知。

——《60分钟》前主持人丹·休斯顿

资料来源：https://wenku.baidu.com/view/0ec78706f111f18583d05aaa.html?_wkts_=1735966316609&bdQuery=%E6%96%B0%E9%97%BB%E4%B8%9A%E5%92%8C%E5%A8%B1%E4%B9%90%E4%B8%9A%E4%B9%8B%E9%97%B4%E6%9C%89%E4%B8%80%E6%9D%A1%E5%BE%88%E5%BE%AE%E5%A6%99%E7%9A%84%E7%95%8C%E7%BA%BF%EA%8E%AC&needWelcomeRecommand=1.作者有删改

### "议"犹未尽 ▶▶▶

1. 你认同"这是深度报道最好的时代，也是深度报道最差的时代"这句话吗？
2. 尝试从身边取材，撰写一篇特稿、解释性报道或调查性报道。

### 学海无涯 📚

[1]苏华，王萧然.特稿如何写好细节[J].新闻与写作，2022(8)：108-112.

[2]叶伟民.特稿的文学边界[J].新闻与写作，2022(7)：111-112.

[3]高钢.解释性报道的写作要点[J].新闻与写作，2019(10)：110-112.

[4]史安斌，梁蕊洁. 平台化时代的调查性报道：历史传承与实践转型[J]. 青年记者，2023(7)：95-99.

# 春风化雨 润物无声

## 文风体现作风 坚持不懈改进文风（有的放矢）

习近平总书记强调："反对形式主义，要着重解决工作不实的问题，教育引导党员、干部改进学风文风会风，改进工作作风。"文风体现作风，改进作风必须改进文风。文风不正，损害党员干部在群众心中的形象，背离党实事求是的思想路线，不利于工作开展和事业发展。坚持不懈、扎扎实实改文风，是纠治形式主义和官僚主义、解决党风方面突出问题的必然要求。

厚植优良文风的思想理论根基。我们党历来重视文风问题，延安时期就把"反对党八股以整顿文风"列为"整顿三风"的内容之一。党的十八大以来，以习近平同志为核心的党中央从加强党的作风建设的高度提出改进学风文风会风，对转作风改文风作出明确要求。切实改进文风，根本在于学好党的创新理论。只有理论功底扎实了，知识积累厚实了，肚子里装的东西多了，才能言之有物、深入浅出地讲话、写文章。必须坚持读原著学原文悟原理，坚持多思多想、学深悟透，全面学习领会习近平新时代中国特色社会主义思想的科学体系、核心要义、实践要求，深刻把握这一思想的历史逻辑、理论逻辑、实践逻辑，把习近平新时代中国特色社会主义思想的世界观、方法论和贯穿其中的立场观点方法转化为自己的科学思想方法，作为研究问题、解决问题的"总钥匙"，切实提高战略思维、辩证思维、系统思维、创新思维、历史思维、法治思维、底线思维能力，为转变文风不断汲取思想营养。

把调查研究作为改进文风的重要切口。党的历史经验证明，文风不正，危害极大。文风不正，根子在作风。作风虚浮，不触及实际问题，就会有套话；不回应群众关切，难免讲空话；不走到老百姓中间去了解实际，就容易说假话。必须坚持实事求是，绝不搞"心中无数决心大，情况不明办法多"那一套。要通过深入调查研究形成求真务实、真抓实干的作风，以转作风带动改文风。调查研究是谋事之基、成事之道，没有调查就没有发言权，没有调查就没有决策权。只有走进基层、走到人民群众中间，拜人民为师、向群众学习，才能把情况摸清、把问题找准、把对策提实，改掉对策建议大而化之、空洞抽象、不解决实际问题的文风。通过深入调查研究改进文风，还要注意学习群众语言。我们要认真倾听群众意见，深入了解群众诉求，善于用群众的语言向群众讲好党的创新理论、做好思想工作、解决好实际问题，让文风更加贴近实际、贴近群众，推动党的方针政策更好地在本地区本部门落实落地。

抓好领导干部这个"关键少数"。文风反映共产党员的党性修养，体现领导干部的能力水平。文风改不改，领导是关键。切实改进文风，重在领导带头，贵在深入持久。领导干部必须以上率下，在转作风、正学风、改文风上持久用力，在求实、务实、落实上下功夫。要树牢宗旨意识，发扬党的光荣传统和优良作风，自觉贯彻党的群众路线，不断提高政治判断力、政治领悟力、政治执行力，俯下身、沉下心、察实情，切实把改进文风体现到日常工作中。要力避"假长空"，倡导"短实新"。短，就是能短则短、繁简适度，用短文章写明白长故事、小篇幅讲清楚大道理，努力做到意尽言止。实，就是言之有物、言之有据、言之有理，既通晓上情又反映下情，善于援引事例和数据支撑论点，把抽象的理论用具体的事例和数据写明白讲清楚，反对空泛议论、空话连篇。新，就是坚持守正创新，以满腔热忱对待一切新生事物，不断拓展认识的广度和深度，运用党的创新理论研究新情况、解决新问题、总结新经验，形成干部群众喜闻乐见的文风，从而让理论更好掌握群众、群众更好运用理论。

资料来源：蒋熙辉.坚持不懈改进文风(有的放矢)[N].人民日报，2023-07-13(9).

# 第四章　新闻事实核查

美国著名作家马克·吐温曾说，真相还在穿鞋，谎言已经跑遍了半个世界。互联网技术的飞速发展和智能终端的日益普及，使信息的传播速度达到前人难以想象的程度。与之相伴的是虚假新闻不断增多，反转新闻层出不穷，严重影响媒体的公信力和影响力。因此，新闻事实核查这一甄别虚假新闻、捍卫新闻真实的利器，应当也必须成为未来新闻传播领域从业人员的手中之剑，帮助受众"劈开"谣言的迷雾，直抵真相。

## 本章要点

1. 虚假新闻的概念和体裁、假新闻标签
2. 虚假信息与误导信息的区别
3. 事实与观点的区分
4. 新闻报道中的重点核查内容
5. 信源核查的步骤与方法
6. 新闻事实核查结果的呈现

## 第一节　虚假新闻

比尔·科瓦齐(Bill Kovach)和汤姆·罗森斯蒂尔(Tom Rosenstiel)撰写的《新闻的十大基本原则：新闻从业者须知和公众的期待》(*Elements of Journalism：What Newspeople Should Know and the Public Should Expect*)指出，新闻工作的实质就是用核实进行约束。他们认为核实信息的准确性、对发生的事情作出正确的描述是新闻工作和娱乐小说、艺术等其他活动相区分的标志。随着媒介技术的飞速发展、智能终端的普及和社交媒体的不断成熟，受众接触信息的渠道更加丰富，传播信息的诉求与能力不断增强，公民记者的队伍不断壮大。与之相对应，传统媒体的议程设置功能逐渐被削弱，人们不再需要专业记者去告诉他们今天发生了什么事，哪些事是重要的，哪些事是不重要的，而是需要记者告诉他们，在纷繁复杂的信息中，哪些信息是真实的，哪些信息是虚假的。

新媒体时代，媒体的新闻内容核查功能更加重要。新闻工作者的主要角色不再是信息的把关人，而是信息的核实者。受众需要新闻工作者核实信息的可靠性，然后加以整理，使得这些信息能够被迅速有效地理解。甚至对于公共生活来说，核实信息的准确性不仅是专业记者的义务，同样也是个体公民应尽的职责。

互联网技术的飞速发展使我们进入了一个前所未有的具有高度连通性的时代，给我们带来便利的同时也为虚假信息的扩散提供了温床，公共讨论受到严重的信息污染，铺天盖地的虚假信息使人们深受误导。但是，部分虚假信息的甄别难度很大，而对于大部分受众来说，他们缺乏足够的技术和手段来判断新闻的真实性，甚至对资深的专业记者而言，核实信息的真实性也并非易事。本章将提供一些简单易行的核实信息的基本原则，供大家在实践中参考。

## 一、虚假新闻的概念

虚假新闻的相关概念最早可以追溯到 19 世纪末期，1898 年"缅因号"战舰在哈瓦那港爆炸沉没，引发了舆论的广泛关注和争议，该事件最终成为美国与西班牙之间爆发战争的导火索。美国媒体在对"缅因号"的沉没进行详细报道的过程中展现了不同的立场和导向，其中，《纽约新闻报》与《纽约世界报》倾向于相信该事件是西班牙的破坏行为，强调对西班牙的谴责和战争的必要性，将责任归咎于西班牙，并呼吁对西班牙采取军事行动。报道中使用的情绪化语言和描述方式使公众产生了强烈的情感共鸣，激发了他们对西班牙的愤怒和报复心理，舆论的激化进一步增加了战争的可能性，为政府采取军事行动提供了民意支持。《纽约新闻报》与《纽约世界报》对"缅因号"事件的报道，因新闻造假受到评论家的批评。此后，虚假新闻成为新闻专业领域的概念。

2016 年美国大选使大众对虚假新闻的探讨从专业领域走向更广阔的范围。时为共和党候选人的唐纳德·特朗普（Donald Trump）为了反击主流大众媒体的批评，在公开场合和推特中，以"假新闻"指责《纽约时报》《华盛顿邮报》和 CNN（美国有线电视新闻网）等建制媒体出于意识形态偏见，有意歪曲事实，对他进行不实报道。此后，虚假新闻的概念引起了学界和公众的广泛关注。2017 年，美国的柯林斯英语词典将"fake news"一词评选为年度词汇。

虚假新闻的概念比较复杂，至今仍然没有定论。维也纳大学传播系学者亚娜·劳拉·埃格尔霍费尔（Jana Laura Egelhofer）和索菲·莱歇勒（Sophie Lecheler）将假新闻概念分为两个维度：一是假新闻体裁（the Fake News Genre），即故意制造的伪新闻式误导信息；二是假新闻标签（the Fake New Label），即将该词作为削弱新闻媒体合法性的工具。这一划分方式区分了虚假新闻内涵的不同层次，也得到了国内学者的认可。

## 二、假新闻体裁

从狭义上讲，假新闻体裁包括故意以新闻形式发布的虚假信息和媒体并非有意却因失察而发布的虚假信息。这一类别的虚假信息往往具有以下特征：一是内容不具有真实性或真实性低；二是具有明确意图，以误导、欺骗为目的；三是采用新闻的形式。

从广义上讲，假新闻体裁还包括未证实的传言、政治讽刺或评论、公关、广告等宣传。以《洋葱新闻》为例，它是美国一家提供讽刺新闻的组织，以报道讽刺性文章为特色，文章内容涉及当地以及国内外的消息。《洋葱新闻》模仿了传统新闻的特点，所有新闻均以美国联合通讯社规格报道，提供的新闻是对时事的评论，而这些时事既有真实的也有虚构的。它也以真实新闻事件为蓝本，加工杜撰假新闻。虽然故事都是假的，却绝非胡编乱造，而是用夸张的想象表达对世界的感观，是另类的社会评论。再如《每日秀》《周六夜现场》等政治脱口秀，它们也采用新闻节目的形式，表面看来是新闻时事评论节目，但实际上这类节目虽然基本事实无误，但是其内容和表现方式不受新闻节目的客观性标准限制，往往使用幽默夸张等方法来播报新闻，甚至伪造故事，通过强化、扭曲、夸张其中的某些事实部分来形成荒诞的幽默效果。这类节目的主要目的是讽刺现实，提供娱乐，而不是提供信息，挖掘真相。虽然这一类虚假信息并没有故意造假欺骗他人，但同样能产生与主观故意的虚假新闻一样的负面影响。因为该类新闻传播信息的过程中，尤其是在社交媒体环境中，可能会因为失去信源标识等被受众误传误信，而对于不了解《洋葱新闻》这类组织属性的受众来说，就更无法辨其真假了。

### 三、假新闻标签

假新闻标签是指假新闻被工具化或武器化，某些组织或个人通过将媒体描绘成故意传播错误信息的组织来误导受众，以实现其政治、经济利益等目的。因此，作为标签的假新闻，也可能是真实信息。假新闻标签在很多国家出现过，包括埃及、法国、意大利、俄罗斯、英国、挪威、南非、土耳其、保加利亚等，其中最典型的例子是美国前总统唐纳德·特朗普，他用假新闻指代一切批评性的负面报道，以及这些报道背后令他不悦的媒体。2019 年 10 月 2 日，特朗普在与芬兰总统共同参加的新闻发布会上向记者表示他"发明"了假新闻概念，并将之与"腐败新闻"（Corrupt News）画上等号，矛头直指媒体机构。

### 四、虚假信息与误导信息

误导信息战略古已有之，但究竟起源于何时目前尚无定论。1923 年，时任苏联政治保卫局副局长的约瑟夫·斯坦尼斯拉沃维奇·温什利希特提议建立一个"特殊的误导信息部门，从事积极情报行动"，这是现有资料中，"误导信息"一词第一次被用于描述情报策略。从传统媒体时代到社交媒体时代，误导信息不仅在全球范围内横向发展，也完成从国家层面到社会层面的纵向扩散。于是，误导信息既包含国家层面的系统行为，也包括组织、群体、普通个人发布的零散信息。学者刘海龙、于瀛认为，社交媒体时代的误导信息具备以下主要特征。

第一，信息真假掺杂，误导信息往往不会全部都是假信息，而是通过部分真实信息提升信息整体的可信度，以达成误导他人的目的。需要注意的是，有的误导信息看上去全部都像是真实准确的，但是却通过错误暗示让人们产生误解。误导信息时常与真实文件或新闻报道混杂以增强其可信度，或者对事实做偏见性解读。以 2017 年法国总统选举为例，在第二轮投票前的 48 小时，社交媒体中突然爆出揭露候选人马克龙拥有离岸财产账户的话题，话题热度迅速攀升。这一误导信息实际上源于美国某网站，主导该事件的人在窃取马克龙的电子邮箱内容后插入虚假文件伪造了虚假信息并进行传播。

第二，意图性不再是误导信息概念的核心。在社交媒体时代，误导信息的识别主要依靠机器而不是人工，但是机器很难有效识别信息的发布意图，因此误导信息的判断标准从"有误导意图"转向"具备误导功能"，即导致人们产生误解的错误信息、错误认知和错误断言等。

第三，传统媒体时代的误导信息大多出于政治目的，社交媒体时代的误导信息兼有政治目的与经济目的，部分误导信息以损害接收者的利益为代价，达成帮助信源获得经济利益的目的，如部分网站为了获取经济利益发布误导信息吸引用户注意，提升流量，以获取经济利益等。

 **相关案例**

2021年6月9日，全国少工委新媒体工作平台未来网旗下微博账号"燃新闻"发布了一条短视频，内容讲述的是内蒙古赤峰市一位高考考生的准考证被弟弟藏了起来，无法按时参加考试，紧急情况下在交警的帮助下去幼儿园接回弟弟，才找回了准考证，顺利参加考试。令人哭笑不得的内容配上诙谐幽默的背景音乐，使该视频的传播热度迅速上升，很快引起了广大网友的注意和评论，很多网友纷纷表示应该把熊孩子打一顿。微博热搜截图如图4-1所示。

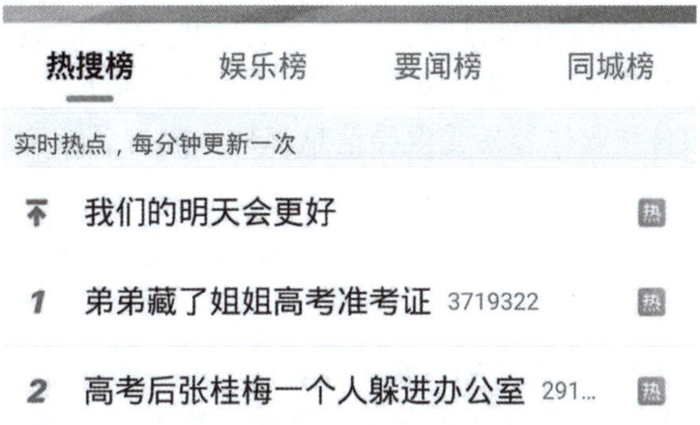

| 热搜榜 | 娱乐榜 | 要闻榜 | 同城榜 |
|---|---|---|---|

实时热点，每分钟更新一次

↟　我们的明天会更好　　　　　　　　　　热

1　弟弟藏了姐姐高考准考证　3719322　　热

2　高考后张桂梅一个人躲进办公室　291…　热

**图4-1　微博热搜截图**

然而在视频发布的当天下午，就有一位自称是考生本人的微博发帖声明："我是考生本人，是我不小心将身份证落在家里，然后我妈妈寻求警察叔叔的帮助；弟弟是因为听到铃声着急上学，也没有带钥匙，所以把我的身份证藏在草丛里，也是怕有人拿走，不是你们想的那样，不要再诋毁我弟弟了（好）吗？谢谢。"同时表示自己和弟弟感情一直很好，看到舆论谴责弟弟非常痛心。观察者网微博新闻截图如图4-2所示。

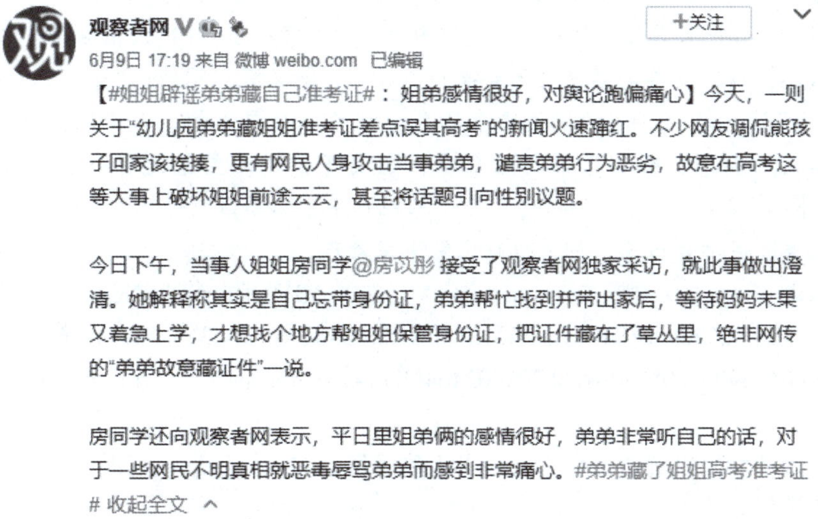

观察者网 V 🎵 🎵　　　　　　　　　　　　　　＋关注　　∨

6月9日 17:19 来自 微博 weibo.com 已编辑

【#姐姐辟谣弟弟藏自己准考证#：姐弟感情很好，对舆论跑偏痛心】今天，一则关于"幼儿园弟弟藏姐姐准考证差点误其高考"的新闻火速蹿红。不少网友调侃熊孩子回家该挨揍，更有网民人身攻击当事弟弟，谴责弟弟行为恶劣，故意在高考这等大事上破坏姐姐前途云云，甚至将话题引向性别议题。

今日下午，当事人姐姐房同学@房苡彤 接受了观察者网独家采访，就此事做出澄清。她解释称其实是自己忘带身份证，弟弟帮忙找到并带出家后，等待妈妈未果又着急上学，才想找个地方帮姐姐保管身份证，把证件藏在了草丛里，绝非网传的"弟弟故意藏证件"一说。

房同学还向观察者网表示，平日里姐弟俩的感情很好，弟弟非常听自己的话，对于一些网民不明真相就恶毒辱骂弟弟而感到非常痛心。#弟弟藏了姐姐高考准考证# 收起全文 ∧

**图4-2　观察者网微博新闻截图**

资料来源：https://www.cqcb.com/headline/2021-06-09/4199959_pc.html. 作者有删改

第四，信源更加模糊。在社交媒体时代，误导信息的信源更加难以追溯，这主要是由于以下几点：一是发布信息的主体故意隐藏真实信源，防止信源立场被受众获知，从而降低信源传播信息的可信度。二是在社交媒体时代，用户参与信息生产和传播，误导信息的传播路径更加复杂，信源更加难以追溯。三是后真相时代，意见传播迅速，即使是漏洞百出的谎言也能激起部分网民的热情，误导信息的市场更加广阔。

第五，误导信息通过社交媒体等进行传播，并为传统媒体设置议程。一方面，社交媒体中大量存在的社交机器人能够在短时间内大量复制和传播误导信息，增加误导信息的曝光度，使用户接触误导信息的可能性大幅提高，取代传统媒体实现议程设置。另一方面，社交媒体时代，信息发布速度不断加快，传统媒体原来的新闻生产习惯发生了改变，被迫适应一周七天、一天二十四小时的信息发布节奏，巨大的发稿压力使部分传统媒体不得不放弃人工而使用机器进行新闻的采集、制作、编排和发布，再加上人工新闻事实核查的速度跟不上等原因，导致传统媒体容易受误导信息绑架，成为误导信息的传声筒和放大器，被误导信息设置议程。

## 相关案例

2021年11月18日，一则"儿子牺牲6年后婆婆送儿媳出嫁"的短视频登上热搜，视频长度仅有几秒钟，配文称："6年前，儿子意外离世，留下了当时已经怀孕的儿媳。儿媳坚持生下了孙子，而6年后，儿媳再婚，婆婆亲自送儿媳出嫁。网友：人间温暖!"此后包括河南广播电视台"都市报道"等在内的百余家媒体纷纷对此进行转发报道。随着报道热度不断攀升，微博网友"阜阳王鹏"贴出了一组截图，质疑道："#儿子牺牲6年后婆婆送儿媳出嫁#有哪一家媒体采访了当事人？看看抖音吧，几个月前，相同剧本的段子满天飞！媒体把段子当成新闻去报道，不辨真伪，自损公信!"11月19日，腾讯新闻旗下事实查证平台官方账号"较真平台"发布核查文章《"儿子牺牲6年后婆婆送儿媳出嫁"？一文教你识别"剧本新闻"套路》并阐明三个要点：一是这则所谓的"短视频新闻"没有来源，没有任何可供识别的信息，极大概率是部分缺乏节操的内容创作者为吸引眼球而"生产"出来的。二是"短视频剧本"冒充为"新闻"的情形由来已久，目的是赚取流量。三是短视频时代，要识别何为剧本何为新闻，既要考察新闻来源，也要考察新闻要素是否齐全。11月25日，"抖音安全中心"公众号称，经审查，"儿子牺牲6年后婆婆送儿媳出嫁"的消息"属于同质化搏流量文案，且涉嫌造谣，相关视频已做下架处理"。

资料来源：https://mp.weixin.qq.com/s?___biz＝MzI4ODExNDkwNQ＝＝&mid＝2650675041&idx＝1&sn＝8b52899c684715d256313e8fe985c0ad&chksm＝f3c9e6d7c4be6fc1d91c659a306dd2b064694eb4959006e050a0b9abb703403464f2bfa4a1ee&scene＝27. 作者有删改

第六，传播对象以普通公众为主，出于政治目的的误导信息，其误导对象大多为选举期间的普通选民。

虚假新闻的概念很难界定，通常情况下，我们不能简单地把真和假看成是二元对立的两个状态。尤其是在数字媒体时代，每个人都能成为信息的传播者，通过社交媒体等平台在互联网上发布、传播信息。因此，假新闻也在当代的公共生活中呈现出纷繁复杂的种类。有的虚假新闻传播的信息可能是错误的，但传播者在传播信息时并没有恶意，并非要欺骗或伤害他人。

有的虚假新闻不但内容中有虚假成分，且传播者本身有故意造假欺骗他人的意图，通过断章取义、移花接木等方式误导受众，甚至完全伪造信息。还有的信息本身可能是真实的，但是传播者的传播意图是恶意的，也会对受众造成误导和伤害。例如，在总统选举之前，故意泄露候选人的一些负面信息，以及故意发布煽动性的言论来引起仇恨等。虽然这些不同形式的假新闻虚假程度不同，传播者的意图也大相径庭，但其大范围传播都会对公众造成不同程度的误导。

实际上，完全被捏造出来的虚假新闻并不常见，更常见的大多是部分内容造假或者内容没有造假但却带有恶意的虚假新闻。在虚假新闻的鉴别中，除了一些明显造假的内容，我们可能很难分析出传播者的动机，但是我们能够利用科学的方法分析出传播的内容是否为事实，而要鉴别事实真假，首先要有区分事实与观点的意识。

# 第二节　事实与观点

鉴别信息真假的第一步就是区分事实与观点，也就是说要区分出哪些消息描述的是事实，哪些消息描述的是观点，因为只有描述事实的消息可以被验证核实，描述观点的消息无法用真伪来判定。

## 一、事实与观点的区分

所谓观点，是指一个人对某个事物的主观信念、态度、偏好或倾向。例如，某人认为"科研领域的数据应当实现全面开放"，这仅仅是这个人对"科研领域的数据是否应当实现全面开放"这个问题的看法，体现的是他个人的主观态度。由于观点具有主观性，因此不需要其他人来共享。即使其他人不支持"科研领域的数据应当实现全面开放"这一观点，也不代表这个观点是假的或错的。

所谓事实，是指关于已经发生过的事情或者对事物状态的描述。与观点不同的是，事实中往往包含一个或多个可被验证真实性的陈述，因此事实是可以也应该与他人共享的。例如，中国共产党第二十次全国代表大会是 2022 年 10 月 16 日在北京召开的，这是一件已经发生的事情，陈述是对这一事件发生的时间和地点的真实描述。如果某个信息和这一陈述不一致，该信息就是错误的。

我们在核实新闻事实时，首先需要区分这则新闻里哪些是事实性的内容，哪些是观点性的内容，然后判断哪些事实性内容具有误导性，最可能引起误解。但是，在实践中区分事实与观点并不容易，这主要由于以下三点。

一是事实本身的变化难以确定，在不同的时代人们认为的事实可能是不同的。例如，现代科学告诉我们地球围绕太阳转，对当下的人们来说，这就是一个事实。但是在历史上的很长时间里，世界上各个民族一直认为地球位于宇宙的中心，所有的天体都绕着地球运转，甚至认为捍卫"日心说"的天文学家布鲁诺"妖言惑众"而将其活活烧死了。再如 2006

年前，太阳系有九大行星是事实。但 2006 年国际天文学家在第 26 届国际天文学联合会上进行投票，将冥王星"踢出"了行星序列，于是太阳系有九大行星就不是事实了。从这两个例子中我们能够发现，最基本的科学事实也是在历史的长河中不断变化的，它仅仅是某一阶段科学共同体对这一事物状态达成的共识。当这个共识变了，我们所获得的事实也就变了。

二是我们的公共讨论并不是完全基于事实展开的，公共讨论中的大量内容都是事实与观点掺杂，既包含对事实的描述，也带有主观判断。

三是无论是专业媒体的新闻报道还是普通网民的日常讨论，其用语的精准性往往不足，随意的、模糊的、抽象的用语使人们难以辨析出所接收到的信息到底是事实还是观点。例如，"中国历史悠久"这一陈述究竟是事实还是观点就存在争议，支持者认为"中国历史悠久"是一个共识，是毋庸置疑的事实。反对者却认为"中国历史悠久"应该是观点，因为多久才算悠久并没有明确的标准。

在实际的新闻事实核查中，我们并不需要对每一则陈述都追根究底，彻底搞清楚究竟哪些部分属于事实，哪些部分属于观点。但是，我们需要时刻提醒自己关注那些有可能产生误导性的关于事实的陈述。因此，在新闻事实核查实践中，核查者个人的判断能力往往起到至关重要的作用。

在新闻事实核查中，还有一个非常重要的概念——证据。如前文所说，事实性陈述包含一个或多个可被验证其真实性的陈述。其中的验证就是指我们可以通过证据证明这个陈述是真实的，于是，陈述是否真实就取决于我们是否能够拿出足够的证据来为其加以证明。如果能够充分证明，这个陈述就是事实；如果无法提供证据，这个陈述可能就只是一个缺乏根据的断言，并不是经过验证的事实。

例如，下面两则陈述，其中哪一个是事实？哪一个是观点？抑或两者都是观点或事实？

陈述一：辽宁大学比辽宁工业大学好。

陈述二：渤海大学比辽宁工业大学好。

有人认为第一则陈述"辽宁大学比辽宁工业大学好"可能是事实，而第二则陈述"渤海大学比辽宁工业大学好"可能是观点。因为虽然这两则陈述在语言结构上完全一致，但是我们可以找到很多证据来证明辽宁大学在办学条件、师资力量、学生培养质量、学校排名上都比辽宁工业大学更突出，但可能找不到足够的证据来证明，在以上几个方面渤海大学比辽宁工业大学好。

因此，当我们想要判断一则信息的真实性、准确性时，先要判断这则陈述是不是一个可以通过某种标准证据去验证核实的事实。类似于上文案例中关于高校的陈述，我们可以通过学校的办学历史、相关学者、学校的投入、学生就业率、招生分数线等来进行衡量和判断。虽然如果采用不同的标准来衡量，可能会得到不同的结论，但至少我们能够确定这类陈述是可以通过设置标准并搜集证据来进行评估的，那么这类陈述就是可以被验证的事实性陈述。

## 二、事实的核查

在新闻报道中有四类内容可以当作可验证的事实来进行核实。

### 1. 数字

如果新闻报道中包含数字，我们就可以通过核查该数字是否准确来判断这则新闻的准确性。例如，一则报道指称某个事件正在发生，我们可以通过核实这则报道中的时间、地点、与发生过程相关的数字信息等来判断该事件是否真的发生过。

 **相关案例**

2022 年 6 月 18 日，南京大学新闻传播学院"事实核查"课程的教学实验公众号"核真录"发布核查文章《核查 | 特斯拉要在全球裁员一万人?》。文章内容如下。

2022 年 6 月 16 日晚，特斯拉中国线上招聘活动未如期举行。此前已有消息称，特斯拉取消了原定于本月在中国举行的三场在线招聘活动，涉及 1 000 多个岗位。关于特斯拉裁员的消息有多种说法，部分媒体报道特拉斯要在全球裁员 1 万人，如财视传媒发文称《特斯拉被曝将裁员近一万人！马斯克：我对经济有一种非常糟糕的感觉》，海报新闻发文称《太突然！特斯拉裁员 1 万人！暂停全球招聘》，如图 4-3 所示。

**特斯拉被曝将裁员近一万人！马斯克：我对经济有一种非常糟糕的感觉** 🔊播报文章

Ｍ **财视传媒**
2022-06-03 16:18 ｜ 北京财视文化传媒有限公司,财经领域创作者 关注

6月3日，据路透社报道，特斯拉首席执行官埃隆·马斯克周四发给高管的一封电子邮件显示，该电动汽车制造商需要"裁减大约10%的员工"。在题为"暂停全球招聘"的电子邮件中，他说："我对经济有一种非常糟糕的感觉。"目前特斯拉未置评。

据悉，特斯拉今年2月提交给美国证券交易委员会的年度财务报表显示，截至2021年底，其全球员工人数为99290人，这意味着此次裁员人数将接近1万人。

**太突然！特斯拉裁员1万人！暂停全球招聘** 🔊播报文章

🐧 **海报新闻**
2022-06-04 00:47 ｜ 大众报业集团旗下帐号 关注

**图 4-3　相关报道截图①**

文章共核查了三个要点，其中之一是"有媒体根据马斯克邮件称特斯拉裁员一万人"。文章分析称"暂停全球招聘"和"裁员 10%"的消息均来自马斯克在 6 月 2 日、3 日两天发给公司高管和员工的几封邮件，但邮件完整内容并未被公开。路透社最早获得马斯克在 6 月 2 日发送给公司高管的电邮，邮件题目为"暂停全球范围内所有的招聘"。马斯克表示，他对经济有一种"超级糟糕的感觉"，公司需要裁员 10%。6 月 5 日，马斯克在推特上回复了一则"特斯拉通过调整员工招聘和裁员来优化运营"的报道，该报道来自专注于报道特斯拉

---

① 为尊重事实，本书中的截图，除错别字，其他未作修改。

新闻的网站 TESMANIAN，其中提到了马斯克裁员邮件，如图 4-4、图 4-5 所示。马斯克的回复从侧面印证了该邮件的真实性。

**图 4-4　马斯克对 TESMANIAN 报道的回应**

Musk wrote that the staff will be cut in "overstaffed" areas. Obviously, Tesla has clear priorities today and does not want to support those operations that do not benefit at the moment. Musk stressed that the reduction will not affect those workers who are employed in manufacturing, such as producing cars and batteries. It also does not affect those who install solar. Tesla's CEO wrote in no uncertain terms that the company's hourly headcount would increase, confirming his statement later publicly on Twitter.

*"Tesla will be reducing salaried headcount by 10%, as we have become overstaffed in many areas.*

*Note, this does not apply to anyone actually building cars, battery packs or installing solar.*

*Hourly headcount will increase.*

*Elon"*

**图 4-5　TESMANIAN 网站报道中公布的邮件**

同时，邮件中表示裁员 10% 不包括制造汽车、电池组或安装太阳能的员工。6 月 5 日，马斯克在推特表示，未来 12 个月，特斯拉员工总数将会增加，但薪资应该相对平稳，如图 4-6 所示。

图4-6 马斯克推特截图

但在中国的媒体报道和社交平台讨论中，很少提及裁员10%只是计划、裁员计划不包括的员工类型及马斯克说未来12个月特斯拉员工总数还要增加的信息。不少媒体根据特斯拉2021年财报全球范围内全职员工人数（99 290），就得出"裁员近1万人"的结论，这是不准确的。

资料来源：https://mp.weixin.qq.com/s/E9x9QsZbuT83a7HJyWPWsQ. 作者有删改

除了具体的数字，我们还要对数字的比较格进行核查，如某事物A比事物B更高，或某事物A是所有事物中最高等的陈述。

**相关案例**

2020年3月12日"核真录"发布的核查文章《核真｜澳洲大火后果严重 信息真实如何判断》，该文章选取了"英国报姐"2019年11月23日发布的文章《考拉被活活烧死，悉尼被烟包围，澳洲灾难大火仅仅是开始》进行相关事实核查。其中的三个核查点都是关于"某事物A是所有事物中最高"的陈述。

第一，"从今年10月份，澳大利亚入春以来，森林大火就在整片南方大陆侵袭。火势最为严重的两个州——新南威尔士和昆士兰，也恰恰是澳大利亚人口最集中的区域"被判定为部分事实错误。

该言论及消防员扑向大火的图片均出自《卫报》（The Guardian）美国版2019年11月22日的报道Australia bushfires factcheck: are this year's fires unprecedented? 。该报道详细介绍了新南威尔士州和昆士兰受灾情况，如"新南威尔士州遭受的损失最为严重""在昆士兰州，已经失去了20栋房屋，烧掉了约18万公顷森林"。

文章中明确表示这两个州都遭受了极大的损失，其中新南威尔士州遭受的打击确实是最严重的。但通篇并没有表明昆士兰是最严重的两个州中的另一个，"英国报姐"直接将新南威尔士州和昆士兰并列为"火势最为严重的两个州"是不严谨且可能存在错误的。

另外，"英国报姐"有关新南威尔士和昆士兰"是澳大利亚人口最集中的区域"的说法并不准确。根据澳大利亚统计局发布的数据统计，截至2019年6月30日，澳大利亚的初步估计居民人口（ERP）为25 364 300人，常住人口数量排名前三的三个地区分别是新南威尔士州、维多利亚州、昆士兰州，因此文中新南威尔士州和昆士兰州是"澳大利亚人口最集中的区域"不够准确。

第二，"澳大利亚在今年经历了前所未有的旱灾，过去两年的时间记录了澳大利亚有史以来最低的降雨量"被判定为部分事实错误。

虽然记者没有找到直接的数据，但据 CNN（美国有线电视新闻网）11 月 12 日的报道 *Australia fires: Crews battle blazes across NSW and Queensland*，澳大利亚正在经历多年来最严重的旱灾之一，如图 4-7 所示。这与"英国报姐"所说的"澳大利亚在今年经历了前所未有的旱灾"表述基本一致。

在《卫报》（*The Guardian*）美国版 2019 年 11 月 22 日的报道 *Australia bushfires factcheck: are this year's fires unprecedented?* 中，《卫报》表示"2019 年 1 月至 2019 年 8 月的降雨量是某些地区有记录以来的最低水平，包括新南威尔士州的北部高原和昆士兰州的南部丘陵"。而"英国报姐"的表述为"过去两年的时间记录了澳大利亚有史以来最低的降雨量"，将"部分地区"放大为"澳大利亚"，明显表述不当。

图 4-7　CNN 新闻报道截图

另外，如图 4-8 所示，根据澳洲气象局的数据，澳洲最低的年降雨量出现在 1902 年，并非是报道中的最近两年，因此文章中"过去两年时间记录了澳大利亚有史以来的最低降雨量"基本事实错误。

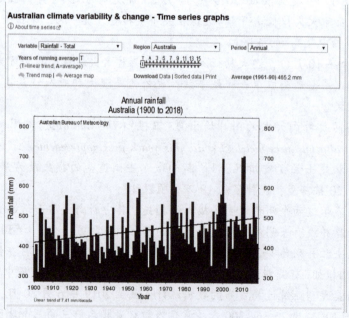

图 4-8　澳大利亚气象局官网截图

第三，"澳大利亚南部正在经历一股前所未有的热浪，南澳大利亚多地都刷新了 11 月份的最高纪录"被判定为基本事实错误。

记者并未在相关报道中找到有关"南澳大利亚多地都刷新了 11 月份的最高纪录"的表述，但据澳大利亚气象局官网的数据（见图 4-9），南澳大利亚 11 月份最高温度纪录出现在 2010 年前后，因此"英国报姐"表述不准确。

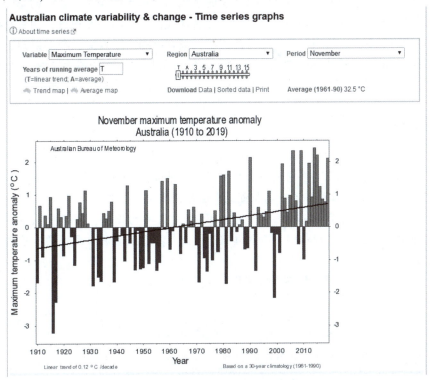

图 4-9　澳大利亚气象局官网截图

资料来源：https://mp.weixin.qq.com/s/1Rs2XUR4HXJqoKCFTFcTvA. 作者有删改

## 2. 图片

新闻报道中经常会使用图片。第一种图片在新闻报道中起辅助作用，文字起主导作用。这类新闻报道中配的插图往往和文章主题、内容等关联性不强，甚至可能没有任何关系。比较严谨的媒体会在图片注释中声明图片来源，并说明图片内容与报道中的新闻事件无关。但部分缺乏严谨性的媒体往往没有特别注明，这些图片就可能会对受众造成误导，让受众误以为这幅图片与该新闻中的内容相关。第二种图片在新闻报道中占主导地位，文字起辅助作用。这种情况下需要格外注意核实图片和文字的内容是否相符，确保图片与文字中描述的时间、地点、人物、事件等相关联、相一致。

图片造假的方式很多，除了图文不符造成的误导之外，还有故意对图片进行部分技术处理，完全捏造图片新闻等情况，这种图片的迷惑性往往更大，普通观众更难鉴别。因此，我们在核查新闻图片时，要格外注意图片与文字描述的时间、地点、人物和事件发生状态的一致性，多留意观察，慢慢培养自己对图文相符的敏感性。

### 3. 复述或引用

如果新闻稿件中引用了某个人说的话，我们需要重点核实两个方面：一是核实这句话是否是这个人在新闻稿件中描述的时间和地点说的；二是核实这句话的语境。也就是说，在核实复述或引用的时候，我们不能只核实当事人是否说了这句话，还要核实当事人说这句话的具体语境，即他什么情况下，针对什么事情说的这句话，这句话表达了怎样的态度，他说的这句话在他整个发言中的地位和功能，这句话能否代表说话人的主要观点。如果忽略复述或引用的这句话的上下文以及当时发言的具体语境，很有可能断章取义，产生误导。在进行这类新闻核查时，最好能够找到包含当事人这句话的全部视频、音频或全文记录，它们是最有力的证据。如果拿不到这些原始素材，在解读这句被引用的话时应更加谨慎。

 **相关案例**

2023 年 3 月 27 日，"核真录"发布核查文章《香港科技大学称期中报告使用 ChatGPT 可加分？严重误导！》核查了"香港科技大学是否以加分政策鼓励学生使用 ChatGPT"。

3 月 14 日，界面新闻发布了一篇标题为《香港科技大学：期中报告使用 ChatGPT 可加分》的文章，文中大量引用《香港经济日报》3 月 13 日发布的报道，并声称"（期中报告）学生若使用 ChatGPT 可获额外加分"，如图 4-10 所示。其原报道被国内外媒体争相转发，并引起广泛讨论。

**香港科技大学：期中报告使用ChatGPT可加分**

界面新闻 2023-03-14 09:26 发表于上海

收录于合集
#香港科技大学鼓励学生使用ChatGPT 1　#香港科技大学期中报告使用ChatGPT可加分 1

3月13日，据《香港经济日报》报道，香港科技大学有课程已率先鼓励学生使用ChatGPT，列明在下周提交的期中报告中，学生若使用ChatGPT可获额外加分。带领课程的科大副教授及高级顾问（创业）黄岳永形容，ChatGPT将为未来学习带来无法逆转的改变，加深知识深度和带来更多创意，呼吁教育界不同界别尽快实践应用和讨论。

香港科技大学本月初率先宣布，由教师自行决定是否准许学生使用ChatGPT。黄岳永表示，有别于现在香港许多大学都禁止学生用ChatGPT或其他AI工具，科大管理层态度是希望大家"尽快去学"。黄岳永表示，评分时更加看重学生与ChatGPT互动的辩证、反思过程。

目前，除香港科技大学外，香港大学及岭南大学上月宣布临时禁止学生使用ChatGPT，港大副校长（教学）何立仁3月9日再向师生发电邮，指相关短期政策不变，并持续至8月本学年结束。

**图 4-10 《界面新闻》发布的报道**

香港科技大学：相关部门及教师自行决定能否使用 ChatGPT。

界面新闻的报道中"（期中报告）学生若使用 ChatGPT 可获额外加分"实为香港科技大学黄岳永副教授对于课程的个人观点。《香港经济日报》原报道《科大生提交报告 用 ChatGPT 可加分》称，"黄岳永以他负责的科大与城市大学合办的社企课程为例，近日安排两校同学通过实现了解居于深水埗的单亲妈妈的生活困难，以前他需额外指导这批读商的同学，留意访问注意事项，但今次改为建议让学生通过 ChatGPT 了解受访者背景，并采用 AI 生成的访问问题，在下周提交期中报告中，注明使用 ChatGPT 会额外加分。"

3 月 3 日，香港科技大学以邮件的形式向全体师生发布通知，通知声明："从长远来看，学校计划接纳生成性 AI，并认识到其改变研究和教育的潜力。作为一项临时策略，我们给予院系灵活性，使其能够围绕课程层面上的 AI 使用制定自己的政策；请向你的老师咨询特定课程的 AI 政策。"

由此可见，香港科技大学现将学生能否使用 ChatGPT 的决定权交由各位老师。"（期中报告）学生若使用 ChatGPT 可获额外加分"为香港科技大学副教授黄岳永对于自己开设社企课程的个人态度，并非香港科技大学的官方态度，文章标题具有误导性。就读于香港科技大学金融专业的刘同学表示，关于学生能否使用 ChatGPT，她的老师目前均未表明态度。

资料来源：https://mp.weixin.qq.com/s/n8w8-Rjfa2fRX1cqMuW1Zw. 作者有删改

### 4. 因果关系

所谓因果关系，是指从某一个或几个原因推导出某个或多个结果。因果关系之所以容易产生争议，是因为在推理过程中，陈述者往往会加入个人的主观判断。如果我们将因果关系列入事实范畴的话，就要求我们核实这一因果推理得出的结论是否遵循了基本的逻辑一致性，即证据必须要和结论一致，才能够成为事实。我们必须将那些通过逻辑谬误得出的因果推理和那些通过逻辑一致性得出的推理区分开来。

**相关案例**

2020 年 10 月底，"奇点网"公众号发布了一篇题为《〈自然〉：经常边用电脑边看手机要当心！斯坦福科学家发现，"媒体多任务"与 18~26 岁年轻人记忆力下降有关》的文章。作者谭硕主要引用了今年斯坦福大学科学家发表在 Nature 上的研究论文，并参考了分别于 2013 年、2015 年和 2016 年发表在外文期刊上的相关研究，最后得出了"'媒体多任务'与 18~26 岁年轻人的注意力分散，记忆力下降有关"的判断。"奇点网"公众号新闻截图如图 4-11 所示。

**图 4-11　"奇点网"公众号新闻截图**

2021 年 1 月 20 日,"核真录"发布核查文章《核查|手机+电脑,年轻人记忆力下降的元凶?》,对"媒体多任务"该如何定义,18~26 岁年龄段的界定是否存在科学依据,"媒体多任务"是否只针对该年龄段群体,"媒体多任务"是否与记忆力下降有关以及相关性程度四个问题进行了核查。其中,"媒体多任务"是否与记忆力下降有关以及相关性程度的核查过程如下。

这篇文章中,一个重要的新闻点就在于"媒体多任务"与注意力分散和记忆力下降的关系。在论述关系时,文章的主要依据就是 Nature 上这篇论文的实验数据,得分显示媒体多任务与记忆力呈负相关,与注意力下降程度、任务出错率等都呈正相关。

原论文作者选取 80 位年轻人(平均年龄 21.7 岁)作为样本,运用脑电图学和瞳孔测量等相关方法测试了媒体多任务(Multitasking)、注意力分散(Attention Lapses)和记忆力下降(Memory Failure/Forgetting)的关系。被试首先要进行一段针对目标的情景化记忆测试,在这期间他们的脑电波活动及瞳孔直径的变化被测量和记录,此后参与者还完成了单独的特质水平问卷调查和持续关注任务。

通过这些测试,作者得到了以下结论:①在目标提示之前,瞬间的注意力消失与伴随而来的目标编码的减少有关,这对记忆有显著的直接影响。②基于实验室的认知测验(特别是注意力和记忆力)数据与现实世界中媒体多任务行为之间的关系数据具有冲突性,部分原因是媒体多任务与持续注意力的下降和心灵游荡的增加正相关。因此,即使在执行一项任务时,媒体多任务也会降低工作记忆和情景记忆。③注意力下降是多媒体任务较重与情景记忆较弱相关的一种合理解释。较重的多媒体任务与较差的情节记忆有关,部分原因是注意力更容易或更频繁地遭受破坏。

实验以媒体多任务为自变量,测试了其与记忆力、脑电波活动(α 波)和瞳孔直径的变化的关系。从散点图来看,媒体多任务的得分与记忆力呈负相关,与注意力下降程度、任务出错率等都呈正相关。

两者的相关性由实验数据作为支撑,不过,文章中的研究工作只是证明了相关性,并没有论证背后的因果关系。因为记忆分辨力还与接受多种数字媒体的信息、工作记忆和情景记忆的能力减弱这几个因素密切相关。相比其他潜在因素,媒体多任务和记忆力、注意力之间的关联性较强。媒体多任务是否一定会导致记忆力下降,这个问题还没有标准答案。

因此,"媒体多任务"与记忆力下降有关这一陈述基本准确,但两者的因果关系并未被证明。

资料来源:https://mp.weixin.qq.com/s/J9_jOj5o4_5Z8a2jhzB9Pg. 作者有删改

以上四类是新闻报道中普遍存在的关于事实的内容,但在新闻事实核查实践中,我们经常会遇到单一消息中包含多层事实的情况。对于这类消息的核实要更加谨慎,因为在这个层面上这个消息陈述的是事实,在另一个层面上可能就不是了。

例如,曾有报道声称"美国的脸书公司 CEO 扎克伯格在演讲里说,在美国有 1/3 的婚姻关系是从网上开始的"。这则报道中包含三个层面的事实:第一个层面是"扎克伯格是否真的说了这句话?这篇报道有没有对扎克伯格的真实观点断章取义?";第二个层面是"扎

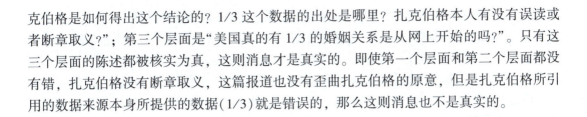

克伯格是如何得出这个结论的？1/3 这个数据的出处是哪里？扎克伯格本人有没有误读或者断章取义？"；第三个层面是"美国真的有 1/3 的婚姻关系是从网上开始的吗？"。只有这三个层面的陈述都被核实为真，这则消息才是真实的。即使第一个层面和第二个层面都没有错，扎克伯格没有断章取义，这篇报道也没有歪曲扎克伯格的原意，但是扎克伯格所引用的数据来源本身所提供的数据(1/3)就是错误的，那么这则消息也不是真实的。

# 第三节　信源核查

人类能够通过自身直接获得的知识和认知是非常有限的，我们大多数的知识获取与认知建立要依赖他人，这是人类认知活动的重要特征，也是新闻实践的重要特征。即使是专业记者通常也无法通过直接经验获取他们想报道的所有事件，他们也需要通过采访当事人、目击者、专家、官员等相关人员来了解事件的真相。而对于通过媒体或其他的中介来了解世界的受众来说，他们通过直接经验获取的知识与认知就更少了。当我们无法通过直接经验判断一则消息的真伪时，就需要通过评估信源的可靠性来判断中介信息是否真实。

## 一、溯源

正如前文所言，大多数人无法直接获知信息，因此需要依靠某些中介。这个中介可以是新闻媒体、朋友、熟人，也可以是书籍、档案、报告等书面资料。在传统媒体时代，人们主要通过报纸、广播、电视等传统媒体了解新闻。大家在谈论或交流某些新鲜事物或新鲜话题时，往往会说我看到今天的报纸是如何写的，我今天听到广播是如何说的，或者我今天看到电视上是如何说的。传统媒体时代的读者、听众或观众往往会注意到自己看到的消息是来自哪个中介，也就是说，传统媒体时代信源的可辨识度更高，更容易追溯。但在网络时代，受众往往对自己接触到的信息中介者不太敏感，当被问及"你在哪里看到这个消息"时，很多人往往会说"我在微信看到的"或者"我在微博上看到的"，甚至笼统地说"我在网上看到的"，至于这则消息最初的传播者为何人，受众并不关心，很多时候也无从知晓。

因此，评估信源的第一步是溯源，即追溯信息的源头。我们获悉一件事情后，应该先关注这件事情的信源。

同时，我们需要知道，大多数消息的信源很可能不止一个，因此，溯源就变成了一个连环倒推、环环相扣的调查过程。即使你关注到自己是从何处获得的消息，也需要进一步推导这个信源又是从何处得知的。我们在溯源的时候应该注意，信源分为一手信源和二手信源。一手信源是事件最直接的接触者，他们往往不是通过别人转述，而是通过自己的体验观察来获得信息的，如车祸现场的目击者、灾难事件中的当事人、公司财报、政府权威的统计数据、公文演讲视频和音频记录等。二手信源则往往不是信源自己直接获得的证据，而是通过转述将他人的说法转告其他人，如读者从《人民日报》记者的新闻报道中获知某件事，新闻报道对读者来说只是二手信源，溯源的时候还需要追溯记者是怎么知道这件事的，谁告诉他的，告诉他这件事的人说话是否可信。当然，如果新闻报道中出现记者亲历、记者目击等字眼，说明该记者是通过亲身体验获得信息的，这时，这名记者就成为这个消息的一手信源，如电视新闻中记者暗访的片段，记者用隐藏摄像机拍下了犯罪分子的犯罪经过，这则视频录像就是证明犯罪事件的直接证据。一般情况下，一手信源提供的直接证据比二手信源转述的信息更具可靠性和可信度。当然这并不意味着任何一个当事人或者目击者提供的信息都能被认定为可靠的证据。一是因为人的记忆会出错，不同的人因为表述能力的差异可能会出现表述的歪曲，没有受过专业训练的普通人观察到的真相可能是片面的；二是部分别有用心的人可能为了经济利益等蓄意捏造"证据"，因此溯源只是评估信源的第一步，接下来还要评估信源的可靠性。

 **相关案例**

**有据核查│东京奥运会开幕式真有这些演出？假！**

第32届夏季奥运会开幕式在日本东京国立竞技场举行。此后，网络上流传出一系列图片和动图，声称"开幕式上出现了许多让人作呕的节目和画面，以及不少特定的'图腾与仪式'"。经核查，这些照片和动图展示的场景均不是东京奥运会开幕式上的场景。

7月23日晚，东京奥运会开幕式举行后，微博上大量流传声称是开幕式画面的照片和动图，如图4-12所示。

**图4-12 部分网友微博截图**

有关内容引发网民大量讨论，如图4-13所示。

**图 4-13　网友微博热议截图**

核查点1：有关图片源自何处？

在谷歌中反搜"@MyHubby"在微博中发布的图片，可以发现这张照片是日本舞踏团体山海塾的演出剧照，如图4-14所示。

**图 4-14　日本舞踏团体山海塾的演出剧照**

舞踏是由日本舞蹈家土方巽和大野一雄于第二次世界大战后开创的一种实验性舞蹈。

舞踏的舞者通常全身涂满白粉,表演中常包含呐喊、扭曲、匍匐等元素。山海塾舞蹈剧团于1975年成立,自1980年开始海外巡演以来,足迹已遍布全球700多座城市。

核查点2:有关动图源自何处?

在谷歌中反搜"@叫阿刹的小乔"在微博中发布的系列动图,可以发现,这组动图均来自东京2020日本文化庆典"Wassai",如图4-15所示。东京奥运的官方YouTube频道贴出了庆典的完整视频,有关截图与微博上流传的动图完全一致。

图4-15　东京2020日本文化庆典"Wassai"视频截图

资料来源:https://www.thepaper.cn/newsDetail_forward_13726474. 作者有删改

## 二、评估信源

评估信源主要有五个标准：信源独立性、多重信源、可验证性、权威性和署名。

### 1. 信源独立性

评估信源独立性最重要的是要评估信源与其发布信息之间的利益相关性，也就是说，如果该信源隐瞒信息或者歪曲信息能够为其自身带来某种好处，则该信源的独立性就相对较低，反之则相对较高。因此，对于具有争议性的事件，包括独立的专家在内的与结果无关的第三方能够成为最可靠的信源。

### 2. 多重信源

多重信源是指孤证不立，即对于同一个信息来说，通过多个信源佐证比通过单一信源佐证更可靠。但需要注意的是，对于一些有争议的事情来说，多个信源往往体现出不同观点或事实的争议，如果持有同一观点或呈现同一事实的多个人提供了相同的证词，这证据也是不足的，还需要其他证据来支持验证，如书面、视频证据或者事件中持其他观点的信源的证词等。

 **相关案例**

#### 较真｜《国家地理》杂志纸质版明年停刊，辞退所有员工？严重夸大事实

这两日，一则关于著名期刊《国家地理》杂志的微博被转发了数万次，其截图也在社交网络上广泛流传，如图 4-16 所示。该微博声称，该杂志纸质版"明年停刊"，已辞退所有员工，所有作者变成合约制。

**图 4-16　相关新闻微博截图**

然而，这个说法并非事实。据美联社报道，该杂志发言人表示，有着著名黄色边框封面的《国家地理》杂志明年起将不再在美国报摊上出售（指常规版，但特别版仍将在报摊上出售），但该杂志超过 170 万的订阅者每个月仍将获得纸质版期刊。发言人还表

示，报摊销售只占该杂志发行量的一小部分。因此，"《国家地理》杂志纸质版明年停刊"是个完全错误的说法。其他权威媒体如《纽约时报》《华盛顿邮报》、CNN 也证实了美联社的说法。

资料来源：https://news.qq.com/rain/a/20230630A05LF500. 作者有删改

### 3. 可验证性

可验证性是指信源具有能够被事实佐证的特点。能够被事实佐证的信源要比持有单纯的观点、无法用事实佐证的信源可靠。

### 4. 权威性

信源的权威性与信源对事件的了解程度呈正相关，也就是说，更了解事件情况的信源提供的信息比那些完全不了解情况的信源提供的信息有价值。与民间信源相比，官方信源更加可靠，因为官方能够掌握普通受众无法接近的资源，同时具备采用更加有效的途径来调查事实真相的能力，因此能更全面地了解事件情况。除了官方通报，事件当事人和一些内部人士等信源的权威性也比较高，他们与事件距离最近，因此更了解事件的内容和真实情况。但需要注意的是，有时这些内部人士在接受采访时是匿名的，因此我们无法判断他是什么身份，对事件的内容和真实情况的了解有多深入，从而很难评估其提供的证词的可靠性，此时该信源的权威性就大打折扣了。

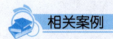 **相关案例**

"丫丫"回国，有关中动协、大熊猫"出海"，我们核查了这些

4 月 26 日，#丫丫专机将于当地时间 26 日中午起飞#登上热搜。据"中国蓝"新闻报道，旅美大熊猫"丫丫"将乘坐联邦快递 FX9759 航班回国，预计在 4 月 27 日下午 16：55 到达上海浦东国际机场。

2023 年以来，旅美大熊猫"丫丫"的状况牵动着国人的心。网友们在关心"丫丫"身体状况的同时，也对熊猫外交的主管机构、"丫丫"的血缘情况和认养情况等问题产生了争议。"核真录"核查的问题之一是"中国动物园协会是官方机构吗？在熊猫外交上扮演什么样的角色？"

结论：中国动物园协会不是官方机构，但在政府主管部门的统筹领导下直接与外方签署大熊猫合作研究协议。

根据中国动物园协会官网（见图 4-17）的介绍，中国动物园协会由中华人民共和国住房和城乡建设部主管，依法登记在中华人民共和国民政部，是全国动物园（包括设有动物展区的公园）和关心支持动物园事业的机构组成的非营利性行业组织。

据 2019 年国家发展改革委发布的《关于全面推开行业协会商会与行政机关脱钩改革的实施意见》，行业协会商会被要求和行政机关脱钩，"各行业管理部门按职能对行业协会商会进行政策和业务指导，并履行相关监管责任"。该意见附件显示，中国动物园协会在 2019 年发改委发布实施意见时，已与住房城乡建设部脱钩，依法独立运行，如图 4-18 所示。

关于我们 / 协会 / 中国动物园协会简介和发展历程

## 中国动物园协会简介和发展历程

中国动物园协会（Chinese Association of Zoological Gardens）是全国动物园（包括设有动物展区的公园）和关心支持动物园事业的机构组织的非营利性行业组织。依法在中华人民共和国民政部登记。业务主管部门为中华人民共和国住房和城乡建设部。

中国动物园协会致力于生物多样性保护。通过提高中国动物园的管理水平，促进珍稀濒危野生动物的保护、繁育与研究工作。

主要职能有：

- 制定行规行约，规范行业行为；
- 组织行业的科研与保护项目；
- 组织会员间的科学技术交流与培训活动；
- 组织开展对公众的保护教育活动；
- 进行国际合作与交流；
- 参与制定国家标准；
- 编辑、翻译出版动物行业及野生动物保护方面的期刊、书籍等。

**图 4-17　中国动物园协会官网简介**

| 序号 | 行业协会商会名称 | 业务主管单位<br>（或原业务主管单位） | 备注 |
|---|---|---|---|
| 144 | 中国建筑装饰协会 | 住房城乡建设部 | 已脱钩 |
| 145 | 中国安装协会 | 住房城乡建设部 | 已脱钩 |
| 146 | 中国动物园协会 | 住房城乡建设部 | 已脱钩 |
| 147 | 中国勘察设计协会 | 住房城乡建设部 | 拟脱钩 |
| 148 | 中国建设监理协会 | 住房城乡建设部 | 拟脱钩 |

**图 4-18　《全国性行业协会商会脱钩改革名单》，中国动物园协会已与住建部脱钩**

中国动物园协会在"熊猫外交"方面具备怎样的职权？国家林业和草原局官网相关报道显示，中国动物园协会在政府主管部门的统筹领导下，依托大熊猫技术支撑单位，直接与外方签署保护研究合作项目协议，如图 4-19 所示。

大熊猫四海

**服务外交　大熊猫再担友谊使者**

在2022卡塔尔世界杯足球赛开幕之际，来自中国的大熊猫"京京"和"四海"于11月17日在首都多哈豪尔大熊猫馆正式与公众见面，标志着中卡大熊猫保护研究合作项目正式启动。卡塔尔首相兼内政大臣哈立德等出席开幕式。

根据中动协与卡方签署的合作协议，"京京"和"四海"将在卡塔尔居住15年。"京京"4岁，是调皮的"男孩"；"四海"3岁，是活泼的"美女"，它们都出生于中国大熊猫保护研究中心卧龙神树坪基地。

2022年2月5日，国家主席习近平在北京人民大会堂会见来华出席北京2022年冬奥会开幕式的卡塔尔埃米尔塔米姆。习近平强调中方支持卡塔尔举办2022年卡塔尔世界杯和2030年亚运会，愿同卡方启动中东地区首例大熊猫合作。

为落实两国元首上述共识，在政府主管部门的统筹领导下，中动协依托大熊猫技术支撑单位，多次以视频和赴卡实地指导等方式，确保了卡方大熊猫场馆保质保量建成，并安全顺利将两只大熊猫送抵卡塔尔。10月19日，中动协率中方代表团参加了大熊猫抵卡欢迎仪式，卡塔尔市政与环境部、中国驻卡塔尔使馆、中卡各界人士近500人，在多哈豪尔大熊猫馆共同见证了"京京"和"四海"入住新家的盛况。

**图 4-19　中国动物园协会能够直接与外方签署保护研究合作项目协议**
图片来源：国家林业和草原局政府网

在对"丫丫"的保护方面，中国动物园协会官网显示，中国动物园协会具有监视合作大熊猫健康状况、提供饲养决策建议等权力，有权组织各动物保护相关组织的专家评估决策，组织工作团赴美实地考察和交流大熊猫健康状况；孟菲斯动物园每月向中国动物园协会提交大熊猫月健康报告，每年向中国动物园协会提交大熊猫医学体检报告。中国动物园协会官网《关于旅美大熊猫"乐乐"和"丫丫"的饲养和健康情况的说明》如图 4-20 所示。

为了迎接大熊猫的到来，孟菲斯动物园在2003年耗资1600万美元建成了极具中国传统文化特色、功能齐全的大熊猫场馆，建立了优秀的饲养管理和兽医团队，开辟了10英亩的竹林，每天有专门的团队为大熊猫采集新鲜的竹子，定量提供大熊猫饼干、葡萄和甘蔗等辅食。孟菲斯动物园始建于1906年，饲养展出野生动物500余种4500余只，多次被美国行业协会和媒体评为美国最佳动物园之一，具备良好的野生动物饲养管理、疾病防控、安全管理条件和水平。

大熊猫抵达孟菲斯动物园后，园方每月根据大熊猫每日体重、进食量、粪便量等信息向中方提交大熊猫月健康报告，每年提交两只大熊猫的医学体检报告。中国动物园协会及时组织中方专家进行审阅和评估，并多次组织工作团组赴美开展实地考察和饲养交流。

特别是在大熊猫爱好者提出大熊猫"丫丫""疑似"受虐"的反映后，中国动物园协会组织中国农业大学、成都大熊猫繁育研究基地、中国大熊猫保护研究中心、北京动物园、上海动物园，以及美国孟菲斯动物园、华盛顿国家动物园和亚特兰大动物园的专家对大熊猫"丫丫"进行了多次健康评估，根据视频资料、月度健康报告、年度体检报告等信息综合判断，大熊猫"丫丫"血液检测基本正常，影像学检查无异常，未发现器质性病变，属于中等健康水平，而且大熊猫在孟菲斯动物园得到了较好的照顾，未有"虐待"大熊猫的情况。中国驻美大使馆也专门派代表实地查看了孟菲斯动物园大熊猫饲养情况，确认了大熊猫在美得到了悉心的照顾。

大熊猫"丫丫"自2006年开始出现轻微脱毛现象，到2014年逐渐加重。孟菲斯动物园和中方对此十分重视，组织双方专家会商研究，采取多种方案进行治疗，但未获得预期疗效。其原因在于该皮肤病与其家系有关，并随着大熊猫年龄增长逐渐加重，季节性变化导致的激素变化也会产生影响，从而造成大熊猫毛发稀疏不均，严重影响大熊猫的外表美观度。该疾病治愈难度大，效果有限，是当前圈养大熊猫饲养中的难题。

谢钟表示，鉴于两只大熊猫已进入老年期，"丫丫"目前患皮肤病的情况也不适宜继续展出，中国动物园协会已与美方积极协商，尽早接回两只大熊猫。

**图 4-20　中国动物园协会官网《关于旅美大熊猫"乐乐"和"丫丫"的饲养和健康情况的说明》**

资料来源：https://mp.weixin.qq.com/s/xhuDdp65ED7RWuVeFp282g. 作者有删改

### 5. 署名

毋庸置疑的是，署名信源要比匿名信源更可靠。署名信源是可敬畏信源，该类信源能够为自己说的话负责任。相反，匿名信源最大的问题在于受众无法通过评估信源的可靠性来判断信息的可靠性。例如，某个煤矿发生安全事故，报道中使用了匿名信源称"据内部知情人士透露……"，由于我们不知道内部知情人士的具体身份，因此无法准确判断他提供的证词的可靠性，因为不同的身份意味着对该事件真实情况的了解程度不同，如事故中成功获救的工人，负责安全生产工作的相关领导，负责安保工作的保安，这三类人对事件情况的了解程度大概率是不同的。需要注意的是，虽然匿名信源与署名信源相比可靠性较低，但这绝不意味着匿名信源没有价值，或者说匿名信源都不可信。因为按照保护采访对象免受伤害的原则，记者在新闻报道活动中不可避免地需要采用匿名信源，这是媒体道德准则的体现。另外，在某些情况下，匿名信源确实可以提供珍贵的独家信息。

评估信源不能粗暴地用一个标准衡量就简单得出结论，而要根据案例的实际情况综合考量权衡。

**相关案例**

2017年11月25日，"核真录"发布《红黄蓝事件十大疑云，一分钟帮你解密真实与谎言》，核查了红黄蓝幼儿园虐童案的十大疑点，其中第一个疑点为"国际小二班的孩子有没有被幼儿园老师打针，喂白色药丸"，该疑点最终的核实结果为"很有可能"。这一结论的核实依据如下：多家媒体报道家长投诉国际小二班的幼儿遭老师扎针、喂不明白色药片。我们判定该信息很有可能为真，这主要是由于家长们提供了孩子身上出现的针眼的照片，并且在采访视频中无一例外地提及扎针和喂药的情节。

但是，幼儿园市场品牌部总监崔丽君表示，目前没有任何证据能够证明家长反映的信息是真实的。朝阳区教委的工作人员在接受记者采访时也表示，公安部门目前没有就此项给出定论。

资料来源：https://mp.weixin.qq.com/s/muTuocCFiEJvuMrkb_3cBQ. 作者有删改

这则核查报道在疑点核实的过程中引用了幼儿园儿童家长的证词，按照评估信源的独立性原则，我们评估信源的可靠性要看信源本身与其发布信息之间的利益相关性。很明显，在这个案例中，儿童家长和该事件具有明确利益相关性，从某种程度上说，他们就是直接受害人，那么我们能仅仅因为独立性原则就否认家长提供的证词的可靠性吗？当然不能，因为他们是孩子的第一监护人，是该事件的直接受害者，也是最了解情况最权威的信源之一，他们能够提供的是专家、旁观者等其他信源无法提供的一手信息。因此我们不能简单粗暴地通过一个指标就认为该信源的证词无效。

# 第四节　核查结果的呈现

对于媒体从业人员来说，核实新闻事件并获得相关结果只是新闻事实核查工作的第一步，采用适当的形式将核查结果呈现给受众才是核查工作的完结，才能让核查工作对公众产生积极影响。

## 一、不能使用简单判断

呈现核实结果时要尽量减少使用非黑即白的简单判断，不能只是用真或假的标签来呈现我们对事实的判断。因为，在现实生活中，大多数信息都不是完全虚假、捏造的，其中往往包含一定的真实成分。有的报道虽然部分内容有错误，但整体上并没有对受众造成误导，如果只是简单地用真假标签来予以呈现，很有可能会导致受众把需要关注的信息过滤掉。

## 二、呈现信源

在核查新闻报道中，核查者应明确告知读者所有结论都是依据哪些证据得出的。这些证据中，哪些证据是核查者自己采访获得的，哪些是从其他信源获得的。理论上说，文章中出现的每一则证据都需要进行信源追溯，以确保每一则证据都能够被归因于一个具体的、可识别的信源。如果一则证据经过多方转述后才被核查者获知，那么核查者就有义务将前面的多方信源一并告知读者，让读者知道证据的由来。

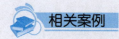 **相关案例**

### 核真 | 网约打车变难了吗？查了200多个城市的细则后发现了这些

2019年3月2日，全国人大代表蔡继明在两会的议案建议信息发布会上提出当前网约车打车变难、准入门槛过高等问题，认为网约车市场处在"五难"（百姓出行难，司机就业难，企业合规难，企业经营难，安全保障难）并存的现状。建议降低网约车的准入门槛，解决百姓出行困难。

自2016年11月1日，国务院办公厅印发《关于深化改革推进出租汽车行业健康发展的指导意见》，交通运输部等七部门联合印发《网络预约出租汽车经营服务管理暂行办法》（以下简称《办法》）以来，全国各地因地制宜，针对"三证"（针对平台公司服务能力的网络预约出租汽车经营许可证、证明驾驶员资质的网络预约出租汽车驾驶员证，以及对驾驶车辆要求的网络预约出租汽车运输证）的审批设立了具体的网约车管理细则，对网约车司机准入、平台运营等方面设定了一定的门槛。

本期"核真录"记者将围绕该提案中提到的相关数据进行核查。

核查点一：细则颁布之后，网约车打车变难了？

由于未找到人大代表提案原文，以下采用的是财经网报道《人大代表蔡继明：避免打车难，建议降低网约车门槛》进行核查[1]。在该报道中，蔡继明指出，随着查处力度的加大，网约车领域出现了接单司机数下降、乘客等车时间增长等问题，他提到这样一组数据，如图4-21所示。

> 蔡继明给出了这样一组数据：在2018年相关部门扣车罚款等处罚措施日益严格的背景下，接单司机数从2018年3月到12月降幅高达42.4%。据测算，乘客从开始叫车到有车接单的时间大约是之前的1.5倍。
>
> 以本地户籍限制网约车司机的北京地区为例，乘客叫车等待时长明显增加。普通工作日早晚高峰时段，乘客从叫车成功到上车，平均等待时间超过13分钟，热点区域叫车等待时间往往超过30分钟。

图4-21 财经网新闻《人大代表蔡继明：避免打车难，建议降低网约车门槛》

1. 接单司机数从2018年3月到12月降幅高达42.4%。

结果：不确定。

新华社2018年12月31日发布的《上海：加速推进网约车合规化整治管理》提到[2]，"上海市交通执法部门宣布继4.7万辆'马甲车'和1.3万名背景审查不合格驾驶员被封禁后，又有254名不具备网约车营运资质的驾驶员、818辆不具备网约车营运资质的营运性质车辆被上海市各大网约车平台清理。"

《中国经济周刊》2018年8月对网约车的报道称："截至2018年7月份，共有78个网约车平台公司在全国不同城市获得经营许可证[3]。现在占据主要市场份额的四家网约车公司分别是滴滴出行、神州专车、首汽约车和易到用车，78个平台中，51%的平台只在一个城市取得了许可证。"但报道中未明确说明该数据的由来。

关于各地接单的司机数量，"核真录"记者没有找到官方的具体统计数字，但通过不合规网约车司机的清查数量与获得许可证的网约车平台数量，可以看出接单司机数量整体下降，但降幅待进一步核查。

2. 据测算，乘客从开始叫车到有车接单的时间大约是之前的1.5倍。以本地户籍限制网约车司机的北京地区为例，乘客叫车等待时长明显增加。

结果：较为准确。

根据中国互联网络信息中心（CNNIC）发布的第42次《中国互联网发展状况统计调查报告》，截至2018年6月，我国网约车用户规模达3.46亿，较2017年年末增加5 970万，增长率为20.8%。网约专车或快车用户规模达2.99亿，增长率为26.5%，用户使用比例由30.6%提升至37.3%。

《中国青年报》2017年7月26日报道："某网约车平台的数据显示，北上广深打车难度均有不同程度上升。今年6月，四地早晚高峰打车难度比去年同期分别增加了12.4%、17.7%、13.2%、22.5%。"[4]

由此可以看出，从2017年起早晚高峰打车难度就比之前有所增加，在2016年政府颁布对网约车相应限制条例的背景下，网约车用户规模依然持续增长，此时出现市场供不应求、用户等车时间增长的情况比较合理。因此该代表所提出的"乘客叫车等待时间明显增加"较为准确，但具体接单时长记者并未找到可靠的信源佐证。

3. 以本地户籍限制网约车司机的北京地区为例，普通工作日早晚高峰时段，乘客从叫车成功到上车，平均等待时间超过13分钟，热点区域叫车等待时间往往超过30分钟。

结果：等待时间增加，但具体数值待定。

2016年北京市交通委员会等部门联合发布《北京市网络预约出租汽车经营服务管理实施细则》第八条规定，在本市申请网络预约出租汽车驾驶员证的驾驶员，应当符合的各项条件中的首条为有本市户籍，因此，"北京以本地户籍限制网约车司机"这一信息是准确的。

对于叫车等待时间，2016年，滴滴出行与第一财经商业数据中心联合发布的《华北城市智能出行大数据报告》显示，在滴滴平台的网约车乘客平均等待时间为5.6分钟，如图4-22所示。

图4-22 华北城市智能出行大数据报告

2018年7月，《新京报》曾就"北京网约车打车难"有过如下报道："近日，不少人在使用网约车服务时发现车比以前'难打了'，叫车排队和等待时间比以前增长。记者体验多次发现，在机场、火车站等地呼叫网约车，前面常常有数十个人在排队，等待时间多在 30 分钟以上。即使在非高峰时段叫车，叫车等待时间仍会在 15 分钟左右，车辆不再'随叫随到'。"(5)

对比 2016 年与 2018 年的等车时长，一定程度上反映了网约车叫车等待时间的确有所增长。

综上所述，目前网约车接单司机数下降、乘客叫车等待时间增加的情况存在，但打车难度的影响程度还需进一步数据披露才能判断。

核查点二：网约车各地准入管理细则标准汇总比较

在采访中，蔡继明代表提到，各地网约车细则标准不同，且对网约车的司机资质、车辆价格等限制较多，如图 4-23 所示。对此，"核真录"记者对其提出的针对各地细则标准的相关数据进行了核查。

由于各地细则标准不同，"行业合规难"也是现状之一。蔡继明提到，96% 的城市对车辆设置了价格、轴距、排量等限制，超过100个城市要求车龄在3年以内，超过60个城市要求轴距大于2650mm且排量大于1.6L，超过50个城市要求车价超过12万元或是当地巡游出租车价格的1.5倍；超过40个城市要求必须在当地设立分公司才可办理经营许可证。

图 4-23　财经网新闻《人大代表蔡继明：避免打车难，建议降低网约车门槛》

1. 96% 的城市对车辆设置了价格、轴距、排量等限制。

结果：难以判断。

由于国内并非每个城市都有网约车，有网约车的城市也不一定出台了相应的监管政策。因此"核真录"记者查阅 2019 年 1 月中国人民大学国家发展与战略研究院政策简报第五十一期《中国城市网约车监管之政策走向与发展前景》(6)。该报告统计了全国 297 个地级以上城市的网约车监管政策，发现"截至 2018 年 10 月，全国有 246 个城市出台了网约车监管政策，占所有城市的 82.83%"，其中，82% 的城市对车龄有规定，60% 的城市对购车价格有规定，67% 的城市对车辆轴距有限制，48% 的城市提出了排气量要求，还有 9% 的城市提出了发动机功率要求。另外，95% 的城市对网约车驾驶员提出了限制规定，如图 4-24 所示。

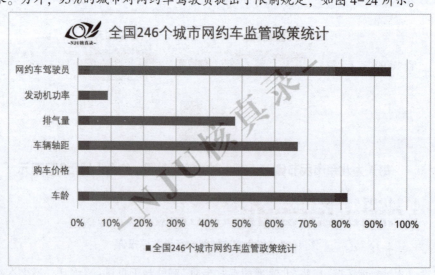

图 4-24　中国城市网约车监管之政策走向与发展前景

考虑到在蔡继明的表述中未说明其所指"城市"的行政建制级别，也并未指出96%的比例是基于什么总量而言，所以该说法的可靠性暂时难以核查，在此提供上述数据供读者参考。

2. 超过100个城市要求车龄在3年以内。

结果：属实。

根据2019年3月自媒体"网约车内参"对225个城市网约车准入细则标准进行的汇总整理[7]（见图4-25），225个已推出网约车准入管理细则的城市中有63个城市对车龄要求的上限在4年及以上或无限制，其余162个城市都要求车龄在3年以内，加之该汇总仍在持续更新，故蔡继明的说法属实。

**图4-25　225个城市网约车准入标准汇总**

3. 超过50个城市要求车价超过12万元或是当地巡游出租车价格的1.5倍。

结果：难以判断。

由于蔡继明在表述时并未说清该车价为税前或税后价，在对225座城市的网约车车价进行了分类统计后，统计出车价要求12万元以上的城市数量，如图4-26所示。

| 价格要求 | 城市数量（座） |
| --- | --- |
| 裸车价（含增值税） | 4 |
| 购置价（含购置税） | 22 |
| 购置价（不含购置税） | 19 |
| 发票价 | 8 |
| 计税价（不含价外税） | 19 |
| 价税合计（售车收入加增值税） | 5 |
| 应税价 | 4 |
| 裸车价为当地巡游出租车价格的1.5倍 | 5 |
| 购置价为当地巡游出租车价格的1.5倍 | 1 |
| 计税价为当地巡游出租车价格的1.5倍 | 1 |

**图4-26　有明确车价要求的城市数量**
数据来源：《225个城市网约车准入标准汇总》

由图4-26可知，各地车价要求不一、计算方法不同，难以一概而论。蔡继明代表在表述中说的"超过12万元"，但并未说明这是否是算上税的车价，以及如果算税又该算何种税。这句话未将各种价格区分说明，属于含糊不清的说法，可能引导大众过高估计网约车车价水平。

4. 超过 40 个城市要求必须在当地设立分公司才可办理经营许可证。

结果：这一要求本身充满争议。

如图 4-27 所示，事实上，全国公布的《网约车经营服务管理暂行办法》中，规定网约车平台公司须"在服务所在地有相应服务机构及服务能力"，而"服务机构"的具体形式包括分公司和办事处两种。在理论上，网约车公司并非必须在当地设立分公司。

### 第二章 网约车平台公司

第五条 申请从事网约车经营的，应当具备线上线下服务能力，符合下列条件：

（一）具有企业法人资格；

（二）具备开展网约车经营的互联网平台和与拟开展业务相适应的信息数据交互及处理能力，具备供交通、通信、公安、税务、网信等相关监管部门依法调取查询相关网络数据信息的条件，网络服务平台数据库接入出租汽车行政主管部门监管平台，服务器设置在中国内地，有符合规定的网络安全管理制度和安全保护技术措施；

（三）使用电子支付的，应当与银行、非银行支付机构签订提供支付结算服务的协议；

（四）有健全的经营管理制度、安全生产管理制度和服务质量保障制度；

（五）在服务所在地有相应服务机构及服务能力；

（六）法律法规规定的其他条件。

**图 4-27 《网约车经营服务管理暂行办法》截图**

网约车公司在当地设立分公司，需要申请营业执照并缴税，此要求抬高了网约车平台公司的准入门槛，不仅使平台公司的报备流程更加复杂，还会提高经营成本。

从各地基于对《网约车经营服务管理暂行办法》解读制定的细则中可见，仍有城市规定了明确的属地要求，即在本市设立具有企业法人资格的企业或具有营业执照的分支机构方可办理经营许可证，其中包括北京、上海、深圳、广州四座一线城市。

以北京为例，北京市交通委在《北京市网络预约出租汽车经营管理实施细则》推出的当天，便公布了《〈北京市关于深化改革推进出租汽车行业健康发展的实施意见〉等政策文件解读问答》，表示"本市政策文件符合首都城市功能定位和治理'人口和功能过度聚集导致的大城市病'的客观需要"。(8)

综上，是否应该要求网约车在当地设立分公司这一问题本身存在较大争议。

经核查，由于蔡继明所提供的证据来源、参照标准等较模糊，部分核心数据未向公众公开，难以核查。但可以肯定自各地网约车细则颁布以来，网约车的准入门槛有了一定的提高，其中一些条款还引发了颇多争议。作为重要的交通出行方式之一，网约车与人们日常生活关系紧密，其下一步会如何发展还留待时间检验。

参考资料：

(1)《人大代表蔡继明：避免打车难，建议降低网约车门槛》

http：//economy. caijing. com. cn/20190303/4566779. shtml.

(2)《上海：加速推进网约车合规化整治管理》

http：//www. xinhuanet. com//2018-12/31/c_1123931536. htm.

(3)《"网约车"实施新政两周年，专家再议"打车难"》http：//www. ceweekly. cn/2018/0806/231141. shtml.

(4)《网约车合法化一年：数量压缩车辆供需失衡》

http：//news. youth. cn/gn/201707/t20170726_10377781. htm.

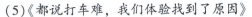

(5)《都说打车难，我们体验找到了原因》

http：//news. ifeng. com/a/20180711/59110846_0. shtml.

(6)《中国城市网约车监管之政策走向与发展前景》. pdf

http：//202. 119. 32. 195/cache/2/03/nads. ruc. edu. cn/74caa39d20fd1e93b6c3eed198a0 56bd/20190107111211_18455_93721.pdf.

(7)网约车内参：《225 个城市网约车准入标准汇总》

https：//mp. weixin. qq. com/s/vSMBmIapeQp0pwsButdqNQ.

(8)《〈北京市关于深化改革推进出租汽车行业健康发展的实施意见〉等政策文件解读问答》

http：//www. beijing. gov. cn/zhengce/jiedu/34/1856673/108371/index. html.

资料来源：https://mp.weixin.qq.com/s/eXTP2vF3X9kx4A0Vj_WHNw. 作者有删改

## 三、呈现推理过程

核查结果的呈现要尽量做到公开透明，尽可能采用文字的形式向公众披露结论的推理过程，即核查性新闻的生产过程。

仍以"核真录"《红黄蓝事件十大疑云，一分钟帮你解密真实与谎言》为例，在对"有小孩在医院查出肛裂"这一疑点进行核查时，核查者为我们提供了清晰的推理过程，具体内容如下。

这个消息在一则流传甚广的视频中得到部分确认。《北京青年报》采访幼儿园一名男家长，该名家长提到昨天确实"听有家长说"送孩子到医院做检查确定是肛裂，但他也表示并不确定肛裂的时间与具体原因。

我们可以在多个家长视频、聊天记录中看到，有人听说孩子被检查出肛裂。但是鉴于该说法目前的来源均为幼儿家长，暂时还未发现其他信息来源，并且所有发布该信息的家长都称并非是自己的孩子有此症状，而是从别人处听来，其准确性难以查证，因此我们认为该消息的真实性不大，是否为实情仍然有待进一步查证。

从以上的文字表述中，我们能看到核查者对这一疑点的溯源过程，如追溯了家长视频聊天记录等证据，还能看到核查者的推理过程，包括核查者的思考、分析以及在此基础上得出的结论。

核查者在文中解释了自己认为这些证据的可信度存疑的原因，这一解释在为读者提供证据的同时，还明确提醒了读者在使用这些证据时应该注意什么问题。这样不但能够提升报道的透明度，加强报道的可信度，还能通过提前预警的方式，降低推论中的漏洞和错误。

### "议"犹未尽

1. 谈谈互联网时代新闻事实核查的意义。
2. 任选一家媒体的报道进行核查，并撰写相关报道。
3. 随着媒介技术的不断发展，在未来，虚假新闻现象能够被根治吗？

## 学海无涯

[1]吴瑛，徐昊东.专业主义与东方主义的激荡：西方涉华国际新闻事实核查机制研究[J].新闻界，2023(3)：26-38+96.

[2]闫文捷，刘于思，周睿鸣.事实核查：专业新闻生产者可为的创新实践：一项在线实验的启示[J].新闻记者，2023(2)：46-59.

[3]吴涛，张志安.新新闻生态系统中的事实核查及对新闻真实观的影响[J].新闻与写作，2022(7)：37-45.

[4]周润哲.孤独坚守：后真相时代事实核查的逻辑困境[J].中国报业，2021(12)：20-21.

## >>>>>> 春风化雨　润物无声

### 让网络虚假新闻无所遁形(人民时评)

打击新闻"李鬼"，既要猛药去病、重典治乱，也应与时俱进、创新治理举措。作为信息内容管理第一责任人，网络平台有责任完善举措，有力应对花样百出的网络虚假新闻。

开局一张图、内容全靠编，以剪贴、拼凑等手段，炮制涉社会事件、国际时政等热点议题的虚假新闻；通过伪造新闻演播室场景、模仿专业主持人播报等手段，伪装权威新闻媒体，以假乱真误导公众……一段时间以来，网络虚假新闻成为扰乱网络传播秩序的毒瘤。

假新闻、假主播层出不穷，给互联网用户带来困扰。种种乱象，不仅传播错误信息，破坏清朗网络空间，还可能挑动网民情绪，影响社会稳定，危害不容小觑。不久前，国家网信办开展"清朗·规范重点流量环节网络传播秩序"专项行动，全面清理违规采编、违规转载、炮制虚假新闻等扰乱网络传播秩序信息，全面排查处置仿冒"新闻主播"等违规账号。各网站平台积极履行社会责任，严格开展自查清理工作。持续打击和治理网络虚假新闻，净化网络空间，也有助于提高群众对虚假新闻的警惕。

随着互联网技术与应用的发展，一些新现象新问题不断出现，给网络虚假新闻的治理带来了新挑战。当前，自媒体平台多元多样，用户范围越来越广，传播力不断增强。借助这些平台，网络虚假新闻一旦出现，传播速度加快，造成的不良影响也会更加严重。比如，一张图片配上几行说明的虚假新闻，很快就能"转载破万"。此外，随着人工智能、虚拟现实等技术的使用，网络虚假新闻的生产更加快捷，更容易以假乱真，让普通人难以分辨图文、视频内容的真实性，网友感慨："现在，有图也不一定有真相。"因此，打击新闻"李鬼"，既要猛药去病、重典治乱，也应与时俱进、创新治理举措。

作为信息内容管理第一责任人，网络平台有责任完善举措，有力应对花样百出的网络虚假新闻。当前，有的网络平台已经可以通过技术手段识别疑似虚假信息、人工智能生成信息，但对用户的提示、对信息的删除等有时并不及时；有的网络平台对于虚假新闻、仿冒账号仅是一删了之、一封了之，对于其"换个马甲"继续发布虚假新闻缺少有效防范；对于虚假新闻发布者的处理，网络平台与执法司法部门配合联动有待加强。就此而言，有关平台应及时优化措施，改进虚假信息判定处置机制，加强对违法账号的身份识别，积极配合执法监管。

此外，相关部门也应严格执行相关规范，创新举措应对监管挑战。2023 年 1 月起施行的《互联网信息服务深度合成管理规定》，明确要求深度合成服务提供者和使用者不得利用深度合成服务制作、复制、发布、传播虚假新闻信息，并规定了一系列监管制度。目前，生成式人工智能服务管理办法已向社会公开征求意见。公安、网信等部门应严格执行相关规则，履行监管职责。不久前，甘肃公安部门就借助技术手段破获一起利用人工智能生成虚假新闻的案件。有关方面及时研判新问题、总结新经验，保持整治网络虚假新闻信息的高压态势，适时完善务实管用的监管举措，才能让网络虚假新闻、虚假新闻发布账号无所遁形、无处藏匿。

面对花样不断翻新的网络虚假新闻现象，坚持聚焦问题、多措并举、久久为功，依法惩治违规者，坚决切断传播链，及时澄清假信息，才能更好守护亿万网民共同的精神家园，让互联网空间更加天朗气清。

资料来源：金歆. 让网络虚假新闻无所遁形[N]. 人民日报，2023-05-30(5).

# 第五章　数据新闻

大数据时代，数据作为新闻生产资源，其重要性与日俱增，数据新闻也凭借新颖的视角和独特的表现形式成为媒体和受众新宠。然而，要从海量的数据中找到具有新闻价值的数据，并选择适当的形式加以呈现却并非易事。本章试图通过大量案例的展示与分析，帮助读者明确数据新闻创作的基本要求。

✐ **本章要点**

> 1. 数据新闻的概念
> 2. 数据新闻的分类
> 3. 数据新闻的特征
> 4. 数据新闻的制作与传播

## 第一节　数据新闻的概念

大数据时代，数据科学的发展和数据处理软件的革新正在不断改变医疗、卫生、金融等各行各业的形态，也正在不断重构新闻生产的流程和表现样态。2007 年起，以《卫报》《纽约时报》等传统媒体为代表的新闻机构率先开始数据新闻实践，这些媒体成立了由记者、程序员、设计师等构成的团队，运用各种新兴技术和软件来抓取、处理、分析数据，以交互地图、互动图表甚至游戏的方式来呈现数据，讲述数据故事。

2006 年，《华盛顿邮报》的软件开发人员阿德里安·哈罗瓦提（Adrian Holovaty）率先提出了数据新闻的理念。他指出，报纸应该结束以叙述故事为核心的世界观，提倡媒体通过计算机处理原始数据，为公众提供更加重要、更具参考价值的报道。2010 年，被称为"互联网之父"的蒂姆·伯纳斯·李（Tim Berners Lee）宣称：分析数据将成为未来新闻的特征。这使"数据新闻"一词真正开始进入政府和公众的视野。

尽管不同的从业者和学者曾经分别从内容符号、新闻叙事及新闻生产流程等不同视角对数据新闻加以阐释，但万变不离其宗，数据新闻的本质就是基于数据信息的采集、分析和呈现的新闻工作方式。因此，数据新闻（Data Journalism）又被称为数据驱动新闻（Data-Driven Journalism），是指利用数据统计分析、数据挖掘等手段进行新闻信息的采集、加工和呈现的新闻报道形式。这一报道形式要求新闻生产者将采集到的信息转化为可以被量化计算的数据，然后根据报道的目的采用科学的方法对相关数据进行统计分析，并最终以形象化、艺术化的新闻报道形式加以呈现。需要注意的是，数据新闻中的"数据"不等于"数字"，而是指所有可以被计算机加工、处理的对象，包括文字、符号、表格、图片、音频和视频等。以下这则数据新闻源于"澎湃新闻美数课"。2023 年 5 月 21 日是世界脊柱健康日。如图 5-1 所示，在计算机视觉技术的帮助下，作者提取了 86 万帧视频画面的坐姿骨骼，借助医学分析，呈现出办公室久坐一族的脊柱健康问题。这一数据新闻作品中使用的数据主要源于视频资源。

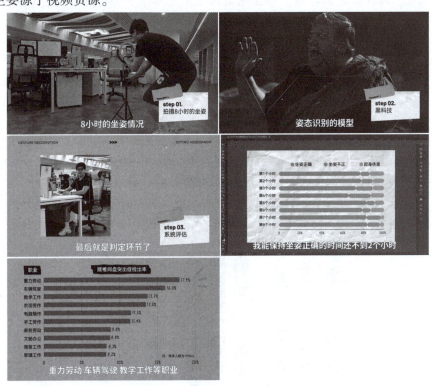

**图 5-1　澎湃新闻美数课《86 万帧动作捕捉画面，暴露了哪些颈椎问题？》**
资料来源：https://www.thepaper.cn/newsDetail_forward_23148528. 作者有删改

另外，使用大量数字的报道未必就是数据新闻，数据新闻报道中也未必包含大量的数字。对比以下两篇报道，其中第一篇来自 2024 年 3 月 18 日的网易数读栏目，报道通过对新浪微博话题#春节摄影大赛#下的 62 946 篇帖子进行数据分析，展示了不同地域的不同年味。这是一篇典型的数据报道，通过数据统计分析与呈现来实现报道目的。相比之下，另一篇报道《楼市 6 月销售继续降温！保利、万科半年销售表现领跑，下半年行情怎么走？》中虽然也包含大量的数字，但只是对楼市销售情况的客观介绍，并不能称为数据新闻。

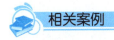 **相关案例**

报道 1：

### 从 6 万条微博，看中国人的年味变迁（有删减）

春节，是独属于中国人的浪漫。不论南北东西，"年味"是永恒的共同主题。只不过在吃喝玩乐上，全国各地，甚至是家庭与家庭之间，都有着截然不同的诠释。

好在随着手机影像技术的发展，人们越来越习惯通过照片、视频分享过年的仪式和习俗，传递自己的喜悦。这也让天南海北的人仅凭借一块屏幕，便能跨过大山大河，欣赏和见识不一样的年味。

我们统计了新浪微博话题#春节摄影大赛#下的 62 946 篇帖子，遍观不同美好记忆瞬间，与你分享地域之间、时空之中的不同年味。

### 南北之别，除夕夜继续

甜咸豆花、肉粽还是豆沙粽、冬至吃汤圆还是吃水饺……每逢佳节，饮食差异就是"诱捕器"，总能掀起不少分享和讨论。

我们统计了微博话题#一条微博晒年夜饭#下的 4 641 条讨论，发现北方确实对饺子爱得深沉，南方的主食则五花八门。

大年三十，北方人看着春晚，坐等刚下锅的饺子沸腾，朋友圈里南方朋友吃的则是热气腾腾的汤圆，照片中被咬了一口的汤圆，居然还是肉馅儿的。

但中国地大物博，南北除夕夜的饮食差异，又何止饺子、汤圆两样东西。

同是鸡鸭鱼肉，不同地区做出了不同的花样。山东的四喜丸子、湖北的黄焖圆子、广东的白切鸡、陕西的蒸碗……一地就有一地的特色，一处就有一处的滋味，如图 5-2 所示。

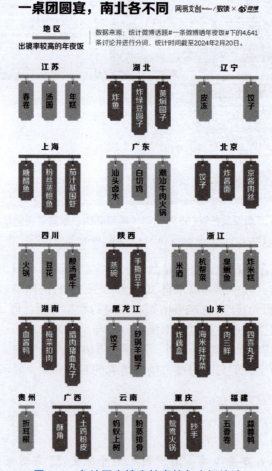

图 5-2　各地区出镜率较高的年夜饭统计

蒸煮煎炸炒，每张照片中的年夜饭都堪比一桌满汉全席。各地的年味，都浓缩在一张小小的照片中。

对 DNA 中刻着"火锅"二字的四川人来说，年头年中吃火锅，到了年尾，饭桌上依然少不了热气腾腾的锅子，还必须是鲜香麻辣的，吃起来才够"巴适"。

不同的年夜饭，有不同的寓意：新年吃火锅，来年必红火；巧手蒸花糕，象征步步高。

来自山东的蒸花糕申请"出战"。富有韧性的柔软面团在巧手下摇身一变，成了活灵活现的大胖鱼，鱼鳞层层叠叠，象征着步步高的美好期望。

人间烟火处，年味渐浓时。除了吃的差异，南方人相机里记录下的舞鹅、游神、炸龙，在刷新着北方人对春节民俗活动的认知。

北方最常见的充满地方年味儿的庙会，则带给了南方人一点小小的震撼：随处可见的冰糖葫芦、捏面人、皮影戏等传统民俗活动，"庙"不可言。

这个春节，不少非物质文化遗产大放异彩。1 600℃ 的铁水被打向空中，金灿灿的铁花在空中炸开；年总是与火交织在一起，象征着红红火火；舞队踩着高跷在欢快的音乐里扭着秧歌，获得阵阵喝彩。

南北方过年时民俗活动如图 5-3 所示。

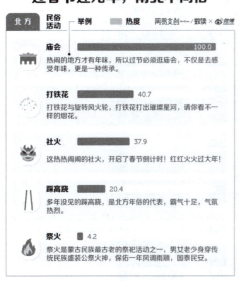
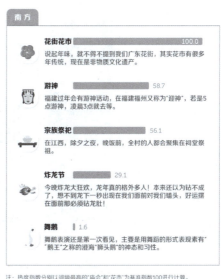

**图 5-3　南北方过年时民俗活动**

同风不同俗，一些地方还会邀请神仙出游，神民其乐融融。福建泉州时隔二十年重启民俗"踩街"活动，独具地方特色的火鼎公婆、簪花女，增添了不少年味。

即使南北相距遥遥，也有一些相似的民俗活动根植于历史长河里。无论是喜庆的舞龙舞狮，还是辉煌灿烂的烟火灯展，一千个人的眼中有一千种年俗，但用照片记录年味的初心却是一致的。

### 反向过年，不返乡去旅游

光在手机里看天南海北还不够，越来越多人直接奔赴天南海北。

去哪儿大数据研究院研究员分析，因为假期的延长，人们原有的春节度假习惯发生了改变，八天的超长假期让"出游"代替"返乡"成为春节假期的主角。

从前大家认为"回家才是年"，如今，越来越多人认为"年在心中"，只要和家人、爱人在一起，去哪里都是在过中国年。

马蜂窝数据显示，香港、沈阳、长春、深圳、哈尔滨、郑州、合肥、南昌、大连和自贡成为春节假期旅游热度飙升城市 Top 10，如图 5-4 所示。

**图 5-4　2024 年春节假期热度飙升城市**

在元旦就出圈过的哈尔滨，冰雪依旧，热度不减。冻梨切盘、广场上建暖气屋，让从未见过雪的南方人都感受到了"掏家底式"的待客之道。

如果说北京是政治中心、上海是金融中心，那么沈阳就是"洗浴中心"，边搓澡边吃喝的体验，让去过的人流连忘返，还想再去一次。

而以"宇宙第一灯会"闻名的自贡，通过当地人和游客的打卡分享，让更多人见识到了栩栩如生、金碧辉煌的彩灯。

以前的春节旅游是哪里热闹好玩去哪里，而现在则主打一个"南北交换"。

一方面，南北方巨大的气候差异，造就了独特的春节旅游"变形记"。南方人想去东北滑雪看雪，北方人想去南方赏花看海。另一方面，南北方文化习俗、风土人情的差别，在过年时更加显著。

根据《2024春节假期出游快报》，2024年，飞往广东、海南、福建等南方地区温暖过年的"避寒游"，以及飞往黑龙江、吉林、河北等北方地区的"过雪年"最为火爆，预订量同比去年增长105%。

携程的统计数据也显示，春节假期呈现出明显的"南北互跨"趋势，如图5-5所示。

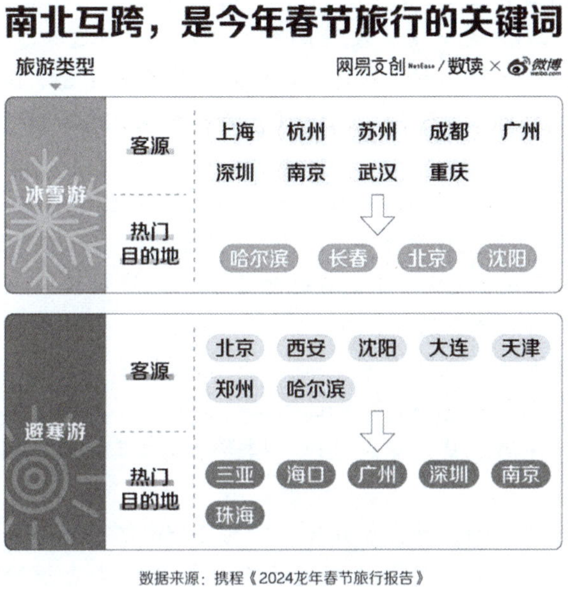

图 5-5　2024 年春节旅游关键词及热门目的地

都说旅游是从你待腻了的地方去一个别人待腻了的地方，但是"北上新疆，可可托海滑雪跨年""南下苏杭，在暖冬中反向旅游"的极致反差感，确实拨动了不少人的心弦。

对于南方城市的游客来说，春暖花开并不鲜见，但一见到雪就高兴得"迷糊"了。哈尔滨的冰雪大世界晶莹别透，把人一秒带到童话王国。

而来自北京、沈阳、大连、哈尔滨等北方城市的游客，则对三亚、海口等气候温暖的海岛更情有独钟。

在暖气里度过了一个冬天的他们，可以尽情享受阳光明媚的海滩。海水很蓝，日落很美，美中不足的是，拥挤的人潮比沙子还多，返程的票比春运时还难抢。

过年地点在变，团聚形式在变，但年味只增不减。

……

资料来源：网易数读. 从 6 万条微博，看中国人的年味变迁［EB/OL］.（2024-03-06）［2024-10-15］. https：//www.163.com/data/article/ISJS9SEO000181IU.html？spss=dy_author.

报道2：

**楼市6月销售继续降温！保利、万科半年销售表现领跑，下半年行情怎么走？**（有删减）

2023年7月4日晚间，万科A、碧桂园同日披露6月经营销售情况，这两家都曾名列房企销售榜首的地产公司，在6月的销售情况均较3月楼市"小阳春"时有所回落。

这一特点与市场大势一致，进入二季度以来，房企销售表现持续回落，6月单月TOP 100房企销售额已转为同比下降29.4%，环比下降19.0%。业内预期，下半年房地产市场恢复仍有波折，不过房企对此普遍已有理性认知，并通过提升运营效率进行应对。

**保利、万科上半年领跑**

万科7月4日晚间公告显示，2023年6月，公司实现合同销售面积252.0万平方米，合同销售金额361.4亿元。这一销售表现虽为年内次高，不过较3月楼市"小阳春"时的426.3亿元明显下降。整个上半年，万科累计合同销售面积1 297.0万平方米，合同销售金额2 039.4亿元。作为对比，2022年上半年，万科合同销售金额为2 152.9亿元，表现较2023年略优。

另一家房企碧桂园同日披露，公司6月单月共实现权益合同销售金额约160.0亿元，权益合同销售建筑面积约203.0万平方米。这一销售表现不仅低于3月单月的250.1亿元，也较4月、5月的226.9亿元、182.0亿元更低。估算碧桂园上半年实现权益合同销售金额1 287.6亿元，同比减少约30.4%。

其余主要房企的6月销售表现尚未宣布，不过根据第三方中指研究院统计，万科、碧桂园上半年的销售额分别位居房企销售榜的第二、第五位，其余5家销售额超千亿元的房企，分别为保利发展、中海地产、华润置地、招商蛇口以及绿城中国，以上企业按销售金额降序排序。

其中，位居销售榜榜首的保利发展销售金额为2 366亿元，与万科一起成为唯二销售额超2 000亿元的房地产企业。估算保利发展6月单月销售金额约为400亿元，同样较3月份的503.01亿元下滑明显。

资料来源：https://finance.stockstar.com/SS2023070500010529.shtml. 作者有删改

# 第二节　数据新闻的分类

按照使用数据的量级，数据新闻可以分成大数据新闻和小数据新闻。大数据新闻是指在数据新闻报道中使用大数据量级的数据作为分析对象或研究结果；小数据新闻是指在数据新闻报道中使用小数据量级的数据作为分析对象或研究结果。两者的差别如表5-1所示。

**表 5-1　数据新闻类型对比**

| 类型 | 报道对象 | 使用数据量 | 数据类型 | 报道成本 | 技术要求 |
|------|----------|------------|----------|----------|----------|
| 大数据新闻 | 复杂，社会影响力强 | 数据量级巨大 | 数据类型构成多样 | 成本高，人员数量庞大、耗时长，资金投入大 | 高 |

续表

| 类型 | 报道对象 | 使用数据量 | 数据类型 | 报道成本 | 技术要求 |
|---|---|---|---|---|---|
| 小数据新闻 | 简单 | 数据量级小 | 数据类型构成简单 | 成本低，人员数量小，耗时短，资金投入小 | 低 |

由于大数据新闻与小数据新闻在报道成本上差别巨大，因此在实际运用中，大多数媒体机构采用的是小数据新闻报道形式，大数据新闻报道形式比较鲜见。但随着大数据技术的不断完善，大数据新闻的发展前景越来越好。

**相关案例**

2019 年，《倡导报》(*The New Orleans Advocate*)系列报道获得第 103 届普利策奖的地区报道奖。该报道描述了路易斯安那州的"不完全一致即可判决"陪审制度如何剥夺被告的基本人权、造成监禁与对黑人的歧视性。路易斯安那州判决的终身监禁罪犯远远超过美国其他州。美国仅有两个州不需要所有陪审员取得一致意见就可以将被告定罪，而路易斯安那州正是其中之一。系列报道主要包括：

①《路易斯安那州在将人终身监禁方面居全国之首；陪审员甚至常常无法就是否有罪达成一致意见》(*Louisiana leads nation in locking up people for life；often，jurors couldn't even agree on guilt*)

②《了解路易斯安那州陪审团不一致的法律结论：互动动画幻灯片》(*Understanding Louisiana's nonunanimous jury law findings：An interactive，animated slideshow*)

③《路易斯安那州一项不正常的法律如何剥夺、歧视和推动监禁：倾斜的天平》(*How an abnormal Louisiana law deprives，discriminates and drives incarceration：Tilting the scales*)

④《在路易斯安那州的分裂判决规则中，白人至上主义的根源保持着与种族主义过去的联系》(*In Louisiana's split-verdict rule，white supremacist roots maintain links to racist past*)

该系列报道分析了 6 年间的 993 份陪审员投票记录，发现有 403 起案卷的投票结果并未取得一致意见，这些判决在美国另外 48 个州是无效的，但是在路易斯安那州则可以将被告送进监狱。而在未取得一致意见的判决中，有 53% 的判决是以 11：1 通过的，还有 47% 的判决是以 10：2 通过的。其中，黑人陪审员反对有罪判决的比例为 20.5%，远远高于白人陪审员的 8.2%。但是，黑人被告却更有可能在陪审团未取得一致意见时被定罪，比白人的概率高 10% 左右。很多黑人没有能被代表，漏斗图显示很多地区黑人陪审员的比例大大低于该地区黑人人口的比例，如在东巴吞鲁日(East Baton Rouge)，可以成为陪审员的黑人人口为 44%，但黑人陪审员仅有 29.6%，实际比例比应有比例低得多。此外，《信使报》还利用可交互的时间轴展示了路易斯安那州"不一致即可判决"陪审制度的白人至上主义和种族主义根源。

资料来源：https://www.pulitzer.org/prize-winners-by-year/2019. 作者有删改

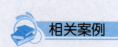 **相关案例**

## 第三十三届中国新闻奖获奖作品——《解码十年》

《解码十年》系列报道如表5-2所示。

表5-2 《解码十年》系列报道

| 序号 | 单篇作品标题 | 体裁 | 字数/时长 | 刊播日期 | 刊播版面 | 备注 |
|---|---|---|---|---|---|---|
| 1 | 《解码十年》精准扶贫让9 899万贫困人口一道迈入小康社会 | 消息 | 4分27秒 | 2022-08-09 | 新闻频道《新闻联播》 | |
| 2 | 《解码十年》异地扶贫搬迁960多万贫困人口搬来了新生活 | 消息 | 4分45秒 | 2022-08-10 | 新闻频道《新闻联播》 | |
| 3 | 《解码十年》穿山越壑向交通空白处挺进 | 消息 | 4分35秒 | 2022-08-11 | 新闻频道《新闻联播》 | 代表作 |
| 4 | 《解码十年》还老百姓蓝天白云繁星闪烁 | 消息 | 4分07秒 | 2022-08-12 | 新闻频道《新闻联播》 | |
| 5 | 《解码十年》让母亲河永葆生机活力 | 消息 | 4分55秒 | 2022-08-13 | 新闻频道《新闻联播》 | |
| 6 | 《解码十年》开启人与自然和谐共生新篇章 | 消息 | 3分57秒 | 2022-08-14 | 新闻频道《新闻联播》 | |
| 7 | 《解码十年》中国迈入创新型国家行列 | 消息 | 4分52秒 | 2022-08-15 | 新闻频道《新闻联播》 | |
| 8 | 《解码十年》让所有农村人口喝上放心水 | 消息 | 4分25秒 | 2022-08-16 | 新闻频道《新闻联播》 | |
| 9 | 《解码十年》产业集聚点亮中西部 | 消息 | 4分22秒 | 2022-08-17 | 新闻频道《新闻联播》 | |
| 10 | 《解码十年》中国与世界更快更深地连接 | 消息 | 4分52秒 | 2022-08-19 | 新闻频道《新闻联播》 | |
| 11 | 《解码十年》中国掀起数字化浪潮 | 消息 | 4分02秒 | 2022-08-20 | 新闻频道《新闻联播》 | |
| 12 | 《解码十年》绘就命运与共新蓝图 | 消息 | 4分03秒 | 2022-08-21 | 新闻频道《新闻联播》 | |
| 13 | 《解码十年》为乡村振兴插上互联网翅膀 | 消息 | 3分50秒 | 2022-08-22 | 新闻频道《新闻联播》 | |

　　《解码十年》聚焦新时代的非凡十年，主创团队深入学习领悟习近平新时代中国特色社会主义思想，完整、准确、全面理解创新、协调、绿色、开放、共享的新发展理念，以此谋篇布局，搭建整个报道的四梁八柱，力争将十年取得的历史性成就和发生的历史性变

革，转化为中国人民在以习近平同志为核心的党中央的带领下破解历史性难题的进程式报道。该报道首次尝试"卫星视角+大数据调查+新闻故事"的方式，主创团队联合国内50多家部委和直属单位、顶尖大数据机构，调用太空中20多颗中高分辨率卫星、地面上百万个传感器，在数万亿级的巨量大数据中挖掘新知，构建新的观察维度。海内外几十路记者深入采访，立体、生动呈现十年巨变，让受众可感可知可信可敬。以具有新时代气质的表达方式礼赞新时代，集成多种技术创新成果于报道之中。节目运用了卫星遥感、地理信息还原、航空测绘、倾斜摄影和三维建模等多种技术手段，并首次在新闻报道中使用了实景高质量数字化建模，首次将游戏开发领域中使用的虚幻引擎"跨界"应用于报道，新技术、新应用、新方法融合运用，造就极富冲击力的"扶摇天地一镜开，山河巨变入画来"的诗画美景。实现了新闻性与艺术性有机统一。该系列报道的13集节目全部全网置顶、持续登上各平台热搜。国家发改委、商务部、交通运输部、农业农村部等40多个部委和行业协会的官网、官微转发。人民网、新华网、光明网等主流媒体和多家商业网站转发转载，全网累计触达量超60亿人次。系列节目被编译成29个语种全球落地，海内外反响热烈。节目获得各界好评，被誉为"创新二十大主题宣传报道的现象级佳作"，入选中国记协"党的二十大报道融创精品案例"，获评第三十三届中国新闻奖二等奖。

资料来源：中国记协网.解码十年：中国新闻奖参评作品推荐表［EB/OL］.（2023-10-16）［2024-10-15］.http://www.zgjx.cn/2023-10/16/c_1212289443.htm.

# 第三节　数据新闻的特征

作为新闻学与计算科学结合的产物，数据新闻代表着新闻业未来发展的重要方向，它主要包含以下特征。

第一，数据新闻以服务公众利益为目的。

数据新闻产生于全球数据开放运动的大背景之下，数据开放运动的初衷就是把以往由政府和相关机构掌握的数据解放出来，使其真正服务于公众利益和社会生活。数据新闻的终极目标也是让公众了解宏观数据，特别是宏观数据与个人生活之间的联系。

以2018年全球数据新闻奖的获奖作品为例，通过分析发现，难民、选举、政治及犯罪等与公众利益密切相关的选题是数据新闻关注的主要领域。2018年全球数据新闻奖获奖作品如表5-3所示。

表5-3　2018年全球数据新闻奖获奖作品

| 序号 | 获奖作品名称 | 机构 | 国家 | 主要内容 | 所获奖项 |
|---|---|---|---|---|---|
| 1 | 生活在难民营 | 路透社 | 英国 | 直观展现了孟加拉国科克斯巴扎尔县罗兴亚难民营内的恶劣生活条件 | 年度数据可视化奖 |
| 2 | 快钱（Easy Money） | 《环球邮报》 | 加拿大 | 针对白领犯罪的数据调查 | Startup Lisboa年度调查报道奖 |

续表

| 序号 | 获奖作品名称 | 机构 | 国家 | 主要内容 | 所获奖项 |
|------|------------|------|------|----------|----------|
| 3 | 选举区的重新划分 | FiveThirtyEight网站 | 美国 | 研究了7个不同的重划选区计划,用地图结合图表量化他们的政治影响 | 年度最佳新闻数据应用奖 |
| 4 | 菲律宾安全之路 | #SaferRoadsPH | 菲律宾 | 关注道路安全问题以促进政府制定更好的政策来保护菲律宾的道路使用者 | SEMrush年度数据新闻网站 |
| 5 | 搜索失联潜艇"圣胡安"号 | 《民族报》 | 阿根廷 | "圣胡安"号搜救行动 | Chartbeat突发新闻数据使用奖(36小时以内) |
| 6 | 金钱至上 | Postmedia网络公司 | 加拿大 | 建立了加拿大第一个可搜索的政治捐款数据库 | 开放数据奖 |
| 7 | 帕特里克-斯托茨(Patrick Stotz) | SPIEGEL ONLINE | 德国 | 制作了德国的联邦交通基础建设计划地图 | 最佳个人作品集 |
| 8 | 财新数据可视化实验室 | 财新数据可视化实验室 | 中国 | 2013年成立的财新数据可视化实验室因其将卓越的技术、深入的研究深度和独特的视觉美感相结合而脱颖而出 | 最佳大型数据新闻团队 |
| 9 | 受害者监测站(Monitor de Victimas) | 《信息时报》InfoTimes | 埃及/委内瑞拉 | 《信息时报》(InfoTimes)常常利用开源数据和公共工具,创造出不可估量的数据新闻,作品展示了令人印象深刻的开放数据和实地报道 | 最佳小型数据新闻团队 |
| 10 | 隐藏的空中侦察兵 | BuzzFeed News | 美国 | 作品通过地图呈现出飞行数据背后的故事,或将使人与人、人与政府、人与企业的关系发生变化 | 约翰·S.奈特新闻奖学金数据新闻创新奖 |
| 11 | 玛丽-路易丝蒂姆克(Marie-Louise Timcke) | 《柏林晨报》 | 德国 | 蒂姆克因为其专业工作、技术能力、对于学习和与社区分享信息的态度而成为一个独特而有前途的年轻数据记者 | 推特年度学生及青年数据记者奖(作品集) |
| 12 | 暴力的监控 | 巴西G1公司 | 巴西 | 记录了巴西一周内(2017年8月21—27日)发生的1 195次暴力死亡案件所有遇难者的情况,并试图找出暴力蔓延的根源 | 公众选择奖 |

资料来源:https://baijiahao.baidu.com/s?id=1602047491383343805&wfr=spider&for=pc. 作者有删改

第二,数据处理分析的结果是驱动报道逻辑的核心。

发掘隐藏在宏观抽象数据背后的意义,找寻数据背后的结构性联系是数据新闻和一般新闻相区别的核心特征。以 2019 年全球数据新闻奖的年度数据新闻应用奖《罪犯移民的神话》(*The Myth of the Criminal Immigrant*)为例,该作品由非营利新闻机构马歇尔计划(The Marshall Project)制作。该作品缘于特朗普政府宣称美国社会许多罪行是移民导致的,这一观点其实是错误的,但特朗普政府却以此推动其移民政策:限制入境、旅行和签证;加强边境执法;计划沿墨西哥边境修建一堵墙。《罪犯移民的神话》证明特朗普政府的说法不准确。通过四所大学的大规模合作,由纽约州立大学布法罗分校的罗伯特·阿德尔曼领导的一个研究小组研究了全国 200 个大都市 40 年间的统计区域,得出结论:高移民人口与高犯罪率之间没有相关性。基于本报告中的数据,马歇尔计划与报告的作者合作,将数据扩展到 2016 年,然后将这些数据用作进一步深度时间序列分析和可视化移民人口与暴力犯罪率趋势的基础。此项目分析发现,目前所研究的大都会地区的移民人数比 1980 年多,暴力犯罪少。截至最新可读取的 2016 年数据显示,虽然移民人口几乎全面增长,但犯罪率下降的频率高于上升的频率。移民增加最多的前 10 个地区在 2016 年的犯罪率都低于 1980 年。马歇尔计划通过可视化的方式进行呈现,逐个城市公开数据和结果。该项目的目标不是简单地让读者相信原始学术论文的统计结果和时间序列分析的结果,而是给读者提供工具,让读者亲自从自己的城市看到数据,并作出自己的判断。《罪犯移民的神话》作品截图如图 5-6 所示。

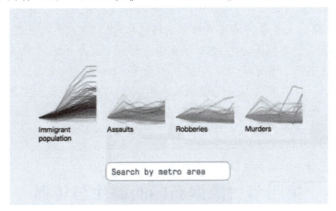

**图 5-6 《罪犯移民的神话》作品截图**

资料来源:https://www.sohu.com/a/320724645_649502. 作者有删改

第三,数据新闻以可视化作为主要的呈现方式。

视觉是人类获取绝大多数信息的主要方式,将复杂、抽象、难懂的数据转化为形象、具体、生动的交互地图、交互时间轴、短视频、小游戏等,有助于加深读者对数据和新闻的理解。

以《纽约时报》的作品《谁能在新德里呼吸干净的空气①》(*Who Gets to Breathe Clean Air in New Delhi*)为例。该作品走进了印度一个家庭贫困的孩子 Monu 和一个来自中产阶层的孩子 Aamya 一天的生活。多媒体报道既聚焦人物故事,跟踪两个孩子从起床、通勤上学到放学回家吃晚饭的全过程;又使用量化方法,用传感器新闻、视频、图表等形式表现两个孩子所处环境空气污染指数的变化。作品通过用心观察和数据分析,讲述了并非所有印度人都能平等呼吸新鲜空气的故事。这则数据新闻的最大优点在于,将微观的人物故事和宏

---

① https://m.thepaper.cn/baijiahao_14051068. 作者有删改

观的数据嵌套在一个网页中，给人带来良好的阅读体验。它没有抛弃新闻纪实图文叙事的传统；同时，交互图表携带的地理位置、空气污染指数等信息对传统表达方式加以补充，充分展现了数据新闻直观明了的优势。

 **小知识**

> **全球数据新闻奖**
>
> 　　全球数据新闻奖(Data Journalism Awards)设立于2012年，由全球编辑网络这一组织发起，得到了谷歌新闻实验室和奈特基金会的支持，同时与网站流量分析公司Chat以及互联网公司微软展开合作。作为首个表彰数据新闻领域杰出工作的国际专项奖项，它主要用于表彰数据新闻领域的优秀调查报道、个人记者、突发新闻报道以及优秀团队等。多年来，它已经成长为在数据新闻圈里占据重要位置的国际奖项。
>
> **凯度信息之美奖**
>
> 　　凯度信息之美奖于2012年创立，主要评估参赛作品的主题与可视化形式之间的适应程度，嘉奖信息与数据可视化方面的优秀作品。该奖项的评委团队主要是来自不同国家的52名数据可视化相关领域的专家，他们的研究领域包括城市规划、游戏、电影、科学、新闻、政治、软件工程、美术等。该奖项的评选还包括超过30万名社区成员的公众投票。
>
> 　　评委会注重评判每个参赛者的作品是否适合媒体(信息图表、交互式、数据可视化等)以及它对主题(艺术、娱乐与文化、新闻与时事、地图、地方与空间、人类、语言与身份、政治与全球、科学与技术、人道主义、休闲、游戏与体育、可视化与信息设计以及其他所有特殊主题)的启发程度，在一定程度上促使信息与数据可视化的主题覆盖领域越来越广。

## 第四节　数据新闻的制作与传播

### 一、数据采集

采集数据是数据新闻制作的起点。数据采集主要有以下两种方式：一是自主采集数据，即报道者通过采访或问卷调查等科学的调研方法主动获取原始数据。采用这种方式的数据新闻报道者，往往在报道之初就有明确的报道目标和展开调研收集详细数据的能力。二是利用他人数据。

#### 1. 自主采集数据

自主采集数据主要包括以下几种方式。

（1）申请政府信息公开

自2007年《中华人民共和国政府信息公开条例》施行以来，媒体获得公共信息实现了有法可依，政府信息公开也成为各政府网站建设的主要内容。以辽宁省人民政府网站为例，主动公开内容主要包括省政府领导及分工，省政府工作机构及其主要职能、机构设置、联系方式，地方性法规、省政府规章，省政府及省政府办公厅依法公开的政府文件及解读，省政府重要会议的主要内容，省政府重点工作，省政府工作报告，辽宁省国民经济和社会发展计划、专项规划、区域规划及相关政策，省级财政预算、决算报告，辽宁省经济和社会发展的主要统计信息，省政府人事任免信息，省政府公报，突发公共事件的应急预案、预警信息及应对情况，政府集中采购项目的目录、标准及实施情况等。如果媒体需要的数据不在公开之列，还可以通过申请信息公开的方式获得数据。媒体从业人员以个人身份或媒体单位的身份申请皆可，申请前应先确定被申请机关，然后通过现场、信函、传真或电子邮件等方式提出申请，省政府办公厅收到政府信息公开申请后，予以登记，除可以当场答复的外，自收到申请之日起 20 个工作日内予以答复；如需延长答复期限的，经省政府办公厅政务公开办公室负责人同意并书面告知申请人，延长答复的期限最长不超过 20 个工作日，具体流程如图 5-7 所示。

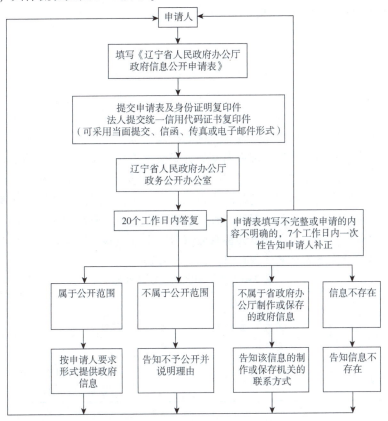

**图 5-7　辽宁省人民政府办公厅依法申请公开政府信息流程**

（2）抓取网页数据

抓取网页数据，即通过数据采集技术或软件自动对网页上的信息进行抓取、分析、整理并制成数据库。数据公司除了拥有庞大的数据量，还掌握着先进的数据分析技术，媒体机构也可以通过与数据机构合作的方式来获取数据。

**相关案例**

澎湃新闻的数据新闻作品《3 522 条修改记录看近十年女性主义话题之争》，通过对3 522 条知乎词条修改记录的数据分析与修改内容分析，为受众呈现出近十年女性主义话题之争。2011 年 1 月 2 日，用户李如一在知乎上创建了一份话题词条，2014 年之后，这个话题的修改记录开始不断地出现小高峰式的增长，一批又一批的网友，一次又一次地修改这份词条的关联词，试图去解释或质疑这个饱受争议的名词——女性主义。知乎词条的修改类型主要有三类：话题释义、话题别名和关联话题。最后一项的争夺是最活跃的。总共 3 522 次的词条修改记录中，关于关联话题的增减操作，就占到了 2 701 次。尽管修改次数如此之多，这份词条最终只剩下 6 条直接相关的一级子话题。

资料来源：https://baijiahao.baidu.com/s?id = 1693664433728413418&wfr = spider&for = pc. 作者有删改

（3）组织问卷调查

问卷调查主要包括问卷设计和样本选择两个方面。

第一，问卷的设计。

一般情况下，规范的问卷应当包括前言、指导语、调查问题与答案、调查过程记录等四个部分，其中前言和指导语两个部分可以合并。前言往往放在首页上方，内容主要包括调查者身份介绍，调查主要目的和意义，调查程序及数据使用规范等，语言规范简洁，语气礼貌真诚，在结尾部分应对被调查者表示感谢。指导语的用途是为调查对象填写问卷提供技术指导，如明确封闭式问题是单选还是多选，多选的标准，标注的方式是打勾还是画圈，开放式问题的字数不能少于多少等；如果调查问卷中有多数调查对象不熟悉的专有名词，也可以在此做出解释。调查问题主要包括封闭式问题和开放式问题两种，一般情况下，以封闭式问题为主，以开放式问题为辅。封闭式问题即客观题，将全部有可能的答案罗列出来供调查对象选择，可以单选也可以多选，还可以让调查对象根据答案的重要性等标准排序。开放式问题即主观题，需要留出足够的空白处供调查对象填写，也可以在问题结尾处对回答进行包括字数在内的简明要求。两类问题的优缺点对比如表 5-4 所示。

表 5-4　两类问题的优缺点对比

| 类型 | 优点 | 缺点 |
| --- | --- | --- |
| 封闭式问题 | 便于调查对象填写，费力程度低。格式规范统一，便于编码和统计分析 | 调查对象无法自由表达 |
| 开放式问题 | 调查对象能够自由表达 | 填写耗时长，费力程度高。后期统计分析困难 |

为了保证调查结果的科学有效，应当在调查过程中对调查者的相关情况、调查地点、问卷发放与回收数量、问卷发放与回收时间等内容进行记录。

第二，样本的选择。

选择样本的目的是采用科学的抽样方法来确保样本的代表性，从而确保调查结果的科学性。抽样主要包括概率抽样和非概率抽样。所谓概率抽样，是指调查总体样本中每个单位都有相同概率被抽中的抽样方法，如简单随机抽样、分层抽样等。这类抽样方法科学性强，但操作规范严格，费时费力，主要用于科学研究。新闻媒体由于人力物力和时间成本的限制，往往采用非概率抽样的方法。但是，由于非概率抽样中，调查总体样本中的每个单位被抽中的概率是未知的，有可能出现较大误差，因此，不能根据样本调查的结果推断总体情况，只能用来调研受众对某个问题或某种现象的大致意见、态度或想法等，主要的

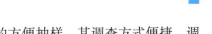

方法包括方便抽样、判断抽样等。网络调查就是很典型的方便抽样，其调查方式便捷，调查成本低，但缺乏科学性。

(4)"众包"方式获取

"众包"概念来自美国《连线》杂志的编辑杰夫·豪(Jeff Hawe)，是指采用公开招募的形式将原本由企业雇员完成的工作外包给其他个人或团体。采取"众包"形式获取数据是指媒体将新闻数据采集的任务分配给受众，媒体通过统计分析受众提供的内容来制作数据新闻。对于一些数据分布广泛且与用户关系密切的选题来说，"众包"方式能有效降低数据的获取难度。

 相关案例

### 《南方周末》"回乡测水"家乡水，清几许

2014年春节前，《南方周末》与环保组织"创绿中心"联合发起了"回乡测水"行动，为公众提供低成本便携快速的水质检测工具，使其能够实时测水，并且上传水质检测信息与他人分享。从黑龙江到海南岛，从南水北调的水源地上游到东线工程的微山湖，从甘肃农村的地窖到上海浦东的水龙头；从农民工到大学生，从医生到环保工作人员——这些担忧水质的人参加了《南方周末》联合环保组织"创绿中心"发起的"回乡测水"活动。《南方周末》记者基于此次"众包"调查推出了相关报道。

资料来源：https://www.infzm.com/contents/98057/. 作者有删改

除以上方式外，媒体机构还可以通过采访、购买等方式获取数据。

### 2. 利用他人数据

利用他人数据是指对来自政府、企业、科研机构或个人的数据进行数据挖掘，按照自身的报道意图将数据进行重组，体现数据价值。

互联网是巨大的数据库，通过网络在线搜集数据高效便捷，尤其是政府网站、社会团体网站、企业网站、媒体网站、高校及科研机构网站等。媒体也可以通过个人网站或社交媒体获得信息，但需要注意防止侵犯用户的隐私权等问题。

由中国互联网络信息中心(CNNIC)发布的第53次互联网统计报告显示，截至2023年12月，我国共有政府网站13 925个，主要为政府门户网站和部门网站，各行政级别的政府网站共开通栏目26.1万个，其中信息公开类栏目数量最多，达17.6万个。这些数量庞大的政府网站能够提供各类新鲜、权威的数据。

以国家统计局网站中国统计数据库为例，国家统计局作为中国主要数据的生产者及中国统计工作的组织者和领导者，通过中国统计数据库为用户提供其调查统计的各专业、各领域的主要指标、时间序列数据等，用户可以直接输入查询信息，也可以按报告期、主题、地区浏览默认定制的报表及统计图表，可以跨专业、跨报告选取感兴趣的指标进行个性化的定制并收藏，也可以对指标进行筛选、加工、统计、计算，对已有的表格进行转制、维度转换，将表格图形化并选择任意的格式进行下载，可以预知未来的时间发布和更新的数据信息等。国家统计局网站首页如图5-8所示。

商业网站也是非常重要的数据获取渠道，以百度为例，截至2022年6月，百度向用户提供了观星盘、百度统计、百度指数、百度云检测、百度移动统计等多项数据服务，其

中的观星盘服务聚合了百度域内数据、客户数据、合作伙伴数据。2019 年 9 月 24 日，人民数据资产服务平台项目在北京正式启动。人民数据管理有限公司系《人民日报》、人民网旗下"党管数据"理论和实践平台，平台致力于构建全方位的大数据运营生态系统，通过党和国家社会数据转换的快捷通道，努力实现党和国家全域大数据安全，精准服务于我党"科学执政、数据执政、智慧执政"的新发展要求，使大数据更加便捷、高效地服务于我国的全面发展，为各行各业紧跟新时代大数据发展步伐并广泛推广应用提供坚强保证。

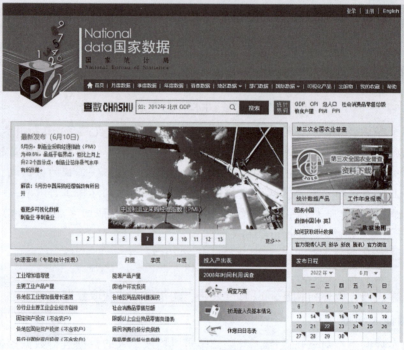

图 5-8　国家统计局网站首页

自主采集数据和利用他人数据两者各有优缺点，如表 5-5 所示。

表 5-5　不同来源数据对比

| 类型 | 优点 | 缺点 |
| --- | --- | --- |
| 自主采集数据 | 独家报道，原创性强，数据过滤处理难度小，单位数据价值密度大 | 制作成本高，人员投入大，投入时间长，资金投入高，时效性不强，操作风险高 |
| 利用他人数据 | 制作成本低，人员投入少，投入时间短，资金投入低，时效性强，操作风险低 | 缺少原创性，数据过滤处理难度大，单位数据价值密度小，新闻失实风险高 |

在当前我国的数据新闻媒体实践中，自主采集数据的比例并不高，多数媒体主要依赖于对已有数据的挖掘再利用，避免新闻制作成本过高。

## 二、数据解读

数据解读是决定数据价值的关键，充分解读数据并选择最佳的报道角度才能将数据中最具新闻价值的部分展现给受众。

### 1. 以事件为中心进行数据解读

以事件为中心的数据解读往往具有清晰的时间脉络，通过数据回顾历史、描绘现状甚至预测未来。这类数据新闻注重以点带面，以"事件"为中心点，对该事件代表的整体情况进行报道。

 **相关案例**

网易《数读》栏目2023年1月7日的报道《从小作坊到上市公司，深扒卫龙发家史》，从卫龙上市这一事件出发，在回顾卫龙发展历程的基础上，分析了其风光背后隐藏的危机。

卖辣条的卫龙上市了，但我吃不起了（案例节选）

学校门口五毛钱一包的辣条，一直是学生们的"心头好"，家长们的"眼中钉"。酸、甜、辣、咸，只要一根就能挑动你所有的味蕾。它足够好吃，又足够便宜。但谁也想不到，卫龙居然靠着一包包辣条卖出了名头，还在2022年12月冲上了港股IPO，成了辣条第一股，市值超过人民币200亿元。但是，卫龙的发展却没有想象中那么顺利，在上市第一天股票直接破发，2022年上半年净亏了2.6亿元。旗下的产品不断涨价，更让消费者吐槽"比猪肉还贵"，口碑也有所下滑。

卫龙是如何建立起这个庞大的辣条帝国的？它风光的背后又隐藏着哪些危机？

……

**卫龙，被高估了**

2021年，作为行业老大的卫龙顺理成章地开始筹备上市。当时的卫龙估值超过人民币600亿元，还上榜了胡润"2021全球独角兽榜"。

但是，卫龙的上市之路却没有想象中顺利，2022年11月已经是卫龙第三次冲击IPO。也许应了那句"一鼓作气，再而衰，三而竭"的俗语，卫龙虽然上市了，但是它登陆港交所的第一天开盘即跌超3%，收跌5.11%，首日市值为236亿港元。2022年上半年卫龙的净利润更是直接由盈转亏，仅6个月就亏了整整2.6亿元，如图5-9所示。

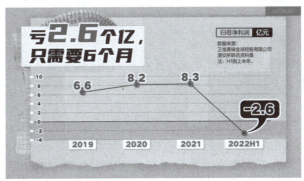

**图5-9　卫龙的净利润变化**

有分析指出，卫龙之所以亏损，是由于估值大幅缩水，卫龙近乎无偿地将控股股东的股权转给了前期投资者，进行了一笔6.29亿元的一次性股权支出。

换句话说，被"高估"的卫龙用亏损付出了代价。

除此之外，卫龙还面临着其他问题。例如 2022 年上半年，卫龙辣条销量相比去年同期下跌了 13.7%。这也是 2019 年以来，卫龙辣条销量首次下滑。卫龙辣条销量对比如图 5-10 所示。

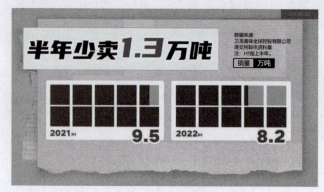

图 5-10　卫龙辣条销量对比

至于销量下滑的原因，官方说法是客户需要一定时间应对价格调整，也就是辣条涨价了，顾客不买账了。从 2019 年开始，卫龙的辣条越来越贵。明明味道没怎么变，却硬生生变成了人们吃不起的样子，有的人甚至开始找起了卫龙的"平替"。

同时，卫龙的线下渠道比较下沉，77.1% 的经销商在三四线及以下城市。下沉市场的消费者们对价格更加敏感，对卫龙的涨价接受度更低。

在那个每个人只攥着五毛钱的时代，便宜好吃的辣条自然是每个学生的"心头好"。但是，如今麦当劳的双吉汉堡都已经降到 12.9 元还送杯可乐了，五块钱一包的辣条自然就丧失了竞争力。

资料来源：https://m.163.com/data/article/HQG045TO000181IU.html. 作者有删改

### 2. 以话题为中心进行数据解读

以话题为中心进行数据解读更加致力于体现数据新闻的新鲜性和贴近性，通过数据挖掘从受众耳熟能详、司空见惯的话题中发现新鲜事，找到新闻事件和普通受众的联系。

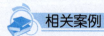 相关案例

2024 年 4 月 12 日网易《数读》栏目发布的数据新闻《越来越多中国人，被过敏害惨了》围绕"过敏"这一话题展开探讨，深入分析了过敏的原因、表现和治疗等实际情况。

**越来越多中国人，被过敏害惨了**

最先感知到春天的，除了春江水暖的鸭子，还有过敏人的鼻子。

别人上春山踏青的好时节，却是一些人噩梦的开端。总有人一把鼻涕一把泪，身上痒到生不如死。过敏发作起来的痛苦，直想让人离开地球表面，不仅每年反反复复受折磨，严重起来还可能危及小命。

并且这些年来，被过敏困扰的人越来越多。在无孔不入的过敏原中，过敏体质还能迎来真正的春天吗？

**花粉浓度爆表，我该躲到哪里**

如果问过敏人春天最恐惧的东西是什么，十个有九个会回答"花粉"。

3月末、4月初，西安、保定等北方城市花粉浓度接连爆表，又到了过敏病人全副武装的日子。普通口罩只是入门装备，还有人戴上了护目镜和防毒面具。

根据中国气象局发布的花粉过敏气象指数（见图5-11），每年4月，全国大部分地区进入花粉过敏重灾区，花粉过敏气象指数达到4级，而4级代表着容易诱发花粉过敏症状。

东北和华南地区的花粉浓度稍低，但也维持着可以诱发花粉过敏的3级，而西藏由于特殊的地理条件，直到7月才会达到3级。

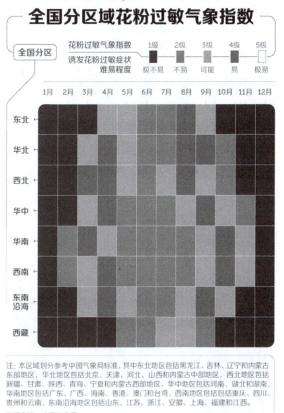

图 5-11　全国分区域花粉过敏气象指数

如果没有迎来春雨，反而是遇上空气干燥、微风拂面等情况，相应的花粉过敏指数还得升级。

在城市里生活的人不免纳闷，方圆十米内看不到一朵花，怎么就对花粉过敏了呢？

大部分人以为花粉过敏的人此生与鲜花无缘，但其实真正的"花粉刺客"并非鲜花。像春日赏花的樱花、桃花的花粉粒黏且重，在空气中飘不起来，很难引起过敏。

致敏的"罪魁祸首"，主要是树木、草类植物的花粉。比如许多城市绿化采用的圆柏、杨树等花粉不仅量大还颗粒小。每年春风吹过圆柏树时，都能吹出一股股"致死量"级别的黄烟，过敏人只能默默祈求"逆风如解意，容易莫摧残"。

等过了4月，大部分地区的花粉指数逐渐降低，但这并不意味着渡劫完毕，等到8月，花粉们又将卷土重来。一项发表在《解放军医学杂志》上的研究显示，秋季这波高峰主要是杂草花粉，而春季花粉过敏的元凶则主要是树木类的花粉，例如松科、柏科等。

本着"惹不起难道还躲不起吗"的心态，一些深受花粉困扰的患者计划着更换城市来逃离花粉。

在对中国主要城市花粉种类(见图 5-12)的研究中可以看出，从北方一路南下，致敏花粉种类越来越少。中国长江以北地区最常见的致敏花粉是蒿属类花粉，如果只对这类花粉过敏，那么在花粉浓度爆表的日子里搬去深圳、海南这些地区确实能实现呼吸自由。

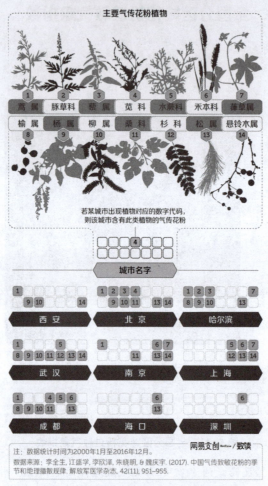

图 5-12　中国主要城市花粉植物种类

但也有人发现，去新的城市会邂逅新的过敏原，没有哪座城市是真正意义上的净土。

"为了回避北方的某种无法明确的过敏花粉，带着孩子到了广西北海旅居。在海边的小城市，孩子没有一点过敏症状，有那么一段时间我都想别家舍业移居到南方，直到孩子检查出来，霉菌过敏!"

**过敏体质的噩梦，远不止花粉**

中国过敏原分布有着"南螨北蒿"之说。在湿润温暖的南方，患者较多对粉尘螨、屋尘螨过敏，而在干燥寒冷的西北，患者则主要对艾蒿等花粉过敏。

尘螨是中国大部分过敏患者的头号敌人，随灰尘几乎分布在室内的各处角落。粉尘螨主要以粮食粉尘为食，在气候湿润的条件下滋生，而屋尘螨以人体皮屑为食物，潜伏在枕头、被褥等家具物品中。

除了尘螨和花粉外，德国小蠊，也就是大家口中常见的"北方蟑螂"，以及蝗虫、谷物等过敏原也位居前列。如果不幸对蟑螂过敏，可别看到"小强"直接用拖鞋拍死，不仅大概率死不透，还会在鞋底沾上其唾液、排泄物等致敏的分泌物。有蟑螂过敏的网友也说过：就在刚刚摸了一下蟑螂爬过的窗帘，两只手立马肿得像红烧猪蹄。

中国分地区吸入性过敏原的致敏率如图 5-13 所示。

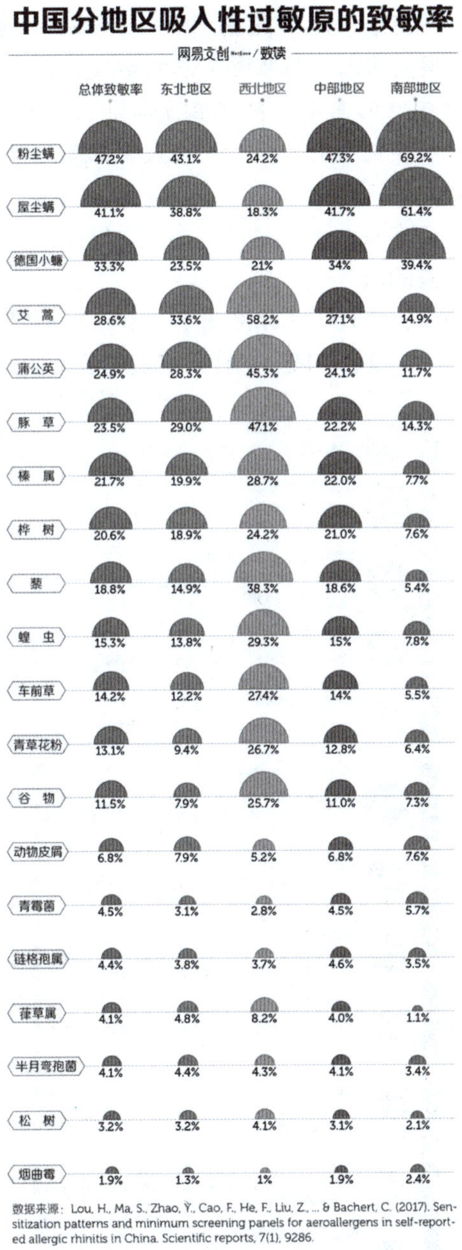

### 中国分地区吸入性过敏原的致敏率

网易支创 / 数读

| | 总体致敏率 | 东北地区 | 西北地区 | 中部地区 | 南部地区 |
|---|---|---|---|---|---|
| 粉尘螨 | 47.2% | 43.1% | 24.2% | 47.3% | 69.2% |
| 屋尘螨 | 41.1% | 38.8% | 18.3% | 41.7% | 61.4% |
| 德国小蠊 | 33.3% | 23.5% | 21% | 34% | 39.4% |
| 艾蒿 | 28.6% | 33.6% | 58.2% | 27.1% | 14.9% |
| 蒲公英 | 24.9% | 28.3% | 45.3% | 24.1% | 11.7% |
| 豚草 | 23.5% | 29.0% | 47.1% | 22.2% | 14.3% |
| 榛属 | 21.7% | 19.9% | 28.7% | 22.0% | 7.7% |
| 桦树 | 20.6% | 18.9% | 24.2% | 21.0% | 7.6% |
| 藜 | 18.8% | 14.9% | 38.3% | 18.6% | 5.4% |
| 蝗虫 | 15.3% | 13.8% | 29.3% | 15% | 7.8% |
| 车前草 | 14.2% | 12.2% | 27.4% | 14% | 5.5% |
| 青草花粉 | 13.1% | 9.4% | 26.7% | 12.8% | 6.4% |
| 谷物 | 11.5% | 7.9% | 25.7% | 11.0% | 7.3% |
| 动物皮屑 | 6.8% | 7.9% | 5.2% | 6.8% | 7.6% |
| 青霉菌 | 4.5% | 3.1% | 2.8% | 4.5% | 5.7% |
| 链格孢属 | 4.4% | 3.8% | 3.7% | 4.6% | 3.5% |
| 葎草属 | 4.1% | 4.8% | 8.2% | 4.0% | 1.1% |
| 半月弯孢菌 | 4.1% | 4.4% | 4.3% | 4.1% | 3.4% |
| 松树 | 3.2% | 3.2% | 4.1% | 3.1% | 2.1% |
| 烟曲霉 | 1.9% | 1.3% | 1% | 1.9% | 2.4% |

数据来源：Lou, H., Ma, S., Zhao, Y., Cao, F., He, F., Liu, Z., ... & Bachert, C. (2017). Sensitization patterns and minimum screening panels for aeroallergens in self-reported allergic rhinitis in China. Scientific reports, 7(1), 9286.

图 5-13 中国分地区吸入性过敏原的致敏率

过敏人的噩梦还有一次过敏可能触发多种症状，遭到多重打击。作为一种全身性疾病，过敏可能引发身体各个部位的症状，比如荨麻疹、湿疹等皮肤过敏，还有过敏性鼻炎、哮喘等呼吸道过敏。

在无处不在、五花八门的过敏原的"围猎"下，过敏已经快成为现代人的通病。

世界过敏组织在 2011 年指出，全球有 2.2 亿~5.2 亿人患有食物过敏，4 亿人患有过敏性鼻炎，过敏也被世界卫生组织列为 21 世纪重点研究和防治的三大疾病之一。

有人感觉周围的过敏大军越来越庞大，其实这并不是错觉。《中国疾病预防控制中心周报》2023 年的一篇论文称，中国约有 40% 的人口患有过敏性疾病，且数量还在持续增长中。

中国每六个成年人中，就有一个患有过敏性鼻炎。根据北京同仁医院牵头的研究结果，从 2005 年至 2011 年，国内成人过敏性鼻炎患病率从 11.1% 上升至 17.6%。

而每一位新确诊过敏性疾病的患者，都能在互联网上找到资深前辈们整理的经验集锦。出门必须包里放纸是所有鼻炎人的共识，牢记氯雷他定是掌管过敏的"神"，以及熟背从海鲜到水果的一系列忌口食物清单。

在看这些保命妙方时，还有些人不免担忧，难道漫漫余生真的要与过敏为伴了吗？

**过敏，我人生中跨不过去的坎**

健康的生活总是千篇一律，而过敏患者各有各的崩溃时刻，如图 5-14 所示。

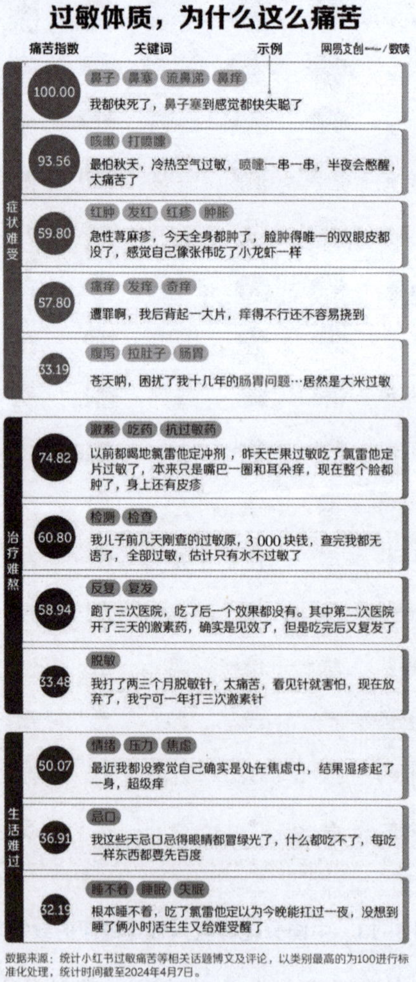

图 5-14 过敏痛苦相关话题博文及评论统计

有人一到花粉过敏季节就疯狂打喷嚏，从早到晚流鼻涕。有严重的人还会引发呼吸困难，差点与死神擦肩而过。

各种过敏症状不仅折磨身体，还会慢慢压垮心理防线。一些人的日常生活被过敏严重困扰，食物过敏各种忌口，人生少了一半乐趣。紫外线、花粉过敏的患者白天不能随意外出，半夜也可能因为鼻塞、瘙痒等症状而被折磨到睡不着。

大多数过敏性疾病，只依靠远离过敏原是远远不够的。食物过敏可以不吃，宠物过敏可以不养。但是，其他大多数过敏原很难完全避免接触。例如有网友分享，对紫外线和自己的汗过敏，夏天捂着过敏，不捂着晒了过敏。

而和过敏对抗，也是一场漫长的硬仗。《特应性皮炎患者调研报告》显示，参与调研的1 362名中重度特应性皮炎患者，一年中的平均门诊次数达到29次。

过敏的人群千千万，但彼此的过敏可能千差万别。许多过敏病人分散在其他专科就诊，比如过敏性鼻炎去耳鼻喉科，婴幼儿去儿科，荨麻疹去皮肤科。然而如果患者具有多种症状，最好是能找专科医生系统解决问题。

但依据2022年的调查数据(见图5-15)，中国变态反应专科医生和普通人群的比例是1∶400万，开设独立的过敏专科的医院仅占调研数据的17.4%，远不能满足过敏患者的就医需求。

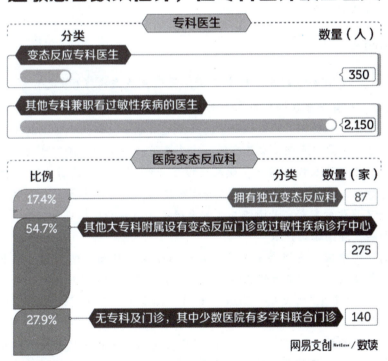

注：该数据为2022年对30个省、自治区、直辖市的502家医院的调查结果。
数据来源：尹佳. (2024). 我国变态反应专科和专科医生发展之路应如何走？——对变态反应专科发展方向和专科人才培养模式的思考. 中华临床免疫和变态反应杂志, 18(1), 1–7.

图5-15　专业医师缺口大

在过敏时，过敏患者主要靠氯雷他定等药物"续命"，但这些手段终究只是"缓兵之计"。国内已经有患者试图通过脱敏治疗从根源上解决问题。脱敏治疗有些类似接种疫苗，从低浓度到高浓度注射过敏原制剂，使免疫系统逐步适应过敏原的存在。

不过脱敏治疗的总疗程一般需要三年，如果中途停止治疗，很可能会复发。也有个别患者在社交平台分享即使长期脱敏治疗后仍会间断性复发。

总之，对于饱经摧残的过敏体质来说，彻底治愈过敏并不容易，还有网友治疗时被别人调侃：测过敏原能干吗呢？难道你能离开地球？

正因如此，绝大多数人只能学着妥协，与过敏原共存。

资料来源：网易数读，越来越多中国人，被过敏害惨了 [EB/OL]. (2024-04-12) [2024-10-15].https://www.163.com/data/article/IVJ7V8DT000181IU.html?spss=dy_author.

## 三、数据呈现

可视化是数据新闻的重要特征。根据视觉元素的构成和交互性，数据新闻的可视化可以被分为以下四大类。

第一，静态表格或对表格的图形化处理。

直接使用数据表或基于数据表制作而成的静态饼状图、折线图、柱状图、条形图、散点图等来传递信息。

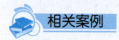 **相关案例**

### 中国咖啡内卷，瑞幸笑了，星巴克被逼疯了（节选）

"曾几何时，一杯融合焦糖或香草风味的星巴克式奶咖小甜水，不知帮多少中产和白领开启过咖啡之旅。而现在，大家喝咖啡的选择越来越多，新的咖啡品牌不断涌现，咖啡店遍地开花，塞满了热门商圈、文艺空间、街头巷尾和写字楼等任何可以营业的空间。

有人调侃，之前是人找咖啡店，现在变成了咖啡店找人。连锁咖啡品牌加速扩张下沉，使出浑身解数吸引顾客，从堪比白菜的咖啡价格，到形色各异的创意特调，全然一副不"卷死"同行不罢休的架势。开咖啡店，如今还是一个好的选择吗？

**瑞幸破万店，连锁咖啡狂飙**

在更爱喝茶的中国，连锁咖啡市场能卷成如今这个局面，瑞幸功不可没。从资本宠儿，到深陷财务造假、被迫退市的丑闻，再到如今稳定盈利，门店数大幅领先星巴克，瑞幸上演了一场"浴火重生"的大戏。2023年6月，瑞幸第一万家店在厦门落地。瑞幸也成为首家门店数量破万的中国连锁咖啡品，而从一到一万，瑞幸仅用了五年多的时间。这个速度是什么水平？如图5-16所示，中国破万店的连锁餐饮品牌只有五家，正新鸡排花了11年时间；蜜雪冰城从品牌创立时算起用了23年，即便从首次开放加盟算也花了13年。"快"就像是刻在瑞幸骨子里的基因一样——无论是此前创下最快上市纪录，又在上市仅13个月后就快速黯然退市，还是这一次门店数量破万的速度。

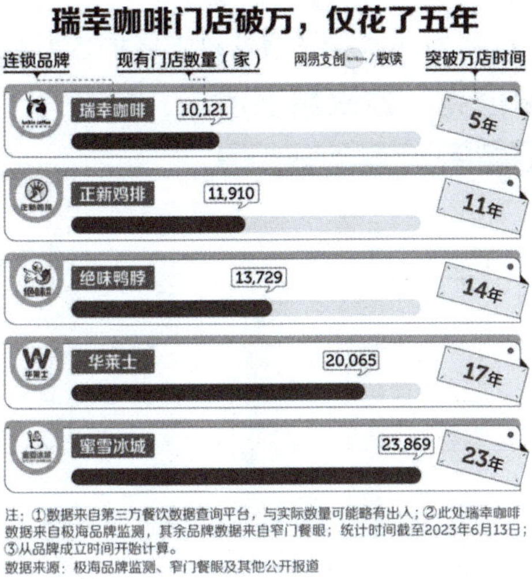

**瑞幸咖啡门店破万，仅花了五年**

连锁品牌　现有门店数量（家）　网易支创／数读　突破万店时间

| 连锁品牌 | 现有门店数量（家） | 突破万店时间 |
| --- | --- | --- |
| 瑞幸咖啡 | 10,121 | 5年 |
| 正新鸡排 | 11,910 | 11年 |
| 绝味鸭脖 | 13,729 | 14年 |
| 华莱士 | 20,065 | 17年 |
| 蜜雪冰城 | 23,869 | 23年 |

注：①数据来自第三方餐饮数据查询平台，与实际数量可能有出入；②此处瑞幸咖啡数据来自极海品牌监测，其余品牌数据来自窄门餐眼；统计时间截至2023年6月13日；③从品牌成立时间开始计算。
数据来源：极海品牌监测、窄门餐眼及其他公开报道

**图 5-16　中国连锁品牌门店破万所用时间**

而在中国咖啡市场，像瑞幸一样的"卷王"还有很多。例如，瑞幸咖啡前董事长陆正耀2022年年底创立的库迪咖啡。库迪不仅门店选址紧追瑞幸，产品定价也和瑞幸来个"近身肉搏"，和瑞幸的发展套路如出一辙——试营业期间每杯9.9元，邀请新朋友获得0元免费喝咖啡奖励。在开店速度上，库迪甚至比瑞幸还"卷"。据窄门餐眼数据，截至2024年6月，库迪在营门店仅花短短七个月时间就已经突破1 700家，而瑞幸突破千家门店花了近一年时间。而在门店数量上仅次于瑞幸和星巴克的幸运咖，则采用和蜜雪冰城一样的策略——瞄准下沉市场、定位10元以下价格区间，目前也已有近2 500家门店。比"瑞幸们"要更讲究咖啡豆品质的MANNER，主打小店面和高性价比，最大特色是自带杯打咖啡减免5块。它的野心不再局限于发家地上海，门店已经遍布中国19个省份35座城市。

连锁咖啡品牌们以势不可当的姿态攻城略地，竞争激烈程度只增不减。这股"咖啡开店潮"，甚至还吸引了"隔壁"的奶茶品牌前来凑热闹。在沪上阿姨、茶百道，你不仅能点到杨枝甘露、芋圆奶茶，还能在菜单里看到热门的生椰拿铁。布局咖啡子品牌的也不止蜜雪冰城一家，长沙"网红"茶颜悦色推出"鸳央咖啡"，希望用"西咖中做"的方式探寻咖啡另一面，将擅长的茶领域与咖啡结合，制作风味独特的"茶咖"。喜茶选择投资精品咖啡品牌SEESAW，迂回杀入咖啡圈。在2023新食饮大会上，七分甜、轻醒咖啡创始人表示，"我觉得最终所有的茶饮行业、餐饮品牌都会去布局咖啡，这是一定的"。

**这届咖啡，太"卷"了**

连锁咖啡上演"中国式内卷"，也给来华二十多年的"老大哥"星巴克不小的压力。在"为什么国内喝星巴克的人越来越少"的网络讨论中，有网友吐槽星巴克"越来越像饮料，新品口味搞笑，竞争对手增多，不如其他便宜"。面对压力，星巴克也选择加快开店速度。2022年，星巴克中国定下"2025愿景"，称未来3年要以平均每9个小时开一家新店的速度，增加3 000家门店。换算下来，平均每个季度得开240家新店。但星巴克2023年二季度财报显示，中国市场仅新增153家门店。

同时，星巴克也将目光对准了下沉市场，放下高贵的身段，将门店开到从前未曾涉足的三、四、五线城市，与"瑞幸们"正面厮杀。据极海品牌监测数据，星巴克三线及以下城

市门店数量由 2019 年的 491 家增至 2023 年的 881 家，占门店总体数量的 13.7%，如图 5-17 所示。只不过，这离瑞幸 28.6% 的三线及以下城市门店占比仍有不小的差距。

图 5-17　星巴克三线及以下城市门店数量

资料来源：https://m.thepaper.cn/kuaibao_detail.jsp?contid=23507352. 作者有删改

第二，静态的时间轴地图或者信息图表设计。

静态的时间轴地图或者信息图表能够将更加丰富的信息加以整合，通过图像的方式加以呈现。

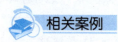 **相关案例**

### Lululemon 的千元瑜伽裤，到底是不是智商税（节选）

就跟不穿北面、始祖鸟不好意思说自己热爱滑雪、徒步一样，在瑜伽界，没有几条 Lululemon，都不好意思说自己真的懂瑜伽。不少一、二线城市的都市丽人下班后，组团去公司旁的瑜伽馆"修炼"，馆里学员清一色的 Lululemon 瑜伽裤，穿个安德玛进去都感觉僭越了。但可别小瞧这一条裤子，它的价格贵得离谱，却靠着口口相传，硬是成为中产女性的时尚单品，把紧身裤外穿炒成了新的时尚潮流。这个"瑜伽界的爱马仕"，到底为什么能火？

瑜伽裤卖到上千，谁给 Lululemon 的勇气？

Lululemon 诞生于 1998 年，靠瑜伽裤起家，如今已涉足各式各样的运动品类。但 25 年过去了，Lululemon 最有名的产品依然是它的瑜伽裤，出名原因之一，是它足够贵！对比其他品牌，Lululemon 确实担得起"最贵瑜伽裤"的名号。在天猫官方旗舰店中，Lululemon 最便宜的瑜伽裤也要 320 元，乍一听不贵，但这只是短款的价格。它们家售卖的长款瑜伽裤基本在 400 元以上，最贵的一条要 1 680 元，说是奢侈品也不过分。瑜伽裤标价对比图如图 5-18 所示。

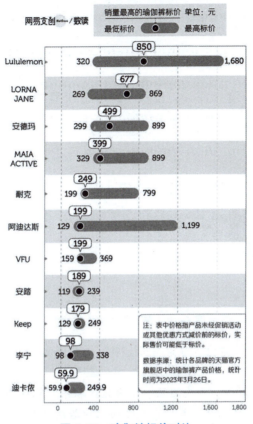

图 5-18　瑜伽裤标价对比

　　我们统计了主要运动品牌和瑜伽裤品牌的天猫官方旗舰店，发现销量最好的瑜伽裤，Lululemon 是卖得最贵的，爆款瑜伽裤一条要 850 元。来自澳大利亚、同为高端品牌的 LORNA JANE，最贵的瑜伽裤不到 900 元，卖得最好的款式一条为 677 元。其他品牌的价格相对来说就更低了。

　　资料来源：https://36kr.com/p/2192143220932737. 作者有删改

　　第三，交互的图表、时间轴、地图以及动画视频等。

　　在交互的图表、时间轴、地图以及动画视频等可视化呈现中，视觉元素更加丰富，并且通过交互设计能够让观众参与到信息的选择和呈现中，用户的参与度更高。

### 相关案例

　　党的十八大以来，我国建立了一系列精准扶贫体系。其中，东西部扶贫协作是非常有中国特色的帮扶制度。来看看你所在的省（市）和哪些地区是对口支援结对关系吧！（当单击图 5-19 中某省名称上方的数据条，除被点击省份和其协作省份的数据条加亮显示外，其他省份上方的数据条将变成灰色，让读者对东西部省份间的扶贫协作关系一目了然。）

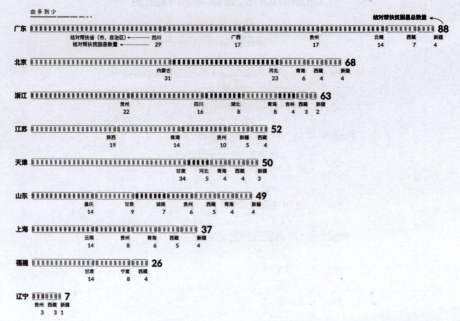

图 5-19　东西部协作扶贫数据

　　脱贫攻坚以来，贫困人口收入显著提升，贫富差距逐渐缩小。2013—2019 年，西南地区农村居民收入增速最快。

　　图 5-20 显示了西北地区、西南地区、中部地区和东北地区 2013—2019 年农村居民收入和增长情况，单击曲线就能查看某省在某年的农村居民收入较 2013 年的增长率。

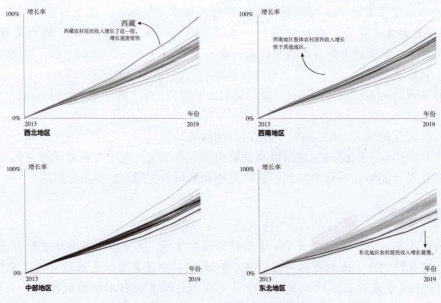

图 5-20　农村居民收入和农村居民收入较 2013 年的增长率

在此期间，西藏农村居民收入增长了近一倍，西藏成为全国增长速度最快的地区。2013—2019年城乡收入比的变化中，全国的城乡收入比整体降低，城乡收入相对差距持续缩小。其中，西北和西南的城乡收入比降得最快，城乡贫富差距问题得到改善。（单击图5-21中左上角数据轴上的三角形年份节点，图片将以动画形式呈现出该年份全国城乡差距的整体情况；单击图中的圆形，就能查看各个省份的城乡收入比和农村居民可支配收入。）

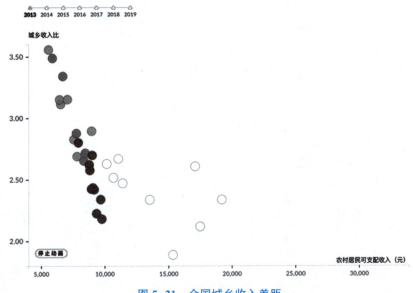

图 5-21　全国城乡收入差距

资料来源：https://news.cgtn.com/event/2020/China-s-battle-against-poverty/index.html. 作者有删改

第四，游戏设计。

游戏设计的交互性更强，其中包含的问题意识和奖惩机制，能够让读者更好地参与其中，从而加深读者对新闻报道的理解。

相关案例

### 登峰测极：我为珠峰测身高

60年前，中国人的足迹第一次留在了世界之巅，同时也实现了人类第一次从北坡成功登顶珠峰的夙愿。

45年前，中国首次精确测定并公布珠峰高程——8 848.13米。

15年前，中国登山队再登顶珠峰，国测一大队测得珠峰峰顶岩石面海拔高程为8844.43米。

60年后的今天，中国登山队与国测一大队携手再度承担重任，2020珠峰高程测量再启程。

澎湃新闻以互动的方式呈现了这个历史性的重要时刻，向挑战极限、勇攀高峰的测绘人、攀登者致敬，如图 5-22 所示。

图 5-22　澎湃新闻互动截图

案例来源：澎湃新闻，https://h5.thepaper.cn/html/interactive/2020/05/pandeng/frame.html

## "议"犹未尽

1. 谈谈数据新闻的发展前景。
2. 任选一家媒体的数据新闻进行分析与评价。
3. 尝试从身边选择题材，制作一则数据新闻。

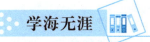

[1]任瑞娟，李心玉.数据新闻的三重意义建构及重构社会共识研究[J].当代传播，2023(4)：36-41.

[2]惠一薅，王雪莹，邵昱诚.技术改变了什么：数据新闻中的事实建构：基于11个数据新闻作品的改良话语分析(DNVA)[J].中国记者，2023(5)：77-84.

[3]陶文静，张宇昭."策略式舞步"：加速时代数据新闻生产中的工作节奏创新：基于澎湃美数课栏目的田野考察[J].新闻记者，2023(3)：23-38.

[4]周睿鸣，李梓音.中国数据新闻创作者的数据观研究[J].新闻大学，2023(2)：55-67+119.

## 春风化雨 润物无声

### 人民财评：打破壁垒，让数据潜能得到充分释放

在2023年"两会"上，数据流通问题受到代表委员关注，"在数据流通层面，存在'有数据的单位不愿开放、有需要的单位拿不到数据'现象，数据资源的开放共享有待加强"。针对这种情况，有代表建议，推进数据要素交换平台的市场化运营，提升数据要素流通技术能力，让数据潜能得到充分释放。

随着当今世界信息化的不断发展，信息技术与经济社会的融合日趋紧密，数据已成为驱动数字经济发展的引擎。从某种意义上说，数据就像数字经济时代的"石油"，将为数字经济发展提供重要驱动力。2023年政府工作报告提出，大力发展数字经济，提升常态化监管水平，支持平台经济发展。如何进一步发掘和利用好数据，事关加快建设现代化产业体系，推动实现高质量发展，必须加以重视。

充分发挥数据潜能，需要进一步完善制度建设。今天，信息化已经渗透到社会生活的方方面面，人们日常生产生活中，每时每刻都在产生大量的数据。这些数据看不见摸不着，却真实存在。然而，这些数据归谁所有、谁有权利用、使用范围如何界定、使用安全如何保障、个人和企业如何保障自己的数据不被滥用等一系列问题都有待厘清。信息化时代，新产业、新技术、新业态、新商业模式不断更新迭代，如何在鼓励创新发展的同时，规范其在数据方面的应用，同样需要研究探索。

充分发挥数据潜能，需要进一步加强产业化建设。数据本身不能产生价值，它只是保存在不同存储介质上的无数个0和1。只有对其进行科学的收集、整理、分析、验证，才能从中得出正确的规律和有价值的信息，从而为社会发展提供助力。而在这一过程中，人们需要打破数据的割裂状态，让不同渠道的数据能充分共享，通过海量数据的交叉比对，更有效地发挥其潜能。在这方面，目前还存在一些障碍。很多部门和企业出于职能原因，汇聚了大量数据，而另外一些部门和企业有对这些数据的强烈需求。但是目前拥有数据的部门和企业，在数据共享方面，既没有法律支持，也缺乏主观意愿。归根结底，是由于目前我国尚未形成数据要素流转市场的基础制度，数据流通利用面临产权归属不明、定价机制不清、交易信任机制不畅等问题。因此，加强市场建设，逐步打造全国层面多层次数据

要素市场的统筹布局，需要有关部门尽快加以规划推进。

充分发挥数据潜能，同样不能忽视数据安全。公共数据体量巨大、价值含量高，对于社会治理和产业发展，都蕴藏着巨大的价值。在打造数据要素流转市场的过程中，应高度重视数据安全，防止数据被滥用和泄露。

党和国家对数据基础制度建设一直高度重视，近年来陆续出台了《关于加强数字政府建设的指导意见》《中华人民共和国数据安全法》等法规文件。2022 年 12 月，《中共中央国务院关于构建数据基础制度 更好发挥数据要素作用的意见》发布，为做强做优做大数字经济，增强经济发展新动能，构筑国家竞争新优势，充分发挥数据潜能做出了指引和规范。在此基础上，相关部门需要加紧制定有关法律法规，细化管理措施，推进市场建设。

区别于传统要素，数据具有可复制性、非排他性等特点，这既给数据的开发利用带来了极大便利，也为监督管理带来了新的挑战。打破壁垒，进一步管好用好数据，让数据潜能得到充分释放，必将为高质量发展提供更多的动力。

资料来源：清风. 人民财评：打破壁垒，让数据潜能得到充分释放 [EB/OL]. (2023 - 03 - 19) [2024 - 09 - 27]. http://opinion. people. com. cn/n1/2023/0319/c427456 - 32646909. html.

# 附　录

**Amid a historic U. S. teacher shortage, a "Most Outstanding Teacher" from the Philippines tries to help save a struggling school in rural Arizona**

BULLHEAD CITY, Ariz. — Carolyn Stewart had spent the past five months trying to find teachers for the Bullhead City School District, and now she walked into the Las Vegas airport holding up a sign with the name of her latest hire. The 75-year-old superintendent wandered through the international baggage claim, calling out a name she had just learned to pronounce. "Ms. Obreque?" she said. "Teacher Rose Jean Obreque?"

She saw a woman smiling and moving toward her with a large suitcase.

"Are you our new teacher?" Stewart asked, but the woman shook her head and walked by.

Stewart raised the sign above her head and took out her phone to check in with her office 100 miles south in Bullhead City, Ariz. The 2,300 students in her district had been back in school for several weeks, but she was still missing almost 30 percent of her classroom staff. Each day involved a high-wire act of emergency substitutes and reconfigured classrooms as the fallout continued to arrive in her email. Another teacher had just written to give her two-week notice, citing "chronic exhaustion". A new statewide report had found that elementary and junior high test scores in math had dropped by as much as 11 percentage points since the beginning of the pandemic. The principal of her junior high had sent a message with the subject line "venting".

"The first two weeks have been the hardest thing I've ever faced," he wrote. "My teachers are burnt out already. They come to me for answers and I really have none. We are, as my dad used to say, four flat tires from bankruptcy, except in this case we are one teacher away from not being able to operate the school."

Stewart had been working in some of the country's most challenging public schools for 52 years, but only in recent months had she begun to worry that the entire system of American education was at risk of failing. The United States had lost 370,000 teachers since the beginning of the pandemic, according to the Bureau of Labor Statistics. Maine had started recruiting summer camp counselors into classrooms, Florida was relying on military veterans with no prior teaching experience, and Arizona had dropped its college-degree requirement, but Stewart was still struggling to find people willing to teach in a high-poverty district for a starting salary of $ 38,500 a year.

She'd sent recruiters to hiring fairs across the state, but they had come back without a single lead. She'd advertised on college campuses and at job fairs across the country and eventually come up with a half-dozen qualified applicants for 42 openings. "Basically, we need bodies at this point," she'd told her school board, and they'd agreed to hire 20 foreign teachers with master's degrees to move from the Philippines to the desert of rural Arizona.

"Excuse me, Dr. Stewart?" She turned around to see a young woman who at first glance Stewart mistook for one of her students. She was less than 5 feet tall, wearing a backpack, hauling two large suitcases and pointing at Stewart's sign. "That's me," she said.

"Ms. Obreque!" Stewart said, pulling her into a hug. "Your suitcases are bigger than you. Let me help."

"Thank you, ma'am, but I can handle it. I am very determined."

Obreque, 31, grabbed her bags, and together they walked across the terminal to meet a few other Filipino teachers who had arrived in Las Vegas earlier that afternoon.

"How was your trip?" Stewart asked, and Obreque explained that she had left home four days earlier, traveled six hours to Manila, waited out a delay with her visa paperwork and then flown another 14 hours to the United States. She held up her phone and took pictures of the airport concourse, the escalators, the fast-food restaurants and a sign that said, "Welcome to Las Vegas."

"My first international trip, and it is to my dream country," she said.

"You must be so exhausted," Stewart said.

"And excited," Obreque said. "I am very eager to be in the classroom."

Eleven different teachers had already substituted in what would soon be Obreque's eighth-grade English classroom at Fox Creek Junior High, including the principal, the vice principal, the band director, a softball coach, a school board member and then finally Stewart, who'd volunteered one day when another substitute was called away to a different class.

Despite the fact that "superintendent" was imprinted on her name tag, some of the students had tested her, folding their handouts into paper airplanes and talking during her lectures. It had taken all five decades of her experience to harness control of the room and successfully complete her lesson, and by the end of the day she was so exhausted that she'd sat through 45 minutes of muscle cramps in the teachers' lounge before she felt well enough to walk back out to her car.

"We're very grateful to have you here," she told Obreque.

"Thank you for the opportunity to teach in America," Obreque said. "It will be the pinnacle of my career."

She left the airport in a car with three other Filipino teachers and pressed her phone against the window to photograph the casino hotels, the downtown high-rises, the glistening pools of the suburbs and the neat rows of palm trees on the outskirts of town. Civilization began to give way to red dirt and jagged rock formations. The car's thermometer showed an outside temperature of 114 degrees. Obreque put away her phone and watched heat waves rise off the desert.

"I imagined it would be greener," she said.

"This isn't like America in the movies," said Anne Cuevas, a Filipina who'd already been teaching in Bullhead City for four years and had traveled to greet the new teachers in Las Vegas.

Cuevas had been hired before the pandemic as one of the first foreign teachers in Bullhead City, when the school district began to recognize signs of an impending teacher shortage. The Philippines and the United States have similar school calendars, curriculums and grading systems, which is why U. S. schools have hired more than 1 000 Filipino teachers in the past few years. Most Filipino teachers have master's degrees or doctorates. In the Philippines, teaching is considered a highly competitive profession, with an average of 14 applicants for each open position, and teachers are constantly evaluated and ranked against their peers.

"What were your ratings?" Cuevas asked her passengers, all of whom had arrived in the United States for the first time earlier that afternoon.

"I was rated Outstanding Teacher — top five in my school," said Vanessa Bravo, a seventh-grade math teacher who'd left behind her husband and three sons, ages 15, 12 and 10.

"Outstanding Teacher as well," said Sheena Feliciano, whose father drove a bicycle taxi in Manila.

They looked at Obreque and waited for her answer. "It's okay if you're too embarrassed to tell us," Cuevas teased.

"Most Outstanding Teacher," Obreque said. "Last year, I ranked first of 42 teachers at my school."

It was something she had worked to achieve for almost a decade, ever since she had earned a master's degree in education and couldn't find a teaching job anywhere. She'd worked the night shift at a call center, improving her English as she offered technical support for an American company based 7,000 miles away, until finally her 17th teaching application led to a job at a school in the farmland outside of La Carlota City for the equivalent U. S. salary of $5,000 per year.

Her seventh-grade students there were the children of fishermen and sugar cane farmers. They arrived for school early, even if they had to walk more than a mile to get there. They called her "ma'am". They brought her homemade lunches. They wrote thank-you notes at the end of each week. They aspired to become engineers or doctors or teachers like her, and they volunteered to stay after school for extra lessons rather than returning home to work in the sugar cane fields. Obreque started an after-school program for struggling readers. She led the school's innovations club to a regional first-place finish. She recorded daily video lessons during the pandemic and hiked to remote villages to make home visits, until her ambition landed her at the top of the teacher rankings and she began to hear from recruitment agencies around the world.

"Teach the World's Best in America!" read the brochure from one international teaching agency. Obreque had talked it over with her husband and agreed that the possibility of a $30,000 raise was worth the hardship of living apart. She'd interviewed over Zoom with schools in New Mexico and Arizona and then received an offer to teach in Bullhead City under a J-1 visa, which granted her permission to live in the United States for three years. She'd taken out $8,000 in high-interest loans to pay for the agency fees, a plane ticket, two new teaching outfits and the first month's rent on a two-bedroom apartment she planned to share with five other foreign teachers.

Now the sun set on the Mojave Desert as they drove over a hill and began descending toward Bullhead City, a town of 40,000 across the Colorado River from the casinos of Laughlin, Nev. They drove by riverside trailer parks and run-down taquerias.

"Welcome home," Cuevas said, as Obreque stared out the window at the scattering of city lights surrounded by blackness.

"It's smaller than I thought," she said.

"Everything here is different from what you expect," Cuevas said.

She woke up jet-lagged on a mattress on the floor, changed into one of her new outfits and piled into a car with four other foreign teachers at Fox Creek Junior High to say hello to the principal, who was busy staring at the daily class schedule on his computer, trying to solve the puzzle of another day. Lester Eastman was down to one special-education teacher when he was supposed to have three. He was missing a teacher for 5 of that day's art classes, 5 English classes, 10 math, 10 science and 5 journalism. All of his available teachers would have to cover an additional class during their planning periods. Eastman would spend his day teaching math. The vice principal would babysit art. "Plugging holes on a sinking boat," Eastman said, as he finished filling in the daily grid, and then he left his office to greet the new teachers.

"What time is it right now in the Philippines?" he asked, as he shook their hands.

"It's tomorrow, sir," Obreque said.

"Well, we're going to give you a little time to adjust before we throw you in front of a class," he said, and then he thought about what else he wanted to tell them about Fox Creek, and all the ways he could characterize their new school. There was its F letter grade from the state of Arizona, issued shortly before the pandemic. There were the standardized test scores that showed fewer than 20 percent of students were proficient in either English or math, and more than half were performing at least a few years below their grade level. There were the $4.5 billion in statewide education cuts over the past decade, which had left him with a shortened four-day school week and some of the lowest-paid teachers in the country. There was the fact that many of those teachers in the district were now working beyond retirement age and taking on extra classes because they refused to walk away from a student population that so many others had abandoned. There was the school dining room, where every student qualified for free or reduced-price meals. There was the continued fallout of the pandemic, which had decimated their working-class town of casino dealers and hotel service workers, killing almost 1 percent of the population. There was the scene that moved Eastman each morning, when 600 children from those same families managed to show up on time in matching blue Fox Creek shirts to a school he sometimes worried was failing them.

But for at least the next few weeks, Eastman had decided that he wanted his staff to focus on only one aspect of life at Fox Creek: student behavior. After years of remote and hybrid learning, some of the students had come back to school full time in 2021 with little sense of how to act in a classroom. Disruptions had been constant. Suspensions had nearly doubled. Eleven of his 28 teachers had resigned at the end of the previous school year, and now Eastman had instructed what was left of his staff to avoid teaching any new material until they had established control of their classrooms.

"Rules. Procedures. Classroom management," Eastman said. "These middle-schoolers can be like the dinosaurs in 'Jurassic Park.' They test the fence. They push the boundary. It's in their DNA."

"Discipline is crucial," Obreque said. "Consistency is important."

"Some of these kids will take timid and quiet and just eat it for lunch," he said. "Once you win their respect, you'll all do great."

He showed Obreque to her classroom, where her job for the day was simply to observe. She wrote notes as she watched a PE teacher silence a class with his whistle. Then Cuevas came in to teach the next class, and she called Obreque to the front of the room to introduce herself.

"I'm Ms. Obreque, and I'm honored to be your new teacher," she said.

"Miss who?" a student asked. "Can you talk louder?"

She nodded and stepped forward. "Ms. Obreque," she said again, and several students began to talk at once.

"Are you strict?"

"How old are you? You look like you're in high school."

"Are you married?"

"How do you say your name again? Miss teacher something?"

"Raise your hands, please," Obreque said. "We will be living together in this room for the next year. If you respect me, I will respect you. If you love me, I will love you."

Several of the boys in the room started to laugh and then shout more questions. "One at a time please," Obreque said, but a chorus of voices overwhelmed hers, until Cuevas clapped her hands. "Guys, enough!" she said. She handed out their vocabulary work, and Obreque watched and took notes until the final bell.

"How'd everything go?" Eastman asked later, when he saw her in the hallway.

"I'm learning a lot, sir," she said.

He gave her a thumbs-up, went into his office and opened the class grid for the next day. Twenty-six empty squares. Nineteen overworked teachers left to fill in during their only planning period. One of those teachers had diabetes, and she'd gotten a note from her doctor saying she needed more breaks to recuperate. Another had told Eastman he was worried about suffering a heart attack from stress.

"This is a very devoted staff, but we've reached a breaking point," Eastman said, and he hoped that with some supervision and mentorship, the new foreign teachers could begin providing a little relief. He clicked on a blank square for an eighth-grade English class and typed in a name: "Obreque", he wrote.

She stepped in front of the class and clasped her hands together to stop them from shaking. "Let's start with something easy," she told the students, as the PE teacher sat in the back of the room in case she needed help. She handed out a blank sheet of paper to each student and explained their first task: to fold the paper into a name tag, write their first name in large letters and copy down a few classroom rules. "See? Simple," she said, as she held up her own paper and demonstrated folding it into thirds. "Any questions?"

A student in the front row raised her hand: "Can I go to the bathroom?" she asked.

"Of course," Obreque said, and then another student stood from his desk.

"Me too. Bathroom," he said.

"Next time please raise your hand," she said. "But yes. Go ahead."

The students began to fold their papers as Obreque walked around to check on their work. There were 24 students in the room — half the size of her typical class in the Philippines. They had backpacks and proper school supplies. They had a classroom with state-of-the-art technology and air conditioning. "Wonderful work," she said, as she watched a student draw hearts to create a border around her name tag, and then Obreque circled toward the back row, where a group of boys were huddled in a circle. "Let's see your progress," she said. One boy held up a name tag that read "Donut Man," as the others laughed. Another student had folded his paper into an airplane. Another had dropped his paper on the floor and was stabbing his pencil into the side of his desk.

"Is everything all right?" Obreque asked. "Why aren't you participating?"

"Cause my pencil's broken," he said, banging it harder against the desk until it snapped. He picked up the two broken pieces and held them out to her as proof. "What do you want me to do?" he asked, smiling at her, and Obreque looked at him for a moment and then decided that his behavior was her fault. Maybe she hadn't communicated the assignment properly. Maybe, instead of beginning the class by making name tags, she should have started with the rules so they knew how to behave. She walked back to the front of the room. "Eyes up here," she said, as several of the students continued to talk. "Five, four, three …" she said, as the students shouted over her, until finally the PE teacher blew his whistle. "Hey! Try doing that to me and see what happens," he said. "Be quiet and listen to your teacher."

Obreque nodded at him and then continued. "I want this class to be systematic," she said. "We are not animals. We are not in the jungle. We should be guided by rules, or we will not be successful in our learning, right?"

"Yeah, guys. We're not animals," one student said, and then a few boys began to make jungle noises until the PE teacher blew his whistle again.

"If you want to be respected, show me respect," Obreque said. "Human beings are supposed to be able to follow simple instructions. You come to school to learn, right?"

"Nah, I come because my parents make me," one student said, turning to smile at his seatmate.

"Yeah, and because somehow you haven't gotten expelled yet," his seatmate responded, shoving his friend in the shoulder.

"And cause the girls here are fine as hell," the student said, punching his friend back in the arm.

"Enough!" Obreque shouted, using a voice louder than she'd ever used in seven years of teaching in the Philippines. "What is an example of behaving with dignity and respect? Please, answer and raise your hand."

A boy in the front row raised an arm that was covered with tic-tac-toe games played out in marker. "Yes," Obreque said. "Thank you for volunteering."

"Can I go to the bathroom?" he asked.

She sighed, nodded and scanned the room for another hand. "Who else?" she asked. "Anybody? Remember, cooperation is very important for a class to be successful."

"Bathroom?" another student asked, but before Obreque could answer she heard the sound of the bell. The students rushed out. The PE teacher put his whistle in his pocket. "Sorry. They can be brutal." he told her, and he left to teach his next class as Obreque stood alone in the room, still trying to make sense of what had just happened. Sixteen bathroom trips. Seven completed name tags.

"I am capable of doing so much better," she said, as another class began to arrive. She would start by going over the classroom rules. She would establish control. She would demand their respect instead of asking for it.

"Can I go to the bathroom?" a student asked, a little while later, and Obreque shook her head.

"Not now," she said. "We are in the middle of working."

The student slapped his desk and turned to his friend. "This teacher wants me to pee my pants," he said, and Obreque told him to move to a desk across the classroom.

"Honestly, this is America. We have a right to go to the bathroom," another student said, and more students called out in agreement until Obreque was straining her vocal cords to shout over them. "I want you to listen!" she said. "We are not in the jungle. We are human beings, right? We cannot proceed with all this disruption."

"We cannot proceed!" one of the students yelled out, as if declaring victory, and others started to laugh and yell, too. "Please, have some respect!" Obreque said, but only a few students seemed to hear her. "Five, four, three, two, one," Obreque shouted, but they weren't quieting down, and there was nothing but more humiliation waiting for her at zero. She decided to try a tactic she'd used a few times in the Philippines, planting herself quietly at the front of the room, modeling silence, looking from one student to the next and waiting for them to recognize their own bad behavior. A boy was chewing on the collar of his shirt. A girl was taping pencils to each of her fingers and then pawing at the boy next to her. Two boys were playing a version of bumper cars with their desks. A girl was pouring water from a cup into another girl's mouth, and that girl was spitting the water onto the student next to her. "Ugh, miss teacher lady? Can I go wash off this spit water?" the student asked. A boy was standing up and intentionally tripping over his friend's legs. A girl was starting a game of hangman on the whiteboard. A boy was walking up to the front of the classroom, holding out a piece of paper rolled into the shape of a microphone, and pretending to interview Obreque. "So, what do you think of life at Fox Creek?" he asked.

"I heard the bell ring!" one student shouted, and suddenly a dozen students were scrambling out of their desks.

"Wait for me to dismiss you!" Obreque said, looking up at the clock, because she hadn't heard anything, and she wasn't sure if the class was supposed to be over.

"We heard the bell," another student said, as he opened the door to leave, and before long the students were gone and the classroom was empty. Obreque held her hand up against her sore throat. She wiped the game of hangman off the whiteboard and started to collect several paper airplanes and notes left behind on the floor. "Can you even understand her?" one of the notes read, and she dropped it into the trash and then took out her phone, where there was a message waiting from her husband. "I'm proud of you," he'd written. "I know you will impress them."

She wiped her eyes and put the phone back into her purse, and only then did she hear the bell actually begin to ring.

She wanted to quit. She wanted to leave Bullhead City, travel back across the desert to Las Vegas and fly to La Carlota City, but she was $8,000 in debt and 7,000 miles from the Philippines, and instead the only safe place she could think to go was a few doors down the hall, into Cuevas's empty classroom at the end of the school day. Three of the other new foreign teachers were already seated around the room, recovering from their days. Obreque dropped her bag on the floor and walked over to join them.

"I don't know even what to say," she said.

"One day teaching here is like a month in the Philippines," another teacher said.

"Five of these students is like 20 back home," another said.

"I don't know how to handle them," Obreque said. "I can't connect. I can't teach." She looked at Cuevas. "I'm sorry if I am a disappointment, ma'am. What could be a bigger failure than crying on my first day?"

"Oh, I did that every day for six months," she said, and the other teachers looked at her in disbelief, because they knew Cuevas as the model of Americanized self-assurance, with her own YouTube channel to share teaching tips and a new designation as one of Bullhead City School District's employees of the month. "I was the worst teacher here for a whole year," she told them. "The students ran all over me. I lost my confidence. I wanted to go home."

She told them that it had taken her a year to pay off her debts to the international teaching agency, two years to get her Arizona driver's license and three years to move out of a bedroom she'd shared with other international teachers and into her own apartment. She'd applied for an extension on her J-1 visa to stay in Bullhead City for two extra years as she continued to figure out how to build strong relationships with her students. "You have to prove that you really care about them," she said, so she'd gone to the dollar store, spent her own money on art supplies and redecorated her classroom into a movie theater on premiere night, with a red carpet and a VIP door and a banner that read: "Every Student Is a Star." She started attending her students' sporting events, staying after school for volleyball and basketball games, and watching YouTube videos to learn the rules for American football. She watched every one of the Marvel movies they talked about during class. She called their parents not just with concerns but also to share praise each time a student impressed her. She gradually moved beyond her Filipino instinct for classroom formality and began asking her students about their lives, and they introduced her to a version of America much different from what she'd first expected: abusive families, homelessness, surging drug overdose deaths, conspiratorial ideologies, loneliness, suicide, alcoholism and poverty, every bit as bad as anything she'd encountered in the Philippines.

"In a lot of ways, they are broken and hurting," she said, and because of that she'd come to admire her colleagues for their dedication and appreciate her students for their resilience, their irreverence, their bravado, their candor and, most of all, for their vulnerability. She'd turned herself into one of the most beloved teachers in a school that couldn't find enough teachers, and yet she would be legally required to return to the Philippines when her visa expired in eight months.

"The students here are difficult, but they need you," Cuevas told the other teachers now. "Maybe you can do something to motivate them, to give them more hope."

"I don't know if I'm going to be able to help them," Obreque told her.

"There is literally no one else," Cuevas said.

The top-ranked teacher from La Carlota City was standing outside her classroom the next morning, ready to teach her students how to learn. "This is how you enter the classroom," she said, forming them into a line and leading them in. "This is how you throw away your garbage," she said, as they walked past the trash can and she dropped a piece of paper directly into it. "This is how you sit and listen," she said, lowering herself into a desk, demonstrating stillness. "This is how you participate," she said, raising her right hand.

Their lesson for the day was a three-paragraph reading comprehension exercise, the kind of assignment that would have taken Obreque about 20 minutes to complete with her seventh-graders in the Philippines. But at Fox Creek only 19 percent of her eighth-graders were proficient in reading, based on their state assessments, so she planned to take it slowly using a teaching strategy she'd learned in her master's program, called higher-order thinking skills, which involved asking a series of simple comprehension questions after each sentence of the story to build confidence and encourage class participation. She handed out the assignment, which came from the school's pre-planned curriculum, and read the title of the story out loud: "Life, Liberty, and Ho Chi Minh."

"Okay, so the title of our reading today is life, liberty and what?" she asked.

"Ho Chi Minh?" a few students said.

"Yes. Very good," Obreque told them. She asked for someone to read the story aloud, and when no one volunteered, she pointed to a boy in the front row.

"Seriously?" he said, and she nodded at him. "Fine. Whatever," he said, leaning down to look at the story. "'By 1941, Ho was known as a ...' Sorry. I don't know this next word."

"Fierce," Obreque said, "reading along."

"Okay. Yeah. Fierce. 'A fierce supporter of Vietnamese independence. Ho ...'"

"Ho!" another boy called out, laughing.

"Shut up and let me read," the student said.

"Whoa. Watch your language, bro. This isn't the jungle, remember?"

"Yeah, then how come I'm about to punch you in the mouth?"

"Enough!" Obreque shouted, but several students continued to laugh and yell and disrupt the reading, until finally another teacher came into the room from his classroom next door. "You think it's funny that I can hear you through the wall?" he said. "It's not funny. It's embarrassing. Do better." They'd been working for more than half an hour to read seven sentences, and Obreque was beginning to lose her voice. "Please, I can feel that I'm hurting myself to make you listen," she told them, putting a hand up against her throat, and then she pointed back at the text and asked another student to read a passage about how Ho Chi Minh had drawn inspiration from the U. S. Declaration of Independence.

"Okay," Obreque said, once the student had finished. "Ho Chi Minh lived all the way across the ocean. Why do you think he would use America as his example?"

The students stared back at her.

"Why America? What is so special about America?"

"Fast cash and fast food," one student said.

"Okay, yes. Fast food is an export. But what makes this country great?"

She waited for a moment as the students began to talk to each other, write notes, fold airplanes, bounce in their seats, stare off into space and rest their heads on their desks, until finally one girl raised her hand and stood from her seat. "Bathroom?" she asked, and Obreque nodded and turned back to the class.

"America is a beacon of freedom, is it not?" she asked. "You have education. You have independence. You can achieve anything, right?"

She looked around the room and found no raised hands, no answers, nothing at all to quiet her own rising doubt, so she attempted the question again. "Isn't America supposed to be a model for the world?" she asked.

资料来源：https：//www. pulitzer. org/winners/eli-saslow-washington-post.

# 参 考 文 献

[1]理查德·韦斯特，林恩·H. 特纳. 传播理论导引：分析与应用[M]. 刘海龙，于瀛，译. 北京：中国人民大学出版社，2022.

[2]罗伯特·帕克. 移民报刊及其控制[M]. 北京：北京广播学院出版社，2013.

[3]沃尔特·李普曼. 公众舆论[M]. 阎克，译. 上海：上海人民出版社，2006.

[4]哈罗德·D. 拉斯韦尔. 社会传播的结构与功能[M]. 何道宽，译. 北京：中国传媒大学出版社，2013.

[5]陆亨. 使用与满足：一个标签化的理论[J]. 国际新闻界，2011，33（2）：11-18.

[6]胡翼青，张婧妍. 功能主义传播观批判：再论使用满足理论[J]. 新闻大学，2016（1）：44-50+86+147.

[7]殷晓蓉. 美国传播学受众研究的一个重要转折：关于"使用与满足说"的深层探讨[J]. 中州学刊，1999（5）：58-61.

[8]赵志立. 网络传播条件下的"使用与满足"：一种新的受众观[J]. 当代传播，2003（1）：58-60.

[9]韩晓宁，王军，张晗. 内容依赖：作为媒体的微信使用与满足研究[J]. 国际新闻界，2014，36（4）：82-96.

[10]钟智锦. 使用与满足：网络游戏动机及其对游戏行为的影响[J]. 国际新闻界，2010，32（10）：99-105.

[11]詹恂，严星. 微信用户持续使用意向影响因素及使用与满足研究[J]. 现代传播（中国传媒大学学报），2014，36（11）：130-134.

[12]阳翼，宋鹤. 政务微信受众的"使用与满足"研究[J]. 现代传播（中国传媒大学学报），2015，37（4）：137-140.

[13]潘霁. 恢复人与技术的"活"关系：对"使用与满足"理论的反思[J]. 国际新闻界，2016，38（9）：75-85.

[14]陈苗苗. 青少年新媒介"使用-满足"动机与新媒介素养观[J]. 国际新闻界，2009（6）：73-77+95.

[15]肖明，侯燕芹. 大学生使用社会化问答社区的动机、行为和满足：以知乎为例的实证研究[J]. 现代传播（中国传媒大学学报），2019，41（02）：59-62.

[16]荣荣，柯慧玲. 基于使用与满足理论的微信用户"点赞"行为动机研究[J]. 新闻界，2015（24）：51-55.

[17]戴程. 社群知识付费的使用、满足与忠诚：用户体验价值模型建构[J]. 现代传播（中国传媒大学学报），2020，42（12）：152-157.

[18]强月新，张明新. 从"使用与满足论"视角看我国农村受众的电视收看动机[J]. 现代

传播(中国传媒大学学报),2007(5):62-65+104.

[19]路鹃,亢恺. 中美大学生社交网络使用动机分析:基于使用与满足理论[J]. 现代传播(中国传媒大学学报),2013,35(3):158-160.

[20]郭羽,伊藤直哉. 基于使用与满足理论的微信使用行为与效果研究[J]. 新闻界,2016(8):54-57.

[21]庾月娥,杨元龙. 使用与满足理论在网上聊天的体现[J]. 当代传播,2007(3):94-96.

[22]姜泽玮. 内容、形态、场景与满足:移动新媒体有声书的用户使用研究——以移动应用"微信读书"与"微信听书"为中心[J]. 出版科学,2021,29(5):31-40.

[23]张慧. 问题与边界:关于使用与满足理论的思辨[J]. 当代传播,2019(6):47-50.

[24]周勇,刘晓媛. 农村受众对乡村媒体的使用与满足研究:基于对四川省东部万水村的田野调查[J]. 国际新闻界,2011,33(10):72-78.

[25]王长潇,杨立奇. 使用与满足场景演变下互动影视的兴起与发展[J]. 当代传播,2020(4):26-29.

[26]刘海龙,于瀛. 概念的政治与概念的连接:谣言、传言、误导信息、虚假信息与假新闻的概念的重构[J]. 新闻界,2021(12):23-40.

[27]年度传媒伦理研究课题组,刘鹏,王侠,等. 2021年传媒伦理研究报告:暨2021年虚假新闻研究报告[J]. 新闻记者,2022(1):3-18.

[28]周逵,黄典林. 从大喇叭、四级办台到县级融媒体中心:中国基层媒体制度建构的历史分析[J]. 新闻记者,2020(6):14-27.

[29]陈国权. 县级融媒体中心建设的历史渊源考察[J]. 新闻论坛,2019(2):21-23.

[30]郭之思.《雪从天降》:一次奢侈的融合报道探索[J]. 中国记者,2013(6):123-125.

[31]王积龙,张姐萍,李本乾. 微博与报纸议程互设关系的实证研究:以腾格里沙漠污染事件为例[J]. 新闻与传播研究,2022,29(10):80-93+127-128.

[32]袁媛. 智能媒体时代用户的个人信息隐私权[J]. 青年记者,2018(9).

[33]袁媛,韩晶文. 广电行业服务县级融媒体中心建设策略研究[J]. 辽宁工业大学学报(社会科学版),2021,23(3).

[34]袁媛,刘家伸. 县级融媒体中心优化基层政治生态策略探析[J]. 今传媒,2021,29(3):115-117.

[35]袁媛. 智媒体时代的新闻产业链重构[J]. 传媒,2018(8):66-69.